國立臺灣戲曲學院
NATIONAL TAIWAN COLLEGE OF PERFORMING ARTS

General Education

通識

教育學報

No.7

第七期

2019年6月

目次

我國電子支付發展及相關法制之探討

江永昌*、孔憲臺**、侯世傑***

摘要

據金管會統計，2019年臺灣電子支付（Electronic Payment）帳戶的使用人數，已超過500萬人，目前共5家專營電支機構，以及銀行、郵局、電票兼營的21家電支機構，整體電子支付市場中，2019年4月代收款項約32.2億元，顯然電子支付日益重要。

近年來新興之電子支付型態不斷創新與日益普遍，電子支付發展過程難免有所阻礙與問題，隨著電子科技發展日新月異，電子支付帶來無現金方便安全的交易，新興科技之應用已逐漸改變支付模式與型態，讓電子商務快速發展未來持續發展也是必然趨勢，政府為必要制定政策與管理法規，以促進電子支付服務市場之健全發展。電子支付相關法制影響電子支付之發展探，為促進電子支付經營配合相關業務之實際需要，政府陸續制定電子支付相關法令電子票證發行管理條例、電子支付機構管理條例，致力推動金融科技發展。

探討我國電子支付發展及相關法制完善性，本文首先介紹電子支付及其發展，檢視電子票證發行管理條例、電子支付機構管理條例，深入探究相關管理法規，探討法制策進見解，並對電子支付提出 SWOT 分析，最後提出電子支付法制發展建議，希望透過完善電子支付管理機制，創造更好的電子金融服務。

關鍵詞：電子支付、電子票證發行管理條例、電子支付機構管理條例、金融服務

---

* 　江永昌：立法委員；國立臺灣科技大學財務金融所碩士。
** 　孔憲臺：臺灣銀行政風處處長；國立臺灣師範大學政治學研究所博士。
*** 侯世傑：元智大學通識教學部助理教授。

一　前言

　　電子支付（Electronic Payment）拜近年來電信與金融科技發展迅速，民眾的支付習慣亦已隨之逐漸改變，尤其是結合兩者的行動支付更是具有相當的發展潛力，近年來消費支付模式與型態已逐漸改變，由傳統金融機構、銀行提供交易支付服務方式外，以網路平臺提供交易支付服務之方式也漸興起，滿足非金融機構業者之電子商務或小型商家、個人交易之支付需求，形成電子支付之新興支付型態（余慕薌，2017）。

　　在新興科技的創新應用下，臺灣電子支付之運用越來越普及，據金管會統計，2019年4月臺灣電子支付帳戶使用人數已達500萬（金融監督管理委員會，2019），電子支付顯然形成趨勢，由於網路及手機普及讓電子商務快速發展，電子支付更是帶來虛擬交易的便利，加上行動支付相關管理法規也成熟，國內金融機構亦已積極推展各項行動支付服務，apple pay、line pay 已於2017年陸續在臺灣上線，其他包含行動金融卡、行動信用卡、電子支付機構實體通路支付服務（O to O）、QR code 行動支付、手機電子票證、行動收單（M pos）等業務，截至2017年底止，電子支付總交易金額達約176億元（金融監督管理委員會，2018）。電子支付業務在臺灣蓬勃發展，其效率、便利、普遍性、可信任度、安全性及交易過程可追蹤、之優勢，已逐漸取代現金及支票交易（莊蕎安，2017）。

　　電子支付在方便的交易方式下，改變了商業的模式，讓虛擬通路快速崛起，實體的傳統店面受到影響，這些的改變還在持續進行，未來持續發展也是必然趨勢。本文以我國電子支付發展及相關法制進行研究，電子支付發展過程難免有所阻礙，因此管理電子支付相關法規與政策顯然重要，目前有電子票證發行管理條例、電子支付機構管理條例兩大法律規範，是否有未竟完善之處，電子支付相關法制未來如何發展、會產生哪些影響，值得深入探究。相關法制深深影響電子支付之發展，找出完善電子支付法規與政策機制，來創造更好的電子金融服務。

二　電子支付概況

　　有關電子支付概況分別就電子支付定義、電子支付型態種類與現況與發展過程，分別說明與探討如下：

（一）電子支付定義

　　有關電子支付定義與發展過程分別就支付、電子支付、電子支付機構、電子票證定義、電子商務定義，分別說明如下：

1 支付定義

支付（payment），是為得到商品或服務所付出的對價過程，也就是移轉金錢或讓與第三人之金錢請求權予他方以交換等值之商品或服務。交易所使用的支付工具，隨著科技的發展，支付不再只是運用鈔票，科技的運用，網際網路崛起，電子商務的發展迅速，讓方便的電子支付正在普及之中（周虹，2014；鐘敏瑄（2018）。

2 電子支付定義

電子支付（Electronic Payment）是指電子交易的當事人，包括消費者、廠商與金融機構，使用安全電子支付手段，通過網路進行的貨幣支付或資金流轉，支付特約機構所提供之商品、服務對價、政府部門各種款項及其他經主管機關核准之款項，來進行付款及收款之交易支付。電子商務支付系統是電子商務系統的重要組成部分（余啟民，2015；吳淑娟，2016）。

3 電子支付機構定義

交易的當事人利用電子設備以連線方式傳遞收付訊息，而電子支付機構，指經主管機關許可，以網路或電子支付平臺為仲介，接受使用者註冊及開立記錄資金移轉與儲值情形之帳戶，並利用電子設備以連線方式傳遞收付訊息，於付款方及收款方間經營業務之機構（張波、任心利，2013）。按照電子支付機構管理條例之規範電子支付機構定義：「指經主管機關許可，以網路或電子支付平臺為中介，接受使用者註冊及開立記錄資金移轉與儲值情形之帳戶，並利用電子設備以連線方式傳遞收付訊息，於付款方及收款方間經營下列業務之公司。」（立法院法制局，2019）。

4 電子票證定義

為因應電子科技之發展，便利國民使用電子票證自動扣款，作為多用途支付，政府准許發行電子票證。電子票證發行管理條例針對電子票證定義：「電子票證：指以電子、磁力或光學形式儲存金錢價值，並含有資料儲存或計算功能之晶片、卡片、憑證或其他形式之債據，作為多用途支付使用之工具。」（立法院法制局，2019）。

5 電子商務定義

電子商務是一種運用資訊科技來滿足企業經營者與消費者雙方的需求，使經營成本可以降低，而產品及服務的品質與速度可以提高，為現代企業新的經營方法（邱垂發，2015）。「電子商務發展綱領」則將電子商務定義為：「凡應用網際網路進行交易或相關服務，所產生之各種商務活動，稱之為電子商務。」，其模式如 C2C、B2C、B2B2C、

O2O、C2B、B2B、O2M、M2P、P2P、M2M……等（金融監督管理委員會，2016）。

　　任何運用資訊科技來改善經營的努力都可以算作電子商務。不過，就一般人通念而言，在實務上，目前大家所接受的定義則稍微狹隘，亦即，所謂的電子商務主要指的是，運用開放的電腦網路來進行企業間或企業與消費者之間的商業交易、合約或其他商業活動。這些活動可能非常廣泛，包括資訊搜集、購物、貿易、仲介、金融、會計、審計、拍賣、談判、結盟、行銷、供應、教育訓練、配銷等，幾乎我們可以想像的都可以列入其中。由此顯見，電子商務的交易對象包括了有形及無形的各種商品及服務（梁定澎主編，2012）。

（二）電子支付型態種類與現況

　　有關電子支付型態種類與現況分別就電子支付型態種類、電子商務的分類、國際電子支付現況、我國電子支付推動現況探討如下。

1 電子支付型態種類

　　電子支付性質分為大額支付與零售支付，其交易類別及處理方式如表一所示；至於電子支付的類型，則可依支付媒介分為電話支付、網上支付、銷售點終端交易、行動支付（中央銀行，2017）。

表一　支付性質列表

支付性質	大額支付	零售支付
交易類別	1.金融機構間資金移轉 2.同業拆款 3.外匯交易 4.準備金調整 5.債、票券、股票等有價證券交割款 6.企業大額匯款	1.民眾匯款 2.ATM金融卡提款、轉帳及消費扣款 3.信用卡消費扣款 4.電子票證（如悠遊卡等）儲值、消費扣款
處理方式	1.各銀行透過央行同資系統的帳戶進行資金移轉 2.以中央銀行貨幣為清算資產	1.主要經由財金系統5處理，透過央行專戶清算 2.跨行交易以中央銀行貨幣為清算資產；銀行內部往來則以商業銀行貨幣為清算資產

資料來源：中央銀行，2017

（1）電話支付

電話支付是電子支付的最早期的形式，消費者使用市內電話或手機，通過銀行系統從個人銀行戶頭直接完成付款的方式。現於網路普及後已漸漸遭到淘汰。

（2）網上支付

網上支付是以網路進行線上貨幣支付、現金流通等過程。消費者與商家的交易，透過銀行所提供的金融工具進行付款動作，或由金融機構做為第三方支付來完成交易。網路上支付的技術可以分為以下五種：電子錢包（Electronic Wallet）、電子現金（E-Cash）、電子支票（Electronic Check）、線上轉帳 Electronic Fund Transfer（EFT）、第三方支付。

（3）銷售點終端交易

銷售點終端交易，亦即傳統實體市場中，以電子載具的方式提供便捷的金錢消費方式，最早期是由信用卡首創非紙鈔硬幣等方式來進行交易，省去攜帶鈔票與零錢的不便。電子錢包（Electronic Wallet）、電子現金（E-Cash）。

（4）行動支付

是使用行動裝置通過無線方式的一種新型的支付方式。行動支付所使用的移動設備可以是手機、平板等，一些全新的網路商業行為更應運而生，企業也紛紛投入行動電子商務經營的行業當中。行動電子商務的最大特點就在行動性，企業及消費者可隨時在網路上進行交易，跳脫傳統空間的限制。

2 電子商務的分類

有關電子商務的分類可由企業與消費者間之不同消費商務型態來歸類，大致可區分七大類，分別說明下（邱垂發，2015；陳德來，2018）。

1、企業對企業之間的電子商務（Business to Business，B2B）

2、企業對消費者之間的電子商務（Business to Customer，B2C）

3、消費者對消費者之間的電子商務（Customer to Customer，C2C）

4、消費者對企業之間的電子商務（Customer to Business，C2B）

5、非企業性的電子商務（Nonbusiness）

6、企業內的電子商務（Intra-business）

7、其他種類的電子商務。

有關電子商務的種類及英文代號，見表二。

表二　電子商務的分類

電子商務種類	英文代號
企業對企業之間的電子商務	Business to Business，B2B
企業對消費者之間的電子商務	Business to Customer，B2C
消費者對消費者之間的電子商務	Customer to Customer，C2C
消費者對企業之間的電子商務	Customer to Business，C2B
非企業性的電子商務	Nonbusiness
企業內的電子商務	Intra-business
其他種類的電子商務	

資料來源：江永昌，2019

3　國際電子支付現況

　　根據國際清算銀行（Bank for International Settlements）2012年零售支付工具創新報告（Innovations in Retail Payments）針對「行動支付」之廣義定義，舉凡以移動存取設備透過移動網路，不論採用語音、簡訊或近場通訊方式，所啟動的支付行為都可稱之為行動支付（安怡芸，2019）。

　　根據國際數據資訊公司（IDC, International Data Corporation）發布的研究報告顯示，2018年全球網路購物人口數達32億人，電子商務之交易金額約18兆美元（國際數據資訊有限公司，2019）。全球行動支付交易額將從2018年3,914億3,520萬美元、2021年破1兆美元，成長至2022年1兆3,282億4,380萬美元，CAGR 為35.7%。（行動支付普及推動辦公室，2018），有關全球行動支付交易額統計推估，如圖一。

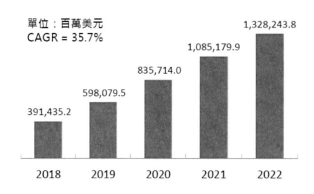

圖一　全球行動支付交易額統計推估

資料來源：行動支付普及推動辦公室，2018

電子支付是指電子交易的當事人，包括消費者、廠商與金融機構，使用安全電子支付手段，通過網路進行的貨幣支付或資金流轉，支付特約機構所提供之商品、服務對價、政府部門各種款項及其他經主管機關核准之款項，來進行付款及收款之交易支付，電子商務支付系統是電子商務系統的重要組成部分（中央銀行，2017）。

交易的當事人利用電子設備以連線方式傳遞收付訊息，而電子支付機構，指經主管機關許可，以網路或電子支付平臺為仲介，接受使用者註冊及開立記錄資金移轉與儲值情形之帳戶，並利用電子設備以連線方式傳遞收付訊息，於付款方及收款方間經營業務之機構（張秀玉，2016）。

全球行動支付用戶數預計從2018年5億3,520萬人，成長至2022年9億7,720萬人，CAGR 為16.2%（行動支付普及推動辦公室，2018），有關全球行動支付用戶數之統計發展推估，如圖二。

圖二　全球行動支付用戶數統計推估

資料來源：行動支付普及推動辦公室，2018

4 我國電子支付推動現況

電子支付是數位經濟未來發展的必然趨勢，可帶動產業之新商機，亦可提升民眾生活的便利性，年輕世代對於行動支付有強烈的需求，政府明訂電子支付2025年使用率需達成90%之目標，陳政府已召開多次跨部會會議，擬定電子支付政策方向，有關我國電子支付推動之三大主軸分別說明如下（國家發展委員會，2019）

（1）完備行動支付之基礎環境

完備基礎環境包含制定行動票證端末設備感應標準，滾動檢討行動支付相關法規及行動支付資訊安全保。

（2）擴大行動支付之應用場域

擴大應用場域包含優先推動場域，推廣行動支付場域至民生消費、公共服務、交通運輸、觀光旅遊、醫療機構、校園生活、文教場館、故宮院區等，介接電子發票平台。

（3）加強行動支付之體驗行銷

加強體驗行銷包含推升實際體驗、推動獎勵政策、提高國外人士行動生活便利性。

三大主軸將民生相關、社會大眾有感且政府部門可積極帶頭推動之議題列為，優先推動場域，希望在短時間內能產生具體成效，並加速國內行動支付普及完善通訊基礎建設，提高無線網路覆蓋率，支持編列各相關單位推動行動支付所需手續費預 算，免除民眾額外負擔，提高使用誘因以支持行動支付相關科技計畫預算（蔡福隆，2017）。我國電子支付推動之三大主軸見圖三。

圖三　我國電子支付推動之三大主軸

資料來源：國家發展委員會，2019

電子票證發行管理條例於2009年1月通過後，打破傳統只可透過銀行業從事金融支付活動的限制，非銀行業者透過該條例，也可經營票證多用途支付，向大眾收取資金並從事消費支付行為，包含交通、餐飲、繳費、娛樂、購物電子支付的時代來臨，各種電子錢包、儲值卡、預付禮券之使用透過發行廠商相互整合後，支付範圍更為廣泛，使用者可以省下攜帶零錢與眾多卡片的困擾，廠家也可以獲得加速付款的優點（何弘光，2013；中央銀行，2019）。

　　行動支付越是普及化，則會產生更多支付資訊，政府應多開放資料，結合大數據分析，讓新創事業得以在電子支付順利發展，政府效率亦可提升（吳佳靜，2018）。

　　行政院計畫推升中小企業行動支付之普及化，以刺激民間消費、擴大公共建設、帶動民間投資、獎勵民間參與公共建設、落實經濟轉型升級，加速推動臺灣經濟發展，促進跨業整合與合作，增進場域之佈建，由民生高頻次消費場域擴展至醫院、交通、觀光等行動支付應用場域，擴大民眾消費體驗範圍，開創加值創新應用（陳德來，2018；國際數據資訊有限公司，2019）。

　　2019年4月金管會公布電子支付（Electronic Payment）機構業務統計，國內智慧型手機滲透率高達9成以上，電子票證總流通卡數約9,269萬張，信用卡總流通卡數約4,167萬張，金融卡流通卡數約9,656萬張，擁有發展行動支付的科技技術與金融條件。國內電子支付業者儲值、轉帳、代理收付實質交易金額在8月達到27億8,013萬元，較去年同期成長幅度大。目前共6家專營電支機構，包括國際連、橘子支付、臺灣電子支付、街口支付、歐付寶、簡單行動支付（原智付寶）以及銀行、郵局、電票兼營的21家電支機構（金融監督管理委員會，2019）。在在顯示大量電子支付創新興起，業者善用各種聯網設備與行動裝置，讓電子支付過程更為便捷簡化，讓電子支付業務朝多元化發展（簡琮盛，2018；PayPal 臺灣，2019），

三　電子支付法規探討

　　近年來電信與金融科技發展迅速，民眾的支付習慣亦已隨之逐漸改變，本文探究電子支付服務之法規，管理電子支付需要完善的法規與配套，有關我國電子支付相關法規與政策分別就電子支付機構管理條例、電子票證發行管理條例、其他法規與電子支付相關政策說明與探討如下：

（一）電子票證發行管理條例

　　所謂「電子票證」指以電子、磁力或光學形式儲存金錢價值，並含有資料儲存或計算功能之晶片、卡片、憑證或其他形式之債據，作為多用途支付使用之工具（馮昌國、江欣玲，2015；林秀英，2015）。

　　為因應電子科技之發展，便利民眾利用電子票證自動扣款之方式，作為多用途支付使用，確保發行機構之適正經營，並保護消費者之權益及維持電子票證之信用，於2009年制定電子票證發行管理條例，該條例於2009年1月23日公佈全文38 條，其後歷經2015年6月、2017年6月、2018年1月三次修正（立法院法制局，2019）。

　　電子票證發行管理條例立法目的為因應電子科技之發展，便利民眾利用電子票證自

動扣款之方式，作為多用途支付使用，確保發行機構之適正經營，並保護消費者之權益及維持電子票證之信用，條例之主管機關為金融監督管理委員會，如涉及其他部會之職掌，由主管機關洽會各部會辦理之（黃相博，2015）。

電子票證發行管理條例立法後，可節省通貨之使用、避免攜帶零錢之不便、降低交易成本、減少人工數幣之問題、有利於大眾運輸系統之整合等，即電子票證之核心功能在「多用途支付使用」，並不限於交通用途之支付利用，有別於單用途預付儲值卡。立法理由明言將「確保發行機構之適正經營，並保護消費者之權益及維持電子票證之信用」，在放寬發行機構資格限制時，同時採行相關配套措施，以確保消費者利益與持卡之信心（何弘光，2013）。

電子票證發行管理條例確保消費者權益，對於國內電子票證市場之發展有正向意義，該條例自2009年1月23日公布施行以來，依照該條例規定，資本額達新台幣3億元以上的公司，經主管機關核准者，即具發行電子票證之資格。儲值1萬元以內的電子票證可用於大眾交通、購物等小額消費，讓各機構發行的電子票證，得跨越不同營運系統或用於不同商業體系，通用全國，且可進行多用途小額支付（何弘光，2015）。

（二）電子支付機構管理條例

近年來新興之電子支付型態不斷創新與日益普遍，政府為為進電子支付機構健全經營及發展，協助金流服務經營，提供安全便利之資金移轉機制，並藉由強化電子支付機構及其業務之管理措施及風險控管機制，以期達成建立消費者使用電子支付之信心、降低小額交易支付之成本及營造小型與個人商家發展之有利經營環境之目標（臺灣銀行，2019），行政院當時參考國內相關法規及日本「資金清算法（資金決済に関する法律）」、美國「統一資金服務法（Uniform Money Services Act）」、歐盟「支付服務指令（Payment Service Directive, Directive 2007／64／EC）」與英國「支付服務法（The Payment Services Regulations 2009）」運作機制，研擬電子支付機構管理條例草案（中央銀行，2017），立法院於2015年2月4日制定電子支付機構管理條例全文58 條，該條例由行政院定自2015年5月3日施行，其後歷經2017年6月、2018年1月兩次修正（立法院法制局，2019）。

電子支付機構管理條例立法之原則，包含鼓勵電子支付業務創新與發展、適度對電子支付進行金融監理、維護電子支付市場秩序與公平競爭、他律與自律雙重併行，電子支付機構管理條例立法之原則，分別說明如下（安怡芸，2014；林宇鈞，2016；立法院法制局，2019）。

1 鼓勵業務創新與發展

對於電子支付機構定義及其業務範圍，給予原則性與開放性之規範，並考量電子科技、網路資訊及通訊技術運用之持續發展，條例中保留主管機關未來開放其他業務之空間，鼓勵業者積極發展創新型態支付服務，來滿足商家與民眾利用便捷電子支付需求。

2 適度金融監理

管理條例中涉及金融特許範疇，業務型態介於銀行等收受存款機構與電子票證發行機構之間，基於衡平各類型金融機構間之監理強度，對於電子支付機構採取適度之監理。有關電子支付機構業務項目包含（謝孟珊，2017）：

1、實質交易為基礎之「代理收付實質交易款項」；

2、吸收社會大眾資金之「收受儲值款項」；

3、非以實質交易為基礎資金移轉之「電子支付帳戶間款項移轉」等。

另基於監理重要性及顯著性原則考量，並避免對既有業者造成過大影響，對於僅經營代理收付實質交易款項，且所保管代理收付款項總餘額未逾主管機關規定之一定金額者，由經濟部進行一般商業管理，不納入電子支付機構之範圍。

3 維護市場秩序與公平競爭

電子支付市場之參與者，管理條例中原則採取一致性之業務管理規範，包含專營之電子支付機構及兼營之電子支付機構，例如國內商業銀行、中華郵政及電子票證發行機構，另要求外外機構應申請許可設立電子支付機構，才能在國內經營電子支付機構業務，除因機構本質差異及個別金融監理法令已有管理機制外，應依相同規範進行監理（范姜群暐，2015）。

4 他律與自律雙重併行

要健全發展電子支付市場，必須兼顧業務創新與審慎監理，管理條例中採取他律與自律雙重併行，對於涉及電子支付機構管理、金融監理政策及支付業務規制等事項，於管理條例中有確立原則性規定，並透過相關授權子法或規範，施行他律之管理；但涉及業務發展、作業模式及資訊規格等技術性事宜，則交由相關公會組織自律，經業者共同研商討論後，透過自律規範方式進行約束（詹庭禎，2015）。

（三）電子支付其他相關法規與政策

金管會於2016年在金融科技策略白皮書中提及，以2020年為期，提出「充份運用資

通訊科技，打造智慧金融機構，創新數位便民服務，強化虛擬風險控管」為願景。（金融監督管理委員會，2016）

政府近年來已陸續修正信用卡業務機構管理辦法，開放網路交易平臺服務業者得代收信用卡款項及開放網路交易平臺業者與信用卡收單機構擔任特約商店，並建置「儲值支付帳戶」機制，滿足金流服務之儲值功能需求，開放第三方支付服務，即透過銀行等金融機構辦理網路交易代收代付服務，促進金流服務市場之健全發展（林宇鈞，2016；吳東益，2017；羅健瑋，2018），其他電子支付相關法規與政策說明如下。

1 法律

其他電子支付相關法規與政策包含銀行法、消費者保護法其中之禮券定型化契約、個人資料保護法、洗錢防制法、金融消費者保護法、金融科技發展與創新實驗條例等。

2 行政命令

其他電子支付相關法行政命令種類甚多包含以下（金融監督管理委員會，2019；立法院法制局，2019）

（1）電子支付機構業務類：

電子支付機構管理條例第3條第2項授權規定事項辦法、電子支付機構業務管理規則、與境外機構合作或協助境外機構於我國境內從事電子支付機構業務相關行為管理辦法。

（2）支付款項之安全類：

電子支付機構專用存款帳戶管理辦法、非銀行支付機構儲值款項準備金繳存及查核辦法、電子支付機構支付款項信託契約應記載事項和不應記載事項、電子支付機構管理條例第21條第6項授權規定事項辦法。

（3）洗錢防制類：

電子支付機構使用者身分確認機制及交易限額管理辦法、個人使用者之確認程式、非個人使用者之確認程式、其他應行義務。

（4）消費者權益保護類：

電子支付機構業務定型化契約應記載事項和不應記載事項、電子支付機構提供使用者往來交易資料及其他相關資料要點。

（5）**資訊安全類：**

電子支付機構資訊系統標準及安全控管作業基準辦法。風險管控機制類：電子支付機構內部控制及稽核制度實施辦法、電子支付機構清償基金組織及管理辦法。

（四）專法整合後之相關問題

行政院於2017年將電子支付發展列為重要政策之一，並設定「行動支付2025年普及率9成」目標，金管會更早在2015年已訂出「電子化支付5年倍增」計畫（黃亞森，2018），立法院2015年通過電子支付機構管理條例之後，迄今已有5家專營電子支付業者，加上原有的第三方支付及電子票證業者，致使目前國內行動支付工具種類繁雜。

當前臺灣電子支付市場競爭雖已十分激烈，雖然部分業者還處於虧損狀態，而由其整體之會員總數或消費總金額來看，電子支付之普遍性與接受程度仍遠不及電子票證（鐘敏瑄，2018）。

市場上電子支付業者相當多，彼此競爭很激烈，常使民眾不知如何選擇，金管會為統一管理及規範，並讓驗證機制及資金移轉更加方便，提升電子支付普及率，計畫將電子票證發行管理條例及電子支付機構管理條例兩部專法二法整合。未來無論從事儲值或轉帳業務之業者，均統稱為電子支付業者，在同一部專法中，將不同業務性質之支付業者，分別規劃相應之資本額規範，若僅從事儲值之電子票證業務，其資本額要求即低於從事電子支付業務，並統一主管機關（安怡芸，2019）。

四　電子支付 SWOT 分析

有關電子支付 SWOT 模型分析，經整合上述探討與分析後，製成下表-3說明。

表三　電子支付 SWOT 模型分析分析表

優勢 Strengths	劣勢 Weaknesses
• 臺灣資訊能力、建設強，完善資訊系統及安全控管，保護消費者權益。 • 採取特許制，屬金融特許行業，區塊鏈技術未來將改變支付產業。 • 避免偽鈔，確保支付款項安全。 • 減少金錢保管風險省去找零錢麻煩。 • 提高交易效率節省記帳作業成本。	• 市場環境競爭風險。 • 業務之監督及管理法規遵循監管風險。 • 支付款項之安全如不周容易洗錢。 • 生態鏈未健全，風險管控機制待加強。 • 網路新創企業資源缺乏。 • 電子商務國內人才不足。 • 年長者電子支付近用程度較低。

• 使用者身分確認方便執行洗錢防制。 • 減少地下經濟、經濟犯罪等問題。 • 結合各式信用卡、會員卡。 • 結合指紋、密碼盜刷機率低。 • 收付迅速，加速金流運轉。 • 通貨成本降低，協助商家提升銷量。 • 行動商務滲透率亞洲第一。 • 年輕世代接受度高。	• 電子支付優惠不持續。 • 電子支付需要清算成本。 • 便利商店密度高，提款容易。 • 偽鈔比率低，小型店家習慣現鈔。 • 信用卡普及率已經很高，已習慣刷卡。 • 攤商擔心被查稅。 • 離開臺北就很難使用行動支付。 • 手機被破解，所有帳戶可能會被盜刷。
機會 Opportunities	**威脅** Threats
• 電子支付帶動數位經濟成長。 • 取代幣鈔，走向無現金社會。 • 政府掌握金流，提升金融透明度。 • 數位支付稅務系統運作更有效率。 • 降低政府賦稅稽徵成本。 • 支付環境多元。 • 造就無人商店。 • 銀行與電支業者競合機會。 • 虛實整合，提升消費便利性。 • 陸客沒台幣，使用電子支付也通。 • 提昇商家來客量。 • 消費者更容易花錢消費。 • 蒐集消費大數據。	• 電子支付恐讓城鄉發展差距增大。 • 交易安全誠信風險控管。 • 資金保管信用機制為健全。 • 資訊安全操作，如遭入侵有風險。 • 國內缺乏大型化資本化業者。 • 跨境經營時，缺乏他國法令市場資訊。 • 收銀員就業機會減少。 • 銀行與電支業者相互競爭。 • 個資管理不當影響使用者信心。 • 信用卡業者受到電子支付威脅。 • 支付APP太多，沒有共同平台。 • 電子支付沒有優惠消費者就不用。 • 設備當機會造成電子支付的影響。

資料來源：江永昌，2019

　　針對電子支付 SWOT 模型分析分別就優勢 Strengths、劣勢 Weaknesses、機會 opportunities 與威脅 threats 分別說明如下：

（一）電子支付優勢

　　臺灣之優勢在於擁有完備的資訊科技環境及人才，有利於奠定穩定、高效能的電子支付基礎建設。此外，我國行動裝置的擁有率高，對民眾或商家而言，行動支付所需的設備購置的成本低，消費者只要下載 APP，綁定金融帳戶或信用卡即可使用，而商家只需多一步，向電支業者申請成為該支付商家即可。其中，年輕人對於新興的支付方式接受度高也是推動上的優勢（羅薇君，2016）。

　　電子支付普及還能降低央行每年40億的印鈔、鑄幣成本，讓政府能把稅收做更有效

的配置及運用。電子支付的普及能讓地下經濟浮上檯面，有助於呈現臺灣確切的國民生產力（中央銀行，2019）。

（二）電子支付劣勢

臺灣雖然行動裝置擁有率高，但是中高年齡族人口顯然對於行動支付較為陌生，或已經慣於使用信用卡，行動支付的必須性相對較低。除了信用卡普遍之外，便利商店密度高以致領款方便也讓行動支付的使用沒那麼必要（臺灣銀行，2019）。

商家也有不想使用的原因，不論是信用卡或是行動支付都會導致商家金流透明，一旦交易額曝光過了門檻，適用的稅率可能就要提升，商家自然不願意導入。另外，商家有時也會有兩種價格，開發票與不開發票，一旦使用電子支付就會開立發票，價格就會增加，因此也有誘因讓消費者選擇付現（林筠芳，2016）。

（三）電子支付機會

電子支付增加付款的多元性，或許身上只有信用卡或金融卡，或者只有一支手機，都能完成交易，且電子支付因為沒有領錢與付錢的動作，民眾可能不知不覺消費的更多，因此有助於刺激銷量（蔡福隆，2017）。

另外，電子支付的普及可以加速無人商店的發展，省去人事成本增加產業競爭力。而消費者個人資訊結合消費品項、數額產出來的大數據又能促進產業發展，促進內需經濟（胡自立，2017）。

（四）電子支付威脅

如果電子支付推廣的下一步是無人商店，那首當其衝受到衝擊的勢必是廣大收銀員的就業生計（行動支付普及推動辦公室，2018）。

另外就是個資隱憂，支付業者大大小小非常多，行政單位或法治是否能做到滴水不漏，一旦外洩可能遭受不當利用，若外洩的對象是中共，則可能有維安問題（李佩玲，2018）。

目前支付業者競相提出優惠與回饋，目前都還稱不上營利，唯有財力雄厚者能生存到最後，原本的多元競爭又會逐漸收斂到大者恆大的結果，若背後資金又牽涉到別有意圖的中國之威脅則，恐怕又是國安問題（吳佳靜，2018）。

五　結語

電子支付帶來無現金方便安全的交易，電子支付的使用能帶動經濟成長，未來持續發展也是必然趨勢，相關法規與政策，深深影響電子支付之發展。本論文研究電子支付未來發展與法規，有關研究結論與建議分別說明如下：

（一）電子支付提交易高效率以及提升金融透明度

與民眾使用現金消費相比，如果使用金融卡，銀行處理的成本大為降低，商業交易亦然，與現金支付比較，電子支付顯然是一種成本較低、效率較高的支付方式。越普遍採用電子支付的國家，其地下經濟的規模越小，假設能逐年增加的電子支付使用，連續幾年後，必然就可縮小地下經濟規模，現金使用率與地下經濟占 GDP 比率有正相關。

（二）電子支付刺激經濟成長

業者能積極、健全推展電子支付業務，建立完整數位金流環境，開創電子支付發展新契機，擴大電子支付的使用能刺激民間消費，進而帶動經濟成長。

（三）減少犯罪等其他社會效益

隨著現金使用率的大幅降低，犯罪率也隨之下降，因流通現金減少相對的消費活動付現也會降低，同時也因半數銀行分行不保留現金，不接受現金存款，讓銀行搶案大幅減少。

（四）電子支付政策之建議

臺灣電子支付業者，屬於小而美市場有限，政府提出優惠，鼓勵商家導入，若商家導入電子支付，營業稅適用1%的門檻考慮放寬至月營業額40萬（原門檻是20萬），或是原本適用1%稅率的店家維持5年不調整稅率、不用開發票。電子商務人才不足，國外人才不易引入一事，應就「就業服務法」及「推動創業家簽證之規劃」修正，以解決引入外籍人士之問題。

（五）電子支付相關法令之建議

電子票證發行管理條例、電子支付機構管理條例、第三方支付欠缺整合。主管機關也散落在金管會與經濟部，應該擇一主責。電子商務的安全性是否可以得到進一步的保障、如何建立健全的電商消費評價制度發展，以及電商配送體系服務如何減少糾紛的產生等。

（六）電子支付未來期許與策略

政府之所以要推動電子支付，是受到國際趨勢影響，早期像是信用卡與金融卡是因為國際開始普遍使用，促使我國加速發展該應用。近年，與我國高度經貿往來之他國已普及行動支付，該國人民消費已慣於使用行動支付，若來台觀光，自然帶動臺灣行動支付之需求，外國民眾已習慣該支付方式，若臺灣有相應之付款方式，亦容易被所接受，故需求逐漸增加。

一旦電子支付使用量增加，便容易有糾紛及利用支付管道做違法情事之虞，政府便有義務加以管制，綜上，政府推動電子支付之背景及動機及在於國際接軌、便民利民，並建立妥適之管理機制與法規。

策略則從消費者、店家、電子支付業者、法規、行政部門不同面向著手，整合相關法規及政府部門，加強現行共通支付標準的推廣，一個 QR Code 可以刷每一家電支業者的 APP，甚至能夠整合到一個 APP 可以容納所有電子支付業者，如此一來消費者打開一個 APP 就好，店家只需要一個 QR Code 就能讓所有電子支付業者的會員消費。現在的狀況是消費者不缺優惠，但是店家沒有誘因導入電子支付，誘因可以是如前述稅務優惠或補助。印證本研究之發現。

參考文獻

（一）中文部分

中央銀行　〈臺灣電子支付之發展〉　臺北市　中央銀行　2017年

安怡芸　〈電子支付機構管理條例草案評估報告〉　臺北市　立法院法制局　2014年

安怡芸　〈電子支付與電子票證專法整合後之相關問題研析〉　臺北市　立法院法制局　2019年

江永昌　〈電子支付之 j 未來發展與影響之研究〉　臺北市　臺灣科技大學財務金融研究所碩士論文　2019年

行動支付普及推動辦公室　〈中小企業行動支付普及推升計畫〉　臺北市　經濟部　2018年

何弘光　〈電子票證與消費者權益保護之研析〉　臺北市　立法院法制局　2013年

何弘光　〈電子票證發行管理條例部分條文修正草案評估報告〉　臺北市　立法院法制局　2015年

余啟民　〈從電子商務角度看我國第三方支付法律與實務發展〉　《全國律師》　第19卷第2期　2015年　頁28-36

余慕薌　〈迎接全球電子支付趨勢的來臨〉　《臺灣經濟研究月刊》　第40卷第5期（總473）　2017年　頁122-128

吳佳靜　〈跨境電子商務環境下影響電子支付關鍵成功要素之探討〉　桃園市　國防大學資訊管理學系碩士論文　2018年

吳東益　〈以電子支付及第三方支付法制論消費者保護與產業發展〉　臺北市　政治大學法律科際整合研究所碩士論文　2017年

吳淑娟　〈電子支付機構確保交易安全內部控制制度之研究〉　嘉義縣　中正大學會計資訊與法律數位學習碩士在職專班碩士論文　2016年

李佩玲　〈電子支付與行動支付應用與安全性探討〉　高雄市　高雄第一科技大學資通訊服務創新產業碩士專班論文　2018年

周　虹　〈電子支付與網路銀行〉　北京市　中國人民大學　2014年

林宇鈞　〈電子支付法制之研究——以第三方支付為中心〉　臺北市　臺灣大學法律學研究所碩士論文　2016年

林秀英　〈風起雲湧的行動支付競賽〉　《臺灣經濟研究月刊》　第38卷第5期（總449）　2015年　頁55-63

林筠芳　〈論制定電子支付機構管理條例後對創新電子支付工具之影響〉　臺中市　逢甲大學財經法律研究所碩士論文　2016年

邱垂發　〈大陸電子商務發展趨勢與政策作法對臺灣之啟示〉　臺北市　立法院法制局　2015年

金融監督管理委員會　〈金融科技策略白皮書〉　臺北市　金融監督管理委員會　2016年

金融監督管理委員會　〈金融監督管理委員會106年年報〉　臺北市　金融監督管理委員會　2018年

胡自立　〈洞悉行動支付產業動態與未來趨勢〉　《財金資訊季刊》　第89期　2017年　頁2-8。

范姜群暐　〈從「電子支付機構管理條例」展望國內電子金融服務發展〉　《財金資訊季刊》　第83期　2015年　頁2-16

國家發展委員會　〈加速行動支付普及推動策略與成果〉　臺北市　國家發展委員會　2019年

張秀玉　〈「電子支付機構管理條例」施行後銀行電子支付業務發展趨勢〉　臺北市　臺灣大學財務金融組碩士論文　2016年

張波、任心利　〈網上支付與電子銀行〉　上海市　華東理工大學　2013年

梁定澎主編　〈電子商務理論與實務〉　臺北市　華泰文化　2012年

莊蕎安　〈臺灣行動支付發展之現況〉　《會計研究月刊》　第381期　2017年　頁60-65

陳德來　〈電子商務與網路行銷：2019前端領航〉　臺北市　深石　2018年

馮昌國、江欣玲　〈臺灣第三方支付制度初探〉　《全國律師》　第19卷第2期　2015年　頁37-47

詹庭禎　〈電子支付機構管理條例之制定及預期效益〉　臺北市　金融監督管理委員會　2015年

蔡福隆　〈電子支付帶動臺灣金融科技發展〉　《國土及公共治理》　第5卷第4期　2017年　頁92-97

謝佳君　〈臺灣發展電子支付之探討以銀行業為例〉　臺北市　臺灣科技大學財務金融研究所碩士論文　2016年

謝孟珊　〈電子支付業務管制範疇之比較法研究〉　《月旦法學》　第263期　2017年　頁153-166

簡琮盛　〈臺灣電子支付平台發展與創新策略研究──以支付寶做對照分析〉　宜蘭市　宜蘭大學應用經濟與管理學系應用經濟學碩士論文　2018年

羅健瑋　〈從電子支付立法談監理沙盒〉　臺北市　東吳大學法律學系碩士論文　2018年

羅薇君　〈電子支付制度對消費者影響之探討〉　臺中市　逢甲大學國際經營管理碩士學位學程論文　2016年

鐘敏瑄 〈從金融創新探討我國電子支付機構之發展〉 臺北市 東吳大學法律學系碩士論文 2018年

（二）網路部分

PayPal 臺灣（2019），https://www.paypal.com/tw/home

中央銀行（2019），https://www.cbc.gov.tw/mp.asp?mp=1

立法院法制局（2019），https://www.ly.gov.tw/Pages/List.aspx?nodeid=173

金融監督管理委員會（2019），https://www.fsc.gov.tw/ch/index.jsp

國家發展委員會（2019），https://www.ndc.gov.tw/

國際數據資訊有限公司（2019），https://www.idc.com/tw

臺灣銀行（2019），https://www.bot.com.tw/Pages/default.aspx

「箕子之明夷」解

諶寶珠*、孫劍秋**

摘要

　　「箕子之明夷」出自《周易》〈明夷〉卦的爻辭——「六五，箕子之明夷，利貞。」〈明夷〉卦是易卦中爭議較多的卦，最主要的原因在於「明夷」與「箕子」二詞的義涵莫衷一是。本文從傳統易學的範疇來解「箕子之明夷」，經由梳理歷代各派解易之說，筆者認為「箕子」為人名，而「明夷」則是處於晦暗之時持守貞正晦藏其明德。《周易》為群經之首，雖本為卜筮而作，卻博大精深富含哲理，易之為名，有「易簡」、「變易」、「不易」之義，從生活上實踐層面來說，自然之更迭、人事之遞變、政治之治亂，自有其變易，往往是人力所無法抗拒，人處於盛衰變易之間，唯有晦其明而正其志，方能全其身以待否極泰來，聖人以「箕子之明夷」為喻，啟發我們，在逆勢中韜光養晦、持志不懈之理，若能效法箕子以「自強不息」之精神、「厚德載物」之胸懷，晦其明而正其志，必能化險為夷。

關鍵詞：周易、明夷、易哲學

＊　諶寶珠：第一作者。東吳大學中文系博士班研究生、臺北市明德國中教師。
＊＊　孫劍秋：通訊作者。國立臺北教育大學語文與創作學系教授。

一　前言

　　「箕子之明夷」出自《周易》〈明夷〉卦的爻辭──「六五，箕子之明夷，利貞。」〈明夷〉卦是易卦中爭議較多的卦，最主要的原因在於「明夷」與「箕子」二詞的義涵莫衷一是。歷來對於「明夷」與「箕子」之解釋，各家說法多有不同，目前尚無人提出足以形成定論、說服眾人之周備詮釋，在尚未能定於一尊之前，論者多有闡述，近年來以「明夷」為研究主題的期刊論文有：王雷生〈《周易‧明夷卦》及其歷史故事新解〉[1]，此文指出「明夷」反映的是殷周社會「反本歸根」的宇宙觀和社會觀；吳辛丑〈說明夷〉[2]，此文論述《漢語大辭典》「明夷」條的六個解釋不妥當，應該併為一個義項，以「鳥名」或「飛鳥」概括；梁韋弦：〈關於《易‧明夷》六五爻辭「箕子」之異說〉[3]，指出尚秉和根據《焦氏易林》以語音通假之例及爻位說解明夷卦為穿鑿附會之說；武樹臣〈從「箕子明夷」到「聽其有矢」──對《周易》「明夷」的法文化解讀〉[4]此文指出，夷為弓矢，從弓矢在古代的特殊作用與在訴訟中的證據意義，推論「明夷」即「驗證弓矢」；邱崇、王毅〈《周易》「明夷」舊注刊誤〉[5]，此文對吳辛丑、李鏡池等以鳥解釋〈明夷〉提出駁斥；何益鑫〈《明夷》的敘事本義與義理闡釋〉[6]，此文主張應在尊重傳統易學的基礎上解易，作者認為，卦爻辭以「一詞多義」的方式記載商周王朝末期之歷史，因此，「明夷」可指明夷鳥，是明德君子之象徵，也可以是日入地中，而六五之「明夷」則是明德受損之義。以上諸篇，分別從不同的角度論述「明夷」，所提之見解都言之有據而成一家之言，但是，對「箕子之明夷」仍未能提出具周延性與概括性的結論，本文嘗試從文獻探討，梳理歷代各派解易之說，對「箕子之明夷」作一探討。

　　易學從春秋到清初的發展，有所謂「兩派六宗」：

　　　　《左傳》所記諸占，蓋猶太卜之遺法。漢儒言象數，去古未遠也。一變而為京、

1　王雷生：〈《周易‧明夷卦》及其歷史故事新解〉，《周易研究》，1999年第1期（總第三十九期），頁71-77。

2　吳辛丑：〈說明夷〉，《辭書研究》，2000卷1期（2000年1月），頁155-158。

3　梁韋弦：〈關於《易‧明夷》六五爻辭「箕子」之異說〉，《古籍整理研究學刊》，2009年5月第3期，頁1-4。

4　武樹臣：〈從「箕子明夷」到「聽其有矢」──對《周易》「明夷」的法文化解讀〉，《周易研究》，2011年第5期（總第一○九期），頁70-76。

5　邱崇、王毅：〈《周易》「明夷」舊注刊誤〉，《古籍研究》，2015年2期，頁253-258。

6　何益鑫：〈《明夷》的敘事本義與義理闡釋〉，《周易研究》，2017年第6期（總第一四六期），頁47-55。此文主張應在尊重傳統易學的基礎上解易，作者認為，卦爻辭以「一詞多義」的方式記載商周王朝末期之歷史，因此，「明夷」可指明夷鳥，是明德君子之象徵，也可以是日入地中，而六五之「明夷」則是明德受損之義。

焦，入於機祥，再變而為陳邵，務窮造化，《易》遂不切於民用。王弼盡黜象
數，說以老莊。一變而胡瑗、程子，始闡明儒理，再變而李光、楊萬里，又參證
史事，《易》遂日啟其論端。此兩派六宗，已互相攻駁。[7]

根據上述，易學經過二千多年各家之闡釋發揚，自是見解紛紜，筆者梳理自漢代以來，
魏、晉、唐、宋、元、明、清，以及民國至近代各家之說，選擇其中具代表性之說法，
予以歸納統整，從易學範疇解「箕子之明夷」。

二　各家「明夷」、「箕子」之說

《周易》明夷卦：

䷣ 離下坤上明夷，利艱貞。[8]

「明夷」二字，〈序卦〉說：「進必有所傷，故受之以明夷。夷者，傷也。」[9]這是從解
釋各卦之間相承關係來說，〈明夷〉的前一個卦是䷢〈晉〉，下坤為地，上離為日，日出
地上，是為晝，「〈彖〉，晉，進也」，䷣明夷與䷢是覆卦[10]，離下坤上，日落地中，光明
夷滅，所以傷。對於〈序卦〉的說法，《九家易》說：「日在坤下，其明傷也。言進極當
降，復入于地，故曰〈明夷〉也。」[11]晉卦是進之意，前進到極致就有損傷，明夷就是
傷其明之意。但是，〈序卦〉對於每個卦的解說未能概括完整的涵義，因此，〈序卦〉對
於「明夷」之解釋，不夠周備，而〈雜卦〉說：「明夷，誅也。誅，傷也。」[12]對「明
夷」的解釋也僅是損傷之意。至於「六五，箕子之明夷，利貞。」〈象〉曰：「箕子之
貞，明不可息也。」通常，〈小象傳〉從爻象、爻位來解釋爻辭，但是，古人用字往往
以通假，自漢代以來就有「箕子」為「其子」、「荄茲」之說，因為通假字而引出「箕
子」之異說，於是「箕子之明夷」解，眾說紛紜，莫衷一是，以下即徵引各家之說以見
「明夷」、「箕子」之義。

7　〔清〕紀昀：《四庫全書總目提要》（石家庄：河北人民出版社，2003年），頁50。

8　〔清〕阮元校刊：《十三經注疏1周易》（臺北市：藝文印書館，2011年），頁88-89。

9　同前註，頁188。

10　「往來卦」又稱「反對卦」、「覆卦」、「綜卦」，《周易》六十四卦，相承相鄰的兩卦，大多以卦象相
　　互倒置為次序，這種相承相鄰的兩卦，稱為「反對卦」，又稱「往來卦」、「覆卦」、「綜卦」，例如
　　〈小畜〉與〈履〉。引文參見郭建勳，黃俊郎：《新譯易經讀本》（臺北市：三民書局，1996年），頁
　　5-6。

11　〔清〕李道平：《周易集解纂疏》（北京：中華書局，1998年），頁342。

12　同註8，頁189。

1 漢儒之說：

李鼎祚《周易集解》，引漢儒之說。「☲☷離下坤上明夷，利艱貞。」虞翻曰：

> 夷，傷也。〈臨〉二之三而返〈晉〉也。明入地中，故傷矣。

虞翻可說是漢儒象數易學的代表，他的易學主要是卦變、旁通、互體，藉著這三種方式將一卦增加為二卦以上以解卦。「〈臨〉二之三而返〈晉〉也」，是從「十二消息卦變為雜卦」的理論而來，虞翻認為乾、坤二卦是所有卦的基礎，兩卦互相推移就成為十二消息卦，其中的二陰二陽之卦，都是從〈臨〉、〈遯〉變來，明夷卦的六個爻，有二個陽爻四個陰爻，屬於「四陰二陽」，所以來自〈臨〉，將〈臨〉的九二升三、六三降二就是〈明夷〉，六三陽爻入地，象徵「明入地中」，所以傷。至於「利艱貞」，虞翻說：

> 謂五也。五失位變出，成坎為艱，故「利艱貞」矣。[13]

五爻是陽位，以陰爻居之不得位，所以失位，約象（互體）二到四爻為坎，亦即六二、九三、六四互坎，坎象水，水處險陷，所以成坎為艱，但是因為九三爻居中得位，因此雖處險境，亦能化險為夷，不利亦利，所以「利艱貞」。

虞翻從卦象解〈明夷〉卦辭，「明入地中」所以傷，「明夷」意指「光明殞傷」。鄭玄解說「利艱貞」：

> 夷，傷也。日出地上，其明乃光，至其入地，明則傷矣，故謂之〈明夷〉。日之明傷，猶聖人君子有明德而遭亂世，抑在下位，則宜自艱，无幹事政，以避小人之害也。[14]

鄭玄將「夷」解作「傷」，「明夷」就是日入地中，光明夷滅，所以傷。以日之入地光明殞傷，來比喻聖人君子之明德，因為遭逢亂世而被壓抑在下，此時應當艱難自守，不要有政事上的活動，以避開小人的傷害。鄭玄除了指出卦象「明夷」意指「光明殞傷」，更進一步指出「日之明傷，猶聖人君子有明德而遭亂世，抑在下位」，「明夷」的象徵意涵——君子之明德就是「明」，遭逢亂世而被壓抑就是「夷」，「明夷」就是明德君子遭逢亂世而傷。

至於「六五，箕子之明夷，利貞」，馬融曰：

箕子，紂之諸父，明於天道〈洪範〉之九疇，德可以王，故以當五。知紂之惡，
無可奈何，同姓恩深，不忍棄去，被髮佯狂，以明為暗，故曰「箕子之明夷」，
卒以全身，為武王師，名傳無窮，故曰「利貞」矣。[15]

馬融認為，六五為君位，今箕子居之，在於箕子明於天道，其德足以王天下。箕子與紂
王為同姓親戚，既無法使紂王改過，又不忍去國，只能被髮佯狂為奴，隱藏其才德之
明，所以說「箕子之明夷」，終能保全其身，教武王〈洪範〉之九疇以敘天道，名聲傳
於後世，所以持守貞正有利。馬融以箕子處於紂之惡晦藏其明德來解「箕子之明夷」。
李道平將馬融之說，做進一步闡釋：

五君位而以箕子當之者，上六，紂也。六五得中，紂不足以當之。箕子，紂之諸
父，同姓之親也。《史記》武王克殷，訪問箕子以天道。箕子以〈洪範〉陳之。
《書·洪範》曰：「禹乃嗣興，天乃錫禹〈洪範〉九疇，彝倫攸敘。」故曰：「明
於天道，〈洪範〉之九疇」。箕雖為臣，然德可以王，故以當五。……故曰「箕子
之明夷」。然明在二而五則晦以全身，傳〈洪範〉以為武王師，名垂无窮，故曰
「利貞」也。[16]

李道平先以卦爻解說箕子居五爻之位，而上六是紂王，六五是君位，但是紂殘暴無道不
足以居五爻位。再引《尚書》、《史記》具體解釋馬融所謂「同姓恩深，不忍棄去，被髮
佯狂」、「為武王師」，以證明箕子之德足以居六五之位，並且以箕子傳〈洪範〉以為武
王師，作為明夷何以得利貞之原因，在於為王者師。所謂「以明為暗」，就是指箕子被
髮佯狂晦藏其才德，所以說「箕子之明夷」。

2 王弼（226-249）與孔穎達（574-648）之說：

「☷ 離下坤上明夷，利艱貞。」孔穎達說：

夷者，傷也。此卦日入地中，明夷之象。施之於人事，闇主在上，明臣在下，不
敢顯其明智，亦明夷之義也。此時雖至闇，不可隨世傾斜，故宜艱難，堅固守其
貞正之德，故明在艱貞。[17]

〈明夷〉應用在人事上，意指昏君在上位、明臣處下位，此時明臣不敢顯其智，亦即藏

---

15 同註13，頁47。

16 同註11，頁348。

17 同註8，頁88。

其明智,這就是「明夷」。據孔說,「明夷」為「明臣藏其明智」。

　　王弼《周易注》解釋「六五:箕子之明夷,利貞。」:

　　　　最近於晦,與難為比,險莫如茲,而在斯中,猶闇不能沒,明不可息,正不憂
　　　　危,故利貞也。[18]

王弼注初九曰:

　　　　明夷之主,在於上六,上六為至闇者也。[19]

六五是最危險之卦,因為最靠近上六的「至闇」,處此險境,仍要堅持,保持貞正不憂
危,持守貞正有利。王弼在六五、初九,都沒有提到「箕子」,只有說處於險境的自守
之道,不過,他在《周易略例》明白指出「箕子之明夷」指的是箕子:

　　　　明夷為闇之主,在於上六,初最遠之,故曰君子于行,五最近之,而難不能溺,
　　　　故謂之箕子之貞,明不可息也,三處明極而征至闇,故曰南狩獲其大首也。[20]

上六是最晦暗的,初九離上六最遠,遠離黑闇,明夷遠遯,所以君子尚義而行;六五離
闇主最近,要持守貞正才不陷溺,所以說箕子的貞正,明不可熄。「五最近之,而難不
能溺,故謂之箕子之貞,明不可息也」指出箕子近闇君,身處險境而不陷溺,持守貞正
而明不可滅,這是解釋〈象傳〉的「箕子之貞,明不可息也。」孔穎達對王弼「六五:
箕子之明夷,利貞。」之說做闡釋:

　　　　箕子之明夷者,六五最比闇君,似箕子之近殷紂,故曰箕子之明夷也。利貞者,
　　　　箕子執志不回,闇不能沒,明不可息,正不憂危,故曰利貞。[21]

孔穎達認為六五最靠近「闇君」,就像箕子靠近紂王,所以說「箕子之明夷」,這樣的說
法就呼應了他對卦辭的解說「施之於人事,闇主在上,明臣在下,不敢顯其明智,亦明
夷之義也。」孔穎達解「箕子之明夷」,「箕子」即紂時之箕子;「明夷」意指箕子近於
闇君所以明傷。

18　同註8,頁89。

19　同註8,頁88。

20　〔晉〕王弼著,〔唐〕邢璹註,〔明〕榮程校:《周易略例》,收入嚴靈峯:《無求備齋易經集成》一
　　四九(臺北市:成文出版社,1976年),頁34。

21　同註8,頁89。

3 程頤（1033-1107）之說：

〈序卦・明夷〉：

> 明夷，所以次晉也。為卦坤上離下，明入地中也，反晉成明夷，故義與晉正相
> 反。晉者明盛之卦，明君在上，群賢並進之時。明夷昏暗之卦，暗君在上，明者
> 見傷之時也。日入於地中，明傷而昏暗也，故為明夷。[22]

與「明君在上，群賢並進之時」相對而言，「明夷」為「闇君在上，明者見傷之時」，「明夷」指的是「君子處於被昏君所傷之時」。

「六五，箕子之明夷，利貞。」則說：

> 五為君位，乃常也。然易之取義，變動隨時，上六處坤之上，而明夷之極。陰
> 暗，傷明之極者也。五切近之，聖人因以五為切近至暗之人，以見處之之義，故
> 不專以君位言。上六陰暗傷明之極，故以為明夷之主。五切近傷明之主，若顯其
> 明，則見傷害必矣，故當如箕子之自晦藏，則可以免於難。箕子商之舊臣，而同
> 姓之親，可謂切近於紂矣。若不自晦其明，被禍可必也。故佯狂為奴，以免於
> 害；雖晦藏其明，而內守其正。所謂內難而能正其志，所以謂之仁與明也，若箕
> 子可謂貞矣。以五陰柔，故為之戒云利貞，謂宜如箕子之貞固也，若以君道言，
> 義亦如是，人君有當含晦之時，亦外晦其明，而內正其志也。[23]

程頤以「易隨時取義，變動無常」的觀點來解釋明夷，一般解易以五爻為君位，所以，有說「箕子以有德，所以居五爻之位」或說「五爻為紂王」，程頤直接說五爻是箕子，因為《易》之取義，取其變易，即變化之義，因時而變，五爻接近六爻，靠近至闇，以顯現處闇之義理，所以不必拘泥於君位來解說。上六位坤卦之最上位，是明夷之極，晦闇傷明。五切近無道之君，若顯現其明，必招致禍害，故當如箕子晦藏其明，就可以幸免於難。若不晦藏其明，必招災難，所以箕子佯狂為奴以免於禍害，雖暗藏其明，內心不失其正，這就是內難而能正守其志，這樣可說是具仁與明，箕子可說是持守貞正。因為五爻陰柔，所以以貞正為戒，要如同箕子之固守貞正，君道也應如此，人君也會有處於晦闇之時，也要晦藏其明，內心固守貞正。

程頤的「箕子」，指紂王之箕子，「明夷」指的是「君子處於被昏君所傷之時」與「外晦其明、內正其志」。

---

22 〔宋〕程頤：《易程傳・卷四》（臺北市：河洛圖書，1974年），頁313-314。
23 同前註，頁320-321。

4 楊萬里（1127-1206）

> 五，君位也，而聖人以箕子當之者，明夷之時，六五以陰居陽，以柔居剛，得中守正，陽剛之君子也，紂不足以當之，當之者，舍箕子而誰也？又箕子與紂，同姓之親也，此孟子所謂易位之卿也。箕子既有此嫌，而又與微子皆疑於商家及王之制，意其當時天下之望，亦或以六五之德與位歸箕子與？此紂所以疑之之深，所謂內難者也，非為之奴以深晦其明，則居艱而不利，非守其貞而不同其惡，則明滅而或息，故全於天。五陽，明也，六陰，晦也，以六晦五，故箕子之明夷。[24]

楊萬里解易之特色是引史證經，其解說卦爻辭則承襲程頤易學，「六五……得中守正」就是程頤推崇中位的說法。五為君位，以箕子當之，是因為，明夷之時，六五以陰爻居陽位，以柔居剛，居中位，得中則正，只有箕子之德足以當之。箕子與紂為同姓之親，有德而見疑於紂，是為「內難」，此時若不為奴佯狂以晦其明，則不利於處艱困之境，若不持守貞正之心則明息，五爻箕子之明被六爻紂之晦所傷，所以「箕子之明夷」。楊氏解「明夷」為處於艱困之境（明臣被君疑之內難），晦其明、守其正利艱貞。

5 朱熹（1130-1200）之說：

> 「䷣ 離下坤上明夷，利艱貞。」與「六五，箕子之明夷，利貞。」朱熹說：

> 夷，傷也。為坤下離上。坤，日入地中，明而見傷之象，故為明夷。又其上六為暗之主，六五近之故，故占者利於艱難以守正，而晦其明也。
> 居至闇之地，近至闇之君，而能正其志，箕子之象也，貞之至也。利貞，以戒占者。[25]

朱熹認為「易本卜筮之書」，卦爻辭是占筮之辭，「易中言帝乙歸妹，箕子明夷，高宗伐鬼方之類，皆疑當時帝乙、高宗、箕子曾占得此爻，故後人因而記之，而聖人以入爻也。」所以他說「故占者利於艱難以守正，而晦其明」、「以戒占者」，有依卜筮斷吉凶而訓戒世人之意。他解卦兼顧象與義，以「明而見傷之象」解釋「明夷」；「箕子」為紂王之箕子，近上六，居至闇之地仍能持正其心志，所以六五是箕子之象，箕子居於至闇之地、近至闇之君，因「晦其明、正其志」而利，聖人以此卦告誡占者處於險境，亦應如此。朱熹解「箕子明夷」，箕子指紂之箕子，「明夷」意指明而見傷，應艱難以守正而晦其明。

---

24 〔宋〕楊萬里：《誠齋易傳》，收入《叢書集成新編》十五（臺北市：新文豐，1985年），頁496。
25 〔宋〕朱熹：《周易本義》（臺北：新文豐，1979年），頁135-138。

6 來知德（1526-1604）之說：

六五居在闇之地，近至闇之君。然有柔中之德，晦其明而正其志，所以佯狂受辱也。居明夷如箕子，乃貞之至矣，故占者利於貞。諸爻以五為君位，故周公以箕子明之，……然周公爻辭，必以上六為君者，何也？蓋九三明之極，惟武王可以當之，上六，闇之極，推紂可以當之。若六五有柔中之德，又非紂之所能當也。[26]

來知德解易主取象說，六五箕子居闇之地，接近上六至闇之君紂王，所以以柔居之，佯狂為奴受辱以晦其明。此箕子為紂王之箕子，「明夷」意為居闇之地晦其明正其志。

7 王夫之（1619-1692）之說：

上為闇主，而五近之，相比於同昏之廷，不顯其明以自晦，故為箕子之象。然必如箕子之貞而後合義。不然，則去飛廉、惡來也無幾矣。[27]

箕子處於昏君紂之朝廷，自晦其明，所以六五箕子之明夷。王夫之強調家國大義，必得如箕子之貞才合六五爻之義，否則就跟飛廉、惡來相差無幾了。

8 毛奇齡（1629-1713）之說：

六五，箕子蜀才本作「其子」，漢儒趙賓解作「荄茲」，後遂有作「荄茲」者，不通。之明夷，利貞。〈象〉曰，箕子之貞，明不可息也。若夫六五，則不言其明于何夷于何也，亦不言其為所夷不為所夷也。直曰箕子之明夷，夫箕子以諸父之尊，不得已為商辛所囚，至武王入殷而囚始釋，夷亦極矣。然而箕子之處此，或披髮、或佯狂，或囚、或奴，艱而能貞，晦其明而能正其志，以視推易，凡四推而皆不可，易五爻四易皆不及有如箕子之處此者，則直曰此箕子明夷而已。蜀才本以箕子為其子，其、箕古通字。若謂不敢顯稱箕子之名，但稱其子，而孔子逆知文意，始于〈象〉傳明指之，則穿鑿矣！高宗帝乙尚可斥言，何況箕子？若漢書《儒林傳》，蜀人趙賓為易，飾易文，以為箕子明夷，萬物方荄茲也，又晉鄡氏家諱云：「訓箕為荄，詁子為茲。漫衍無經，不可致詰。」以讖荀爽，則漢後儒者多有此說，祇以文王演易時，不宜豫及箕子事，故云。但劉向云：「今易箕子作荄滋」，則在前，止為訓詁，而此時竟有改此二字者，然曰今易，則明非古本，且夫子已明，明實指箕子，與文王並，而後儒尚從而紛紜之，何也？[28]

26 〔明〕來知德：《周易來注》，收入嚴靈峯：《無求備齋易經集成》64（臺北市：成文出版社，1976年），頁785。

27 〔明〕王夫之：《周易內傳》，收入《船山全書》（長沙市：嶽麓書社，1998年），頁310。

28 〔清〕毛奇齡：《仲氏易》，收入《皇清經解易類彙編》（臺北市：藝文印書館，1986年），頁239。

箕子以諸父之尊，不得已被紂所囚，這其間披髮佯狂為奴，直到武王克殷才獲釋，「夷亦極矣」，箕子處此「夷」，無論是批髮佯狂或被囚或為奴之艱困，皆能持守貞正之心，晦藏其明而能持正其志，以箕子處夷而晦藏其明持正心志之德，易卦四爻都不相襯，只有五爻之位，才合其德，所以直接說「箕子之明夷」。「明夷」意指箕子之晦藏其明持正心志。毛奇齡解經重視訓詁與考據，一開始就說漢儒趙賓將箕子解作「荄茲」，不通。又駁斥「以箕子為其子」之說者，他認為〈彖〉辭以文王與箕子並舉，已經足以說明箕子即商紂之箕子。至於「若謂不敢顯稱箕子之名，但稱其子，而孔子逆知文意」指的是俞琰之說。[29]

9 惠棟（1697-1758）之說：

> 〈明夷〉，|注|〈臨〉二之三而反〈晉〉也。夷，傷也。明入地中，故傷。利艱貞。|注|謂三也，三得正，體坎為艱，故利艱貞。……六五，其子之明夷，利貞。|注|其讀為亥，坤終於亥，乾出於子，故其子之明夷，三升五得正，故利貞。馬君俗儒，讀為箕子，涉〈象傳〉而訛耳。且蜀才從古文作其子，今從之。其古音亥，故讀為亥，亦作箕。劉向云：「今易箕子作荄茲。」荀爽據以為說……馬融俗說，荀爽獨知其非，復寶古義，讀箕子為荄茲，而晉人鄒湛以為蔓衍無經，致譏荀氏，但魏晉以後，經師道喪，王肅詆鄭氏而禘郊之義乖，袁準毀蔡服而明堂之制亡，鄒湛譏荀謂而周易之學晦。一倡百和，何尤乎後世之紛紜矣。[30]

乾嘉時期，是清代漢學興盛的時期，清儒不像宋儒以義理解經，改傾向漢儒的象數派解經，同時重視訓詁、考證之學，惠棟解〈明夷〉卦，很明顯是漢易學家虞翻的說法，他說義例有卦之反，有爻之反，例如〈明夷〉為〈晉〉之反，進一步解釋〈明夷〉卦不用旁通而用反卦，是因為「上六初登于天為〈晉〉時，後入于地為〈明夷〉時」。夷，傷也。下〈離〉為火，上〈坤〉為土，所以「〈離〉滅〈坤〉下」，六五失位，所以明傷。惠棟解說「六五，其子之明夷」，更充分體現乾嘉學派考證之學的特色，他認為「其」讀為「亥」，蜀才從古文作「其子」，「其」古音「亥」，故讀為「亥」，亦作「其」，劉向說「箕子作荄茲」。讀「箕子」為「荄茲」，古文作「箕子」，其與「亥子」與「茲」，字

---

29 「『箕子』當依蜀才作『其子』，蓋其子即箕子也，不敢顯稱箕子之名，遂微其辭而曰其子。孔子逆知文王之義，乃於象傳顯言其為箕子。後人因象傳稱箕子，遂並爻辭其字加竹作箕。」引文參見〔宋〕俞琰：《周易集說》，收入《文津閣四庫全書》經部易類六（北京市：商務印書館，2005年），頁303。

30 〔清〕惠棟：《周易述》，收入《皇清經解易類彙編》（臺北市：藝文印書館，1986年），頁423-424。

異而音義同。其子者，萬物方荄茲也。除了從讀音解說六五爻義，他又從易例駁斥馬融之說，他批評馬融以〈彖傳〉之說解經為腐儒，因為，若按馬融之說，六五是箕子之位，但是以易例，六五是君位，馬融之說，有違易例。至於「坤終於亥，乾出於子」的說法，來自於虞翻解說〈坤〉卦「〈坤〉，元亨，利牝馬之貞。」虞翻曰：「謂陰極陽生，〈乾〉流〈坤〉形，〈坤〉含光大，凝〈乾〉之元，終於〈坤〉亥，出〈乾〉初子，品物咸亨，故元亨也……。」[31]惠棟取卦象解「明夷」為明入地中故傷，解「箕子」為「其子」，萬物方荄茲也。《爾雅‧釋草》：「荄」，根；《說文解字》荄，艸根也。唐代顏師古博覽群書，尤精於訓詁，他注《漢書》趙賓說「箕子者，萬物方荄茲也。」：

> 此箕子者，為殷父師說〈洪範〉者也」而賓妄為說耳。荄茲，言其根荄方滋茂也。[32]

顏師古已經指出趙賓之謬誤，更明白說箕子就是為武王說〈洪範〉的箕子。再者，若按惠棟將箕子解作「荄茲」，夷解作「傷」，又「明入地中，故傷」。那麼，「箕子之明夷」該如何解釋？可見惠棟之說有矛盾之處。

10 張惠言（1976-1802）之說：

> 《周易》馬氏傳云：箕子，紂之諸父，明於天道，〈洪範〉之九疇，德可以王，故以當五。知紂之惡，無可奈何，同姓恩深，不忍棄去，被髮佯狂，以明為暗，故曰「箕子之明夷」，卒以全身，為武王師，名傳無窮，故曰「利貞」矣。[33]

張惠言以馬融之說解〈明夷〉，其箕子與明夷解與馬融相同。

11 焦循（1763-1820）之說：

> 六五，箕子之明夷，利貞。箕，古其字，與〈中孚〉「其子和之」同義，其子未和，故成〈明夷〉。利貞謂通〈訟〉，成〈既濟〉。[34]

焦循主張，箕是古其字，與☲〈中孚〉「其子和之」同義，〈中孚〉九二「鳴鶴在陰，其子和之。」其子，其同類，指鳴鶴。九二陽爻，處於六三、六四兩陰爻之下，所以是「鳴鶴在陰」，九五陽爻居中得位與之相應，所以「其子和之」；☲〈明夷〉二、五

31 同註13，頁8。

32 楊家駱：《新校本漢書并附編二種》（臺北市：鼎文書局，1979年），頁3599。

33 〔清〕張惠言：《易義別錄》，收入《皇清經解易類彙編》（臺北市：藝文印書館，1986年），頁48。

34 〔清〕焦循：《易章句》，收入《皇清經解易類彙編》（臺北市：藝文印書館，1986年），頁822。

爻，敵（不相應），大凶，「其子未和，故成〈明夷〉」。在《周易補疏》，他有更詳細的論述：

> 箕子之明夷，注最近於晦，與難為比，險莫如茲，而在斯中，猶闇不能沒，明不可息，正不憂危，故利貞也。
> 《釋文》云：「蜀才『箕』作『其』」。劉向云：「今易『箕子』作『荄滋』」。鄒湛云：「訓『箕』為『荄』，詁『子』為『滋』，漫衍無經，不可致詰」，以譏荀爽。《漢書・儒林傳》，「蜀人趙賓好小數書，後為易，飾易文。以為箕子明夷，陰陽氣亡箕子，箕子者，萬物方荄茲也。」古字箕即其，子通滋，滋通茲。王氏讀「箕子」為「其茲」。故云：「險莫如茲，而在斯中。」以茲字解子字，以斯字解其字。若曰，其茲之明夷，而猶闇不能沒，明不可息，正不憂危，故利貞也，用一猶字為其茲二字作轉，謂明之傷夷如茲，而猶利貞也，推王注之意，絕不以為近殷紂之箕子，馬融以箕子為紂諸父，王氏所不用也，《釋文》每於經下首舉王氏義，後臚列異說，此於箕子之明夷，首列蜀才箕作其，明與王氏同也，正義失王氏義。

焦循認為「箕子」並非商紂之箕子，而是「其茲」音轉，箕子之「箕」是古「其」字，「子」為「茲」，「險莫如茲，而在斯中」的「斯」解為「其」。他認為王弼讀「箕子」為「其茲」，「箕子之明夷」即為「其茲之明夷」，「險莫如茲，而在斯中」即為「險莫如茲，而在其中」，所以「明之傷夷如茲」。若按照焦循箕子為荄滋之說，王注應該解釋成：「明之傷如此之重，晦暗還不能使之隱沒，明仍不可熄，這正是不憂危，所以利貞。」但是，如前所述，王弼在《周易略例》明白指出「箕子之明夷」指的是箕子（見上述王弼之說）。孫劍秋教授在〈焦循「假借說易」方式之商榷〉一文也提出三點明證，以駁焦循之說，並以〈象〉辭之文王與箕子對比，證明「箕子」應為人名。[35]谷繼明在〈《周易補疏》辨正〉一文指出，焦循因「訓詁之誤」而曲解王弼之意，其實王弼認為「箕子」就是商紂之箕子。[36]谷氏之說，亦可證明焦循對王弼注之誤解。

12 宋翔鳳（1777-1860）之說：

> 箕子之明夷，音義蜀才箕作其，……五本坤也，坤終於亥，乾出於子，用晦而明，明不可息，故曰其子之明夷。明夷反晉。晉，晝也；明夷，晦也。以十二時

---

35 孫劍秋：《易理新研・焦循「假借說易」方式之商榷》（臺北市：臺灣學生書局，1997年），頁84-86。

36 谷繼明：〈《周易補疏》辨正〉，《國學研究》，2014年34期，頁281。

辰言之，七日來復則當子，以十日言之，自晦復明則當旦，故昭五年，《左傳》
卜楚丘論此卦，以明夷當旦，亦此義。[37]

宋翔鳳以訓詁解箕子作其子，又引《左傳》昭公解「明夷」為「旦」，這是引用《左
傳》昭公五年，穆子出生之時，莊叔用《周易》為他卜筮，得到〈明夷〉卦變〈謙〉卦
之說，「旦」是早晨、白天之意。

13 朱駿聲（1788-1858）之說：

「夷」借為「痍」字，傷也，滅也。日光為地球所掩，自人目視之，則明滅也。
臨二之三，坎為艱。蒙，冒也，猶遭也。以，用也。文王之拘，天下民命攸寄，
故曰大難。箕子之狂，一家宗社攸關，故曰內難。又反晉，五失位，變出成坎，
坎為艱，故利艱貞。……。箕子紂諸父，故稱內難。五乾天位，今化為坤，箕子
之象，坤為晦，箕子正之，出五成坎，體離重明麗正。坎為志，故正其志，箕子
以之，而紂奴之矣。[38]

朱駿聲先用假借解釋明夷之「夷」，至於說「臨二之三，坎為艱……」大體則是承繼漢
儒虞翻的象數易。文王拘羑里關係天下民命，所以是大難；箕子為紂之諸父，其佯狂攸
關宗室，可視為內難。解「箕子」為紂之箕子，箕子居六五坤位，坤為晦，箕子正其心
以居之。

14 尚秉和（1870-1950）之說：

據易林，此箕子則孩子也。……古亥字音喜，亦音其。案亥字既讀為其，則其字
亦必讀為亥。箕既讀為荄，於是亥、孩、刻、荄，與其、箕常通用……古之所謂
誅，不盡是殺。賊誅孩子，即幽囚箕子也。是應為箕子，而做孩子。故此處六五
之箕子，漢趙賓又作荄茲。夫墨子以孩子作箕子，則明夷六五之箕子，易林作孩
子，與墨子合，與論衡同。孩子皆謂紂也。……貞，正也，言孩子居天之正位，
天子一日萬機，故明不可息。若箕子，以晦其明矣，有何不可息？[39]

尚秉和以通假字解說箕子是孩子的通假，因此，六五之「箕子」是指紂王，而「明夷」
意指紂王為一國之君，日理萬機，明不可息。梁韋弦指出，各家有關〈明夷〉六五爻辭

---

37 〔清〕宋翔鳳：《周易考異》，收入《續修四庫全書》（上海：上海古籍，2006年），頁493。

38 〔清〕朱駿聲：《六十四卦經解》（北京市：中華書局，1998年），頁154。

39 〔清〕尚秉和：《周易尚氏學》，收入尚秉和遺稿、張善文校理：《尚氏易學存稿校理》第三卷（北
京市：中國大百科全書出版社，2005年），頁155-156。

之異文，只是一些通假字，並無其他深意；再者，程頤說易之取義，變動隨時，不必拘泥。[40]

15 胡樸安（1878-1947）之說：

> 「箕子以之者」，箕，蜀才本作其，可從。其子，謂文王。前言文王，後言其子，用代名詞也。
>
> 箕子之明夷者。箕子，即其子，謂文王。言文王處明夷之時也。利貞者。伐崇、伐邗、伐密須之事也。卦辭之利艱貞，統全卦而言，故有艱字。爻辭之利貞，指一爻而言，故無艱字。內難而能正其志，至是始克行其志，此即大象之用晦而明也。故〈象〉曰：箕子之貞，明不可息也。[41]

胡樸安與惠棟一樣，也引用蜀才本，「箕」作「其」，箕子可作其子，但不從讀音上作「荄茲」解，而是將其子當代名詞，指文王。那麼「六五，箕子之明夷」是「文王之明夷」，文王處於明夷之時，用晦而明，則「明夷」解為「明夷之時」；又，他在〈象傳〉解說「明夷」為「明夷，紂之時明傷也」，因此，「明夷」有兩層意思，一是指紂之明傷，一是指文王處於明夷之時，用晦而明。

16 高亨（1900-1986）之說：

> 明夷為鳥類可斷言，明疑借為鳴，……夷疑借為雉，……「明夷」借為「鳴雉」。然則箕子之明夷，即箕子之鳴雉也。辭意不完，未之詳也。疑「之」下當有獲字，轉寫挽去。箕子之獲明夷，記箕子得鳴雉之事也。箕子得鳴雉，蓋有利之事也。筮遇此爻，自是利占，故曰：箕子之獲明夷。又疑本卦自初九至六五皆記箕子得鳴雉之事。初九云：「明夷于飛，垂其翼；君子于行，三日不食。」君子似指箕子，蓋箕子南狩，鳴雉垂翼而飛，箕子逐之，入深山大林，迷道不能歸，以致三日不得食也。六二云：「明夷，夷于左股。」謂箕子射鳴雉而傷雉之左股也。九三云：「明夷于飛，得其大首。」謂鳴雉依然于飛，而南狩之箕子，亦得其大道而返也。六四云：「入于左腹獲明夷。」謂鳴雉入于道左穴內，箕子入穴而獲之也。六五云：「箕子之獲明夷。」謂箕子終得此鳴雉也。[42]

---

40 梁韋弦：〈關於《易·明夷》六五爻辭「箕子」之異說〉，《古籍整理研究學刊》，2009年5月第3期。

41 胡樸安：《周易古史觀》，收入林慶彰：《民國時期經學叢書》第二輯15（台中市：文听閣圖書有限公司，2008年），頁167-170。

42 高亨：《周易古今注·卷三》，收入嚴靈峯：《無求備齋易經集成》109（臺北市：成文出版社，1976年），頁126-127。

高亨解「明夷」是「鳴雉」之通假，又認為「箕子之明夷」的「之」字後面在抄寫之時脫落一「獲」字，如此一來，〈明夷〉寫的是「箕子得鳴雉」之事。古人用字通假的現象時有所見，但是，在經文增字以解經的方式，實為不妥，《帛書周易》「六五，箕子之明夷，利貞。」並沒有如高亨所說之「獲」字。

17 李鏡池（1902-1975）之說：

> 箕子：紂王的哥哥。之，往。明夷，東方之國，日出之處。[43]

箕子指紂王的哥哥，「箕子之明夷」，說的是殷亡後之事，紂王的哥哥到明夷國去。「箕子之明夷」解釋成箕子往東方之國。李鏡池認為〈明夷〉初九爻辭是與《詩經》相類的詩歌，[44]在這一條爻辭裏，「明夷」應該是「鳴鵜」的通假。鵜，亦作鴺，夷弟形近音通。又引《說文》「夷」字有「大弓」、「東方之人」的本義，以《左傳》「艾夷蘊崇之」、《周禮》「日夏至而夷之」的「夷」皆有殺、滅之義，加之以《周禮》、《詩經》其他篇章等，推論六二、九三爻辭的「明夷」，是張弓以射的鳴夷，夷，大弓也。六四、六五爻的「明夷」，是名詞，一是弓名，二是國、族名。[45]李鏡池認為「明夷」是多義詞，從《詩經》的句法分析〈明夷〉初九爻辭，提出「明夷」應該是「鳴鵜」的通假，這是一種運用語言學句法分析《詩經》句式的研究；又引諸書以訓詁推論六五爻的「明夷」，解作「東方之國，日出處」。筆者以為，如果司馬遷《史記‧宋微子世家》沒有記載「武王乃封箕子於朝鮮」，是否仍會將「明夷」，解作「東方之國，日出處」？

18 帛書周易注譯

近年來陸續出土之王家臺秦簡《歸藏》、阜陽漢簡《周易》、馬王堆帛書《周易》、戰國楚竹書《周易》等，也是研究易學不可忽視的一環，而戰國楚竹書只有三十四卦，所缺之卦包括〈明夷〉，因此，本文以馬王堆帛書《周易》〈明夷〉為論述。〈明夷〉在《帛書周易》的排序為第三十八，與今本的第三十六不同，卦辭「明夷，利根貞。」張立文注「根」假借為「艱」，又初九注「明」與「鳴」古字通，「夷」與「雉」通，「明

---

43 李鏡池：《周易通義》（北京市：中華書局，1981年），頁73。

44 〈明夷〉初九：「明夷于飛，垂其翼；君子于行，三日不食。有攸往，主人有言。」其中「有攸往」二句，是占事之辭，《易》文常見，可以不論，而「明夷于飛，垂其翼；君子于行，三日不食。」是一首詩，《詩經》中有很多這樣的詩句，例如《邶風‧燕燕》：「燕燕于飛，差池其羽。之子于歸，遠送于野。」或《豳風‧東山》：「倉庚于飛，熠燿其羽。之子于歸，皇駁其馬。」編集卦、爻辭的，拿當時流行的的一首詩引來與「有攸往，主人有言」參對。引文參見李鏡池：《周易探源》，頁269-270。關於《周易》與《詩經》相類的句法，詳見李鏡池：《周易辯論集‧周易筮辭考》（四）「周易中的比興詩歌」，收入嚴靈峯：《易經集成》194，153-168。

45 李鏡池：《周易探源》，（北京市：中華書局，2007年），頁269-277。

夷」解為「鳴雉」,〈明夷〉卦主旨在通過狩獵來比擬人事。箕子獵獲鳴雉之事。論者以為〈明夷〉是通過狩獵活動比擬人事,比擬箕子被貶後,猶鳴雉受傷,「六五,箕子之明夷,利貞。」解為「箕子獲有鳴雉,有利於占問」。[46]

將「明夷」解為「鳴雉」之說者,其理由在於經文有「垂其翼」,論者以為若非解為「飛鳥」,則「垂其翼」將無法自圓其說,張立文的說法,為解作「飛鳥」與傳統解作殷商之箕子者,提供一個折衷的解答——將「明夷」解為「鳴雉」,但是,卻說〈明夷〉卦主旨在通過狩獵來比擬人事,比擬箕子被貶後,猶鳴雉受傷。

三　「箕子之明夷」解

綜合前一小節各家之說,〈明夷〉卦「六五,箕子之明夷」,「箕子」之解有:

（一）人名:「紂之諸父」,指商紂時的箕子,主張此說者為馬融、王弼、孔穎達、程頤、朱熹、楊萬里、來知德、王夫之、毛奇齡、張惠言、朱駿聲、高亨、李鏡池等。

（二）作「其子」,代名詞:指文王,言文王處明夷之時,主此說者為胡樸安。

（三）作「其子」與「荄滋」通假:萬物根荄方滋茂,主此說者有惠棟、宋翔鳳。焦循亦作「其子」,但是,他所說之「其子」與〈中孚〉「其子和之」同義。

（四）作「孩子」:指紂王,主此說者為尚秉和。

〈明夷〉「六五,箕子之明夷」,「明夷」之解有:

（一）箕子被髮佯狂以自晦其明（暗藏其明德之才）:主此說者有鄭玄、孔穎達、程頤、朱熹、楊萬里……。

（二）一是指紂之明傷,一是指文王處於明夷之時,用晦而明:主此說者為胡樸安。

（三）「旦」,早晨、白天之意:主此說者為宋翔鳳。

（四）指紂王為一國之君,日理萬機,明不可息:主此說者為尚秉和。

（五）「明夷」解作「鳴雉」之通假:主此說者為高亨、張立文。

（六）「明夷」解作「東方之國,日出處」:主此說者為李鏡池。

虞翻為漢易學象數派,解☳☲「明夷」,從卦象解為「光明殞傷」;鄭玄解「明夷」,除自卦象解為「光明殞傷」,還指出其象徵義為「明德君子遭逢亂世而傷」;馬融解「六五箕子之明夷」,先說卦位再說卦德;王弼掃象,以義理解卦,孔穎達之說,兼象與義;宋代易學家,其共同傾向是注重義理的探討,不重視文字訓詁,程頤、朱熹、楊萬

---

46 張立文:《帛書周易注譯》（鄭州市:中州古籍出版社,2008年）,頁269-274。

里都重視義理之闡釋，明代來知德是象數派；清代易學家反對宋學之空言義理，復興漢學，重視訓詁、考據；近人解易，走向多元，從訓詁學、語言學、社會文化等不同觀點探討……綜合上述，各家研究易學的目的不同，詮釋有異，有在追求卦爻辭與卦爻象之間的內在邏輯繫連，或是發展一家之言的易哲學，或是在擁護、攻擊他家之說，或是如王夫之的愛國主義，……各家之學說不同，但是，可以看出，自漢以來，傳統之易學家解《易》，關於〈明夷〉卦「六五，箕子之明夷」解，無論是象數派或義理派，多以「箕子」為人名，是商紂時的箕子，而「明夷」則解為「箕子被髮佯狂以自晦其明」，除上述之學者，如司馬光、蘇軾[47]、曾貫[48]、吳澄[49]、李塨[50]……等，持此論者非常之多，無法一一贅述，據此可推論，在傳統易學解易的範疇傾向以「箕子」為人名，而「明夷」則是處於晦暗之時持守貞正晦藏其明德。再者，從〈彖傳〉句法來看，「文王以之」與「箕子以之」是相對應的句法，「文王」與「箕子」對應，故此，「六五，箕子之明夷」中的箕子，應是指商朝的箕子，「箕子之明夷」解為「箕子處艱險之時晦藏其明」。至於以訓詁通假解說者，前人如顏師古斥為妄談，今人也多有反駁之說，朱駿聲為文字訓詁學家，他解「箕子之明夷」也沒有用通假字解說，而是以傳統經學範疇解為箕子，或可推論，古人用字雖有通假之用，解《易》當在易學範疇解說。

朱熹說：「《易》本為卜筮而作。」[51]這說明《易》之作用，最初的《易》作為卜筮，原本只是供占筮之用，後來經過易學家之發揮而成為哲理之學說，這些不同的易哲學，當然也反映出不同時代的思想，但是，「萬變不離其宗」，〈彖傳〉已經提及文王與箕子：

> 明入地中，明夷。內文明而外柔順，以蒙大難，文王以之。利艱貞，晦其明也。內難而能正其志，箕子以之。[52]

〈彖傳〉是解釋一卦之卦名、卦辭、全卦要旨的，「明入地中，明夷。」這是從卦象☷☲解釋卦名，離下坤上，離為日、為火，坤為地，光明為地掩蓋，所以光明殞傷，

47 〔宋〕蘇軾：《蘇氏易傳》卷四，收入《叢書集成新編》第十五冊，總頁206-207。

48 〔元〕曾貫：《易學通變》，收入嚴靈峯：《無求備齋易經集成》141（臺北市：成文出版社，1976年），頁119-121。

49 〔宋〕吳澄：《易纂言》，收入〔清〕徐學乾輯，納蘭成德校刊：《通志堂經解》八（臺北市：大通書局，1969年），頁4378。

50 〔清〕李塨：《周易傳注》，收入王立文：《中國古代易學叢書》卷四十二（北京：中華書局，1998年），頁88。

51 〔宋〕朱熹撰，〔宋〕黃士毅編，徐時儀、楊艷彙校：《朱子語類彙校》（上海：上海古籍，2014年），頁1676。

52 同註8，頁280

以「明入地中」象徵「光明殞傷」。文王被拘羑里，就是以「內文明而外柔順」的態度度過大難，內有明德，外以柔順，內之明德以擇善固執，固守正道，外則順應時勢以因應困境。利於持守貞正晦藏其明德，以度艱難，箕子就是被髮佯狂固守貞正之心，度過艱難。〈彖傳〉說「利艱貞，晦其明也。內難而能正其志，箕子以之。」與六五「箕子之明夷，利貞。」相呼應，這就是孔穎達說：「箕子之明夷者，六五最比闇君，似箕子之近殷紂，故曰箕子之明夷也。」孫劍秋教授說：「《易經》四目：時、位、中、正。『君子居易以俟命』，要善用時機，但是，趨勢不可逆，必因時制宜以守正。」[53]箕子近於闇君紂王，卻是同姓之卿不可去，處此之時宜晦其明而正其志，「箕子為紂之諸父，同姓之卿，故稱內難」[54]，《史記》記載：「紂為淫泆，箕子諫不聽。人或曰，可以去矣。箕子曰：『為人臣諫不聽而去，是彰君之惡，而自說於民，吾不忍為也。』乃被髮詳狂為奴。」[55]比干諫紂王而死，微子諫紂王不聽而去，箕子不忍去國，這是守正，事之必然，被髮佯狂晦藏其明德是趨時，是因時制宜。六五以陰爻居陽位是失位，但是居中，這是不可逆之勢，箕子持守貞正之志，不失正，終能獲釋，以〈洪範〉為武王師，以箕子之貞，闇不能沒，明不可息，所以利貞，這也就是張載所說：「雖近於闇，柔順履中，闇不能掩箕子之正也。」[56]處在艱險，唯有晦藏其明持守貞正之志方能免於難。因此，「箕子之明夷，利貞。」亦即箕子處於明夷之時，利於持守貞正之志。對於〈明夷〉卦，《蘇氏易傳》說：

> 〈明夷〉之主在上，六二與五，皆其用事之地，而九三勢均於其主，力足以正之，此三者皆有責於明夷之世者也。夫君子有責於斯世，力能救則救之，六二之「用拯」是也；力能正則正之，九三之「南狩」是也；既不能救，又不能正，則君子不敢辭其辱以私便其身，六五之「箕子」是也。君子居明夷之世，有責必有以塞之，无責必有以全其身而不失其正。初九、六四無責於斯世，故近者則「入腹、獲心、出於門庭」，而遠者則「行不及食也」。……六五之於上六，正之則勢不敵，救之則力不能，去之則義不可，此最難處者也，如箕子而後可。[57]

蘇軾認為，雖當明夷之世，闇主在上，君子仍有責於世，只是，處境不同，因應之道有異：力能救則救、能撥亂反正則正之，若不能救又不能正，也不可以遠離以求身免，這

53 孫劍秋教授「《易經》研究」課堂筆記。2018年10月。

54 同註11，頁344。

55 〔漢〕司馬遷著、〔日本〕瀧川龜太郎：《史記會注考證‧宋微子世家》（臺北：萬卷樓圖書公司，1996年），頁609-613。

56 〔宋〕張載：《橫渠易說》（臺北市：廣文書局，1974年），頁124。

57 〔宋〕蘇軾：《蘇氏易傳》卷四，收入《叢書集成新編》第15冊（臺北市：新文豐，1985年），總頁206-207。

就像箕子之處境。蘇軾的看法，符合傳統儒家積極入世之精神，也符合人類文明進化的原則，遭逢亂世之逆境、人生之悲苦，多數人選擇隱遁棄世以逃避痛苦，真正之仁者、勇者，是在逆境痛苦中養晦沉潛守住正道，以待時用，箕子處於明夷之世，晦藏其明持守貞正，就是「利艱貞」。張載說：「文王體一卦之用，箕子以六五一爻之德；文王難在外，箕子難在內也。」[58]聖人以此為喻，遇艱困之境，若能晦其明而正其志，則「明不可息」。

四　結論

　　程頤以「易隨時取義，變動無常」的觀點來解釋〈明夷〉，因為《易》之取義，取其變易，即變化之義，因時而變，這也是《易》哲學的意涵，箕子處於闇君之下，是不可逆之勢，必因時制宜以守正，晦其明而正其志，所以利。《周易》為群經之首，雖本為卜筮而作，卻博大精深富含哲理，易之為名，有「易簡」、「變易」、「不易」之義，孔穎達說：「易則易知，簡則易從」，又說「順時變易」，這是從生活上實踐層面來說，自然之更迭、人事之遞變、政治之治亂，自有其變易，往往是人力所無法抗拒，人處於盛衰變易之間，唯有晦其明而正其志，方能全其身以待否極泰來。《禮記・經解》：「絜淨精微，易教也。」[59]《易》哲學博大精深，讀《易》之極致就是應用於生活，聖人以「箕子之明夷」為喻，啟發我們，在逆勢中韜光養晦、持志不懈之理。若能效法箕子以「自強不息」之精神、「厚德載物」之胸懷，晦其明而正其志，必能化險為夷。

58　〔宋〕張載：《橫渠易說》（臺北市：廣文書局，1974年），頁122。
59　〔清〕阮元校刊：《十三經注疏5禮記》，（臺北市：藝文印書館，2011年），頁845。

引用文獻

〔漢〕司馬遷著，〔日本〕瀧川龜太郎　《史記會注考證》　臺北市　萬卷樓圖書公司
　　　　1996年

〔晉〕王弼著，〔唐〕邢璹註，〔明〕榮程校　《周易略例》，收入嚴靈峯：《無求備齋易
　　　　經集成》149　臺北市　成文出版社　1976年

〔唐〕李鼎祚　《周易集解》　收入《叢書集成新編》第15冊　臺北市　新文豐出版公
　　　　司　1985年

〔宋〕張載　《橫渠易說》　臺北市　廣文書局　1974年

〔宋〕程頤　《易程傳》　臺北市　河洛圖書　1974年

〔宋〕蘇軾　《蘇氏易傳》，收入《叢書集成新編》第15冊　臺北市　新文豐出版公司
　　　　1985年

〔宋〕楊萬里　《誠齋易傳》，收入《叢書集成新編》第15冊　臺北市　新文豐出版公
　　　　司　1985年

〔宋〕朱熹　《周易本義》　臺北市　新文豐出版公司　1979年

〔宋〕朱熹撰，〔宋〕黃士毅編，徐時儀、楊豔彙校　《朱子語類彙校》　上海市　上
　　　　海古籍出版社　2014年

〔宋〕吳澄　《易纂言》，收入〔清〕徐學乾輯，納蘭成德校刊　《通志堂經解》八
　　　　臺北市　大通書局　1969年

〔宋〕俞琰　《周易集說》，收入《文津閣四庫全書》經部易類六　北京市　商務印書
　　　　館　2005年

〔元〕曾貫　《易學通變》，收入嚴靈峯：《無求備齋易經集成》141　臺北市　成文出
　　　　版社　1976年

〔明〕來知德　《周易來注》，收入嚴靈峯：《無求備齋易經集成》64，臺北市
成文出版社　1976年

〔明〕王夫之　《周易內傳》，收入《船山全書》　長沙市　嶽麓書社　1998年

〔清〕毛奇齡　《仲氏易》，收入《皇清經解易類彙編》　臺北市　藝文印書館　1986年

〔清〕惠棟　《周易述》，收入《皇清經解易類彙編》　臺北市　藝文印書館　1986年

〔清〕張惠言　《易義別錄》，收入《皇清經解易類彙編》　臺北市　藝文印書館
　　　　1986年

〔清〕焦循　《易章句》，收入《皇清經解易類彙編》　臺北市　藝文印書館　1986年

〔清〕紀昀　《四庫全書總目提要》　石家庄　河北人民出版社　2003年

〔清〕李道平　《周易集解纂疏》　北京　中華書局　1998年

〔清〕阮元校刊　《十三經注疏1周易》　臺北市　藝文印書館　2011年

〔清〕阮元校刊　《十三經注疏5禮記》　臺北市　藝文印書館　2011年

〔清〕李塨　《周易傳注》，收入王立文：《中國古代易學叢書》　北京市　中華書局
　　　1998年

〔清〕宋翔鳳　《周易考異》，收入《續修四庫全書》　上海市　上海古籍出版社
　　　2006年

〔清〕朱駿聲　《六十四卦經解》，北京市　中華書局　1998年

〔清〕尚秉和　《周易尚氏學》，收入尚秉和遺稿、張善文校理：《尚氏易學存稿校理》
　　　第三卷　北京市　中國大百科全書出版社　2005年

胡樸安　《周易古史觀》，收入林慶彰：《民國時期經學叢書》第二輯15，台中市　文听
　　　閣圖書有限公司　2008年

高　亨　《周易古今注·卷三》，收入嚴靈峯：《無求備齋易經集成》109　臺北市
成文出版社　1976年

李鏡池　《周易辯論集》，收入嚴靈峯：《無求備齋易經集成》194　臺北市　成文出版
　　　社　1976年

李鏡池　《周易通義》　北京市　中華書局　1981年

李鏡池　《周易探源》　北京市　中華書局　2007年

楊家駱　《新校本漢書并附編二種》　臺北市　鼎文書局　1979年

郭建勳，黃俊郎　《新譯易經讀本》　臺北市　三民書局　1996年

孫劍秋　《易理新研》　臺北市　臺灣學生書局　1997年

張立文　《帛書周易注譯》　鄭州市　中州古籍出版社　2008年

期刊論文

何益鑫　〈《明夷》的敘事本義與義理闡釋〉　《周易研究》　2017年第6期（總第一四
　　　六期）　頁47-55

邱崇、王毅　〈《周易》「明夷」舊注刊誤〉　《古籍研究》　2015年2期　頁253-258

谷繼明　〈《周易補疏》辨正〉　《國學研究》　2014年34期　頁271-286

武樹臣　〈從「箕子明夷」到「聽其有矢」——對《周易》「明夷」的法文化解讀〉
　　　《周易研究》　2011年第5期（總第一〇九期）　頁70-76

梁韋弦　〈關於《易·明夷》六五爻辭「箕子」之異說〉　《古籍整理研究學刊》
　　　2009年5月第3期　頁1-4。

吳辛丑　〈說明夷〉　《辭書研究》　2000卷1期（2000年1月）　頁155-158

王雷生　〈《周易·明夷卦》及其歷史故事新解〉　《周易研究》　1999年第1期（總第
　　　三十九期）　頁71-77

空靈詩意的追尋

——〈等你，在雨中〉

丁美雪[*]、孫劍秋[**]

摘要

　　本文從論述詩的文意脈絡，次及意象氛圍的塑造：包含「雨」情境的渲染；蓮的文學象徵與余光中在〈蓮戀蓮〉對蓮意象的虛實經營；宋詞小令的古典繁豐。蓮與小令的多層次的意象，豐富了女子的形象，使女子帶有東方、婉約、古典的形象，以上為內容分析。至於形式上則是透過標點符號、長短句、節奏所創造設計，以致於讀者讀出浪漫多情的男子與古典女子朦朧曖昧的情愛發展。

關鍵詞：〈等你，在雨中〉、新詩鑑賞、節奏、詩歌主題、內容與形式

---

* 丁美雪:第一作者。國立高雄師範大學國文系博士、高雄實踐大學兼任助理教授。
** 孫劍秋:通訊作者。國立臺北教育大學語文與創作學系教授。

一　緒論

　　余光中先生（1928-2017）一九八五年九月應國立中山大學（National Sun Yat-sen University）創校校長李煥先生的聘請，離開居住了十一年的香港，擔任中山大學文學院院長兼外文研究所所長，高雄市因有了余教授的居住，文采隨之粲然[1]。

　　一九八六年一月，余光中參與高雄市第一屆「木棉花文藝季」，寫作了〈讓春天從高雄出發〉，昂揚了高雄市，讓高雄市擺脫了「文化沙漠」之稱。問余先生靈感是從哪裡來的？他說：「你看，臺北不論那一方面都跑在高雄之前，但有個東西它不可能先有。什麼呢？高雄位在南方，春天的第一個氣息一定先在高雄出現！」[2]當所有文學大家都選擇居住臺北，余光中獨排眾議，選擇高雄作為長居之所，這是我對余先生的敬意。關於余先生的創作，大致認為如下：

> 余光中的創作一直致力於打通「傳統」與「現代」的通道，在兩者之間，他毫無猶豫地偏向了前者，以中國古典的美學為起點，向幽深的現代性挖掘。從1952年出版第一本詩集《舟子的悲歌》，他創作了大量詩歌、散文、評論。同時他還翻譯了不少作品，稱自己的文學世界為「四度空間」[3]。

　　余光中先生著作等身，論述余光中詩作者，大都著墨於其對鄉愁的書寫，認為其創造了卓爾不群，引人注目的鄉愁文學；或是強調余光中詩歌的抒情作用（劉正中：2016），皆是從大面向論述余光中。本文則擬從余先生早期的作品《蓮的聯想》（1961-1963）中的一首小詩〈等你，在雨中〉，從這首詩中充分而完整的論述小詩的特色，包含詩的跳躍性、意象塑造與音樂節奏感。

　　初讀這首詩，作者所寫與一般人的基本認知並不相同。如：「一池的紅蓮如紅焰，在雨中」，如：「你來不來都一樣」，或是「永恆，剎那，剎那，永恆」……作者所欲強調的概念為何？當訴說者一派浪漫從容，在滿是柔情的等待中，訴說者的情感一徑如此嗎？詩的末段四個「你走來」重複的字句，作者想要表達何種概念？再者，余光中形塑的女子有何特殊之處？詩詞的分界為何？強調小令又是什麼原因？愛情的典故、姜白石的書寫又有何特殊主題嗎？作者又是用何種手法塑造浪漫的男子與婉約的女子？以上都值得細細推敲。

1　資料來源：國立中山大學余光中數位文學館 http://dayu.lis.nsysu.edu.tw/ProList.php?t=kaohsiung（2019／03／03）

2　訪問余光中影片：https://www.youtube.com/watch?v=UiLuQQ6l08g（2019／03／03）

3　網頁〈余光中先生最後的遺憾〉https://www.ponews.net/culture/f6fj4nq17d.html（2019／03／03）

二 〈等你，在雨中〉文本解析

以下分別由文意脈絡、意象氛圍、等待的女子形塑與形式設計解析此詩。

（一）文意意脈

本詩共分為八小節，以一個等待的男子敘述的角度出發，為依照時間順序的等待詩。其中前七節為三行的三聯句。

1 詩情畫意的背景

第一節為等待的時空背景：黃昏、細雨，池塘、紅蓮，蛙聲、蟬鳴……，詩意的場景，為等待塑造了畫意的背景圖，這些自然景物在在顯現出生命的美好動人，具有明顯的借景抒情。

2 男子的獨白想像

第二節到第五節為等待男子的各種思緒與口白的想像流轉。「你來不來都一樣」字面上的意思令人匪夷所思：既是等待，則要求等待要有結果，等待的伊人應該要到來。因此，詩的一開始即成為一種不合常規的邏輯。「等待」——盡其在我——是不需要有結果的等待。爾後，「永恆，剎那，剎那，永恆」，既是對比，又是頂真，更是回文的多種修辭格。形式上字序回繞，具有回環往復的形式美，內容上則盡其表現新詩的晦澀、跳脫、難解。余光中（2007：024）曾提及：

> 蓮以一暑為一輪迴，「蓮華藏世界」，以一花為一完整的宇宙。「菡萏香銷翠葉殘」，死去的只是皎白酡紅的瓣和擎雨迎風的葉，不死的是蓮，是那種古典的自給自足和宗教的空茫靜謐，是那種不可磨滅的美底形象。情人死了，愛情常在。廟宇傾頹，神明長在。芬芳謝了，窈窕萎了，而美不朽。……<u>永恆不是一條漫無止境的直線，永恆是一個玲瓏的圓</u>，像佛頂的光輪。（〈蓮戀蓮〉）

如同人的生命，乍看之下是一條從生到死的直線，是一條永無迴轉可能的線段。然而就大宇宙而言，每人存在時間或短或長約幾十年，人生如同蘇軾所言：「蓋將自其變者而觀之，則天地曾不能以一瞬；自其不變者而觀之，則物與我皆無盡也」。生命是有限制的。但如果活得有價值，則生命的終點不是終點，生命更是一種「落紅不是無情物，化作春泥更護花」的圓圈輪迴。

因此，永恆不是永恆，剎那不是剎那；永恆也是剎那，剎那也是永恆。自此觀點而

言，恰自解釋了——「你來不來都一樣」。也因此，詩中從超然的等待提升到哲學上的高度，呈現一種超然的浪漫，不求回報，不管結果如何，都要等待的堅貞。

第四五節將第二三節的浪漫堅貞，轉為含蓄的身體肌膚接觸，跳躍跨弧之大，令人詫異。繼而從空間上轉到古典的年代，從「吳宮」、「桂槳」、「木蘭舟」，古典的言說是等待之人美學的層層塗抹。於此，新詩的特色——跳躍性，表現在作者漫長等待思慮的東轉西迴，南奔北走之中。

3 情緒的流動轉換

第六節為情緒的書寫。隨著時間的流逝，無垠無邊的等待後，等待的人是否一徑的從容浪漫？從最初的起起落落，柔情浪漫的等待，中間思緒的千轉百折，到後來因為漫長等候所帶來的焦躁，詩中展現情感數度波折，細膩地展現等待的人的心情。

不言說的「一顆心懸著」由「一顆星懸在科學館的飛簷」隱晦地展現，「瑞士表說都七點了」科學化地說出確切的時間。一個下午的等待，即使堅貞確定始終的等待，依舊掛心著——你究竟會不會來？字面上瀟灑，無怨無尤，溫柔柔情，含蓄委婉，字面下則隱隱透露出焦躁忐忑難安。繼之，「忽然」帶來了天大的驚訝激動，戲劇化的展現原本不抱期待的——「你來不來都一樣」，直到看見「你走來」，多次不同角度書寫的「你走來」才能消弭心中的不安，將原本的浪漫等待轉為驚喜滿懷。終因等候的人到來，緊繃的心情才得以釋放與舒展。

4 男子眸中的女子

這樣等待守候的女子，是怎麼樣的形象呢？從前面的漫無邊際的聯想後，之後的每一句都聚焦於女子形象。此刻，透過作者的的形塑，前面的「每朵蓮都像你」，呼應「步雨後的紅蓮，翩翩，你走來」；爾後，「像一首小令」，女子與紅蓮、小令（宋詞）的意象多元組合，加上「翩翩」、「有韻地」的動作修飾詞語，動靜結合，營造了多面向、立體的，具有東方美的女子樣態。

（二）意象氛圍

1 氛圍的渲染

作為詩的標題「等你，在雨中」，雨是這一首詩的情境，是這一首詩的微暈渲染。雨本無情緒，但因人情感的轉化輝映帶來了情感。如杜甫〈春夜喜雨〉：「好雨知時節，當春乃發生。隨風潛入夜，潤物細無聲。野徑雲俱黑，江船火獨明。曉看紅濕處，花重錦官城。」謳歌春夜細雨綿綿，滋潤萬物之功。如古典詩詞：「夢後樓台高鎖，酒醒簾

幕低垂，去年春恨卻來時，<u>落花人獨立，微雨燕雙飛</u>。記得小蘋初見，兩重心字羅衣，琵琶弦上說相思，當時明月在，曾照彩雲歸。」（晏幾道〈臨江仙〉）」雨是情緒的烘托，帶來了淡淡的憂傷。

作者在詩的第一節即刻意塑造「雨」情境的存在：「等你，在雨中，在造虹的<u>雨</u>中」、「一池的紅蓮如紅焰，在<u>雨</u>中」、「隔著這樣的細<u>雨</u>」、「步<u>雨</u>後的紅蓮，翩翩，你走來」。五次「雨」的出現為這雨中的等待，營造了一種有別於晴天明亮的朦朧曖昧，帶來了模糊不清的詩意美感。

2 蓮的虛實展現

不同於〈錯誤〉以蓮譬喻為等待女子：「那等在季節里的容顏如蓮花的開落」。從男子的言說中，那等待的容顏，注定得經過四季的遞嬗變換，得如同蓮花的花開花落。〈等你，在雨中〉寫等待，不直接抒發等待的情感，而是將目光投向面前的蓮池，婉轉敘寫：「每朵蓮都像你」，將女子與蓮花劃上等號。兩位大詩人不管直接的譬喻或間接的情感表達，都將「蓮」化為溫柔典雅女子的形象，可見「蓮」與女子的連結，深深地固著在每個人心中[4]。以下思索蓮的象徵與虛實展現。

（1）蓮的文學象徵

蓮在文學中的象徵意義為何？據郭榮梅（2007）說：

> 蓮花文學意象的發生則是從《詩經》與《楚辭》開始的，之後，呈現出兩條線索並行的狀況，一條是樂府系統的蓮花文學意象，此一系統最具代表性是採蓮詩歌，表現內容主要是男女情愛，除此之外，採蓮詩也常常用來表達思鄉、離別、相思等內涵；另一條是文人詩賦系統的蓮花文學意象，在這一系統中，蓮花常常作為高潔、美好、清新、脫俗的象徵物，進而具有遁世與自適的追求、政治期望與失意、人格展現等一系列寓意與功能。佛教的傳入，進一步豐富了我國古代文學中蓮花意象的象徵意蘊，成為我國古代文學中蓮花意象的又一源頭。中外文化的共同作用促使蓮花最終成為中華民族最美好、高尚的人格──君子的象徵。

從其所歸納，「蓮」的表現內容有男女情愛，從而延伸到表達思鄉、離別、相思；另外則是高潔、美好、清新、脫俗的象徵物，如周敦頤〈愛蓮說〉。因此，「蓮」的女子意

---

4 劉正忠（2016:236-238）言及：鄭愁予以浪子主體，航海的情境以及善等待的詩作，切合了當時部分青年的漂泊體驗與遠方祈嚮。而余光中的《蓮的聯想》可說是自成一格的情詩。全書以「蓮」為核心意象，刻畫了一種投入式的愛戀，區別了鄭愁予的漂泊情境。蓮的靜定形象構成一種較為圓潤的愛情典型。蓮意象不僅代表主體樣態的錨定，也隱含著對中國文化及其美感系統的慕戀。

象，常常帶有「高潔、美好、清新、脫俗」的特質。

（2）余光中的〈蓮戀蓮〉

除了文學上「蓮」的象徵外，余光中在《蓮的聯想》，由不同的面向描述了蓮。而本詩中出現了四次的蓮，分別是：「一池的紅蓮如紅焰，在雨中」、「每朵蓮都像你」、「這隻手應該採蓮」、「步雨後的紅蓮」。「一池的紅蓮如紅焰，在雨中」是第一個違反常理的悖論。一般而言，經歷過水洗後的大自然景物，彷彿如水墨般的空靈清新；而晴天則是濃豔豔烈。如蘇軾〈飲湖上初晴後雨〉：「水光瀲灩晴方好，山色空濛雨亦奇；欲把西湖比西子，淡妝濃抹總相宜。」

關於雨中的紅蓮，余光中在〈蓮戀蓮〉提及：

> 身為一半的江南人，第一次看見蓮，卻在植物園的小蓮池畔。那是十月中旬，夏末秋初，已涼未寒，迷迷濛濛的雨絲，霑溼了滿池的香紅，但不曾淋熄熒熒的燭焰。那景象，豪艷之中別有一派淒清。（頁017）

在煙雨如絲的洗禮下，詩人心中的蓮豪艷依舊，雖然帶著一派淒清。而這樣的淒清正是「蓮」的象徵——清新脫俗、卓然不群，下文亦提及：

> 蓮是有人性有神靈的植物。無論是「雨裏紅葉冉冉香」或是「門外野風開白蓮」，都有一種飄然不群的風範和情操。移情作用，於蓮最為見效。立在荷塘草岸，凝神相望，眸動念轉，一瞬間，踏我履者是蓮，拔田田之間，亭亭臨風者是我。岸上和水中，不復可分，我似乎超越了物我的界限，更超越了時空。（頁023）

「飄然不群的風範和情操」即帶有周敦頤君子的象徵，而象徵性也帶來了多樣的想像空間，即與「蓮」相連結的其他眾多事項。因此，「永恆，剎那，剎那，永恆／等你，在時間之外／在時間之內，等你，在剎那，在永恆」乍看的矛盾對立，在現實與想像中，從「這隻手應該採蓮」，到「步雨後的紅蓮」，由眼前的所指「蓮」，再交融了「蓮」的能指的諸多意涵象徵，包含了蓮外表的美麗；愛情的聯想，尤其特指東方女子的含蓄；亦是宗教的特殊性，莊嚴慈悲寬容[5]，虛虛實實，交相融合——「因蓮通神，

5　余光中不止一次提及蓮的多種意涵：「蓮是美，愛，和神的綜合象徵。」（頁019）、「藝術、愛情、宗教，到了極點，實在只是一種境界，今乃皆備於蓮的一身。」（頁019）、「我的蓮希望能做到神，人，物，三位一體的「三棲性」。它，她，祂。由物蛻變為人，由人羽化為神，而神固在蓮上，人固在蓮中，一念精誠，得入三境。美之至，情之至，悟之至，只是一片空茫罷了。」（頁022）、「周敦頤說蓮是君子，出污泥而不染。蓮豈止是君子？即蓮，即人，即神。」（頁028）

而迷於蓮，蓮虛蓮實，寧有已時？太上無情？太上有情？蓮乎蓮乎，戀乎，憐乎？」（余光中2007：028-029）。

3 小令的古典與豐繁

詩中的等待對象最特出的部份除了蓮之外，還有：「步雨後的紅蓮，翩翩，你走來／像一首<u>小令</u>／從一則<u>愛情的典故</u>裡你走來／從<u>姜白石</u>的詞裡，有韻地，你走來」古典且有層次地書寫等待對象。

（1）小令

余光中於本詩中強調了「像一首小令」，為什麼不寫「像一首詩」或是「像一首中調、長調」？一般而言，詩、詞同樣為音樂文學，同樣必須受格律與聲韻之限制。但其風格卻是迥異：詩莊重而典雅。詞則輕巧而婉約；詩的內容境界，較詞博大廣闊，而詞所能傳達的韻味悠長，則是詩無法言說的。駱玉明（2018：068）說：「詩的發展歷史很長，功能也複雜，詞則更具有單純的抒情性。而且，在蘇軾、辛棄疾那種所謂『豪放派』出現以前，詞很少觸及過於嚴肅、沉重、宏大的主題，它關注的主要是男歡女愛、相思別離、風花雪月之類。那些更具有個人性的、與日常生活更貼近的情感內容，在詞中獲得充分的表現。」因此，余光中先生將《蓮戀蓮》此部書視為「隔世的宋詞」[6]。可見余光中主要強調宋詞的抒情取向。

至於為何強調「小令」、而非是「中調、長調」？則嘗試由宋詞的發展瞭解：宋詞前期形式上以小令為主，風格則以柔婉為主，但更加純淨文雅。直到柳永，隨著社會的相對安定和繁榮，人們追求娛樂，競好新聲，促使慢詞進入繁榮時期。慢詞調長、字多，能容納更豐富的生活內容，抒發更複雜的感情[7]。以此對看等待男子的深情款款，環境幽美的形塑、雨的渲染、久候的耐心，在在顯示這段愛情處於萌發階段，因此「純淨文雅」，帶有輕盈、簡潔、饒富意韻的「小令」，更適合訴說他倆的情愛。

（2）愛情的典故

王國維《人間詞話刪稿》言：「詞之為體，要眇宜修，能言詩之所不能言，而不能盡言詩之所能言。詩之境闊，詞之言長。」「要眇宜修」表現在於詞大都寫男女的愛情相思離別，為了配合歌唱的場合和歌唱的歌女，寫作內容大都比較柔婉的細膩的女性美。而且因為寫愛的小詞，更可以細膩地表現了人的心理情感，更可以引起人豐富的聯

---

6 見〈蜻蜓點水為誰飛——九歌最新版序頁013〉余光中將熊秉明書寫的〈論三聯句——關於余光中的《蓮的聯想》〉收錄於書中，並編為特輯。自言：「我仍願在此將這本隔世的宋詞獻給他在天之靈」（2007年書寫）

7 見王中林等（1985：664-670）

想，所以──「詞之言長」。[8]

也因為詞突破中國傳統詩歌言志載道的觀念，擺脫了倫理道德的束縛，主要書寫的對象是美女與愛情，因此，詩中順勢言說：「從一則愛情的典故裡你走來」。既是典故，則包含了承繼愛情之意，而自等待男子面前緩緩翩翩的「你走來」，則帶有開創屬於兩人情愛的開始。

（3）姜白石

細看《蓮戀蓮》整本書反覆地出現「姜白石」，如：

> 至於美成和白石詠荷的傑作，作者原是音樂家，韻律之美，自在意中，而意象的鮮活醒目，更是印象主義的神髓。「鳥雀呼晴……葉上初陽乾宿雨，水面清圓，一一風荷舉」，豈非莫內畫面？「秋水且涸，荷葉出地尋丈。因列坐其下，上不見日，清風徐來，綠雲自動，間於疏處，窺見遊人畫船，」這樣的景色，簡直要動雷努瓦（Auguste Renoir）的彩筆了。我自恨不是杜步西或莫內，但自信半個姜白石還做得成。白石道人的蓮，固然帶有濃厚的情感，但是他的亭亭和田田畢竟還是花和葉，不是「情人不見」。（頁022）

詩人於此強調姜白石音韻、意象的傑出，願當白石。但認為姜白石[9]的蓮與其意象之蓮，並不相同，其有所創發性。

> 三十六歲。這一驛是蓮之旅，憶往思來，一切莫不連理。蓮心甚苦，十指連心，一股都不能不理，而愈理愈亂。死去的都不曾死盡，今年的連莖，連著去年的蓮莖連著千年前的蓮莖。姜白石的前身是杜牧之。小紅走不完十裡的揚州路，再回首，綠葉已成陰子已滿枝。此身雖在堪驚。（頁026）

8　以上見葉嘉瑩（2017：012-017）其提及詞有「要眇宜修」除內容外，尚有形式上：音樂上抑揚頓挫，錯落之美。

9　葉嘉瑩（2017:391-397）說，姜白石的詞裡表現比關懷國家的志意、感情更多更鮮明更強烈的是愛情故事。書中提及：夏承燾先生《白石懷人詞考》提到，姜夔有一段愛情故事，他少年時在安徽合肥遇到了一位女子。夏承燾稱女子為合肥女子，稱其故事為合肥情遇，是感情的遇合。而為什麼只有姜白石的愛情才有人來考證呢？因為詞從唐五代開始大多是寫愛情與美女，溫庭筠所寫的美女是歌筵酒席上的任何一個美女，晏幾道所寫的美女是朋友家的蓮、鴻、蘋、雲等歌女，柳永所寫的女子，是市井之間、勾欄瓦舍之間的女子，名字叫蟲娘、酥娘……並不是一段特殊的情感遇合。只有姜白石的愛情是一段特殊的感情之上的遇合。他自二十幾歲遇到這個女子以後一直不能忘懷，當然也沒有結為夫婦。

以「姜白石的前身是杜牧之」思索，則推理詩人抑或自詡其前身是姜白石，因此詩中反覆出現「姜白石」，是讚賞姜白石，也是委婉兼豪爽地傳遞自己在新詩創作上，在音樂、意象表達有如姜白石般的才氣。

（三）女子形塑

以上由雨情境的渲染，由蓮的象徵意涵，再由小令所含蘊的柔婉纏綿，從宋詞所特有的風格意象，到愛情的典故，脈絡清晰可見。詩中「在造虹的雨中」隱約了對等待的期待，代表等待男子對於愛情的發展是有美好的想像。

余光中形塑的這位女子有何值得浪漫男子的久候？其美好特殊之處為何？當蓮與等待的女子相互投射，從「一池的紅蓮如紅焰，在雨中」→「每朵蓮都像你」→「這隻手應該採蓮」→「步雨後的紅蓮」……當「蓮」＝「你」時，原本的「蓮」＋等待的「你」會交織出什麼新形象？

第一層：「每朵蓮都像你」蓮就是你的化身，蓮＝你。
第二層：「採蓮，在吳宮」、「搖一柄桂槳，在木蘭舟中」蓮的意象與歷史結合，「你」也帶了古典意味。

在第一層與第二層的渲染後，作者重新再導入了宋詞旖旎的情韻：「像一首小令」，形成第三層。經由「步雨後的紅蓮，翩翩，你走來」、「從一則愛情的典故裡你走來」、「從姜白石的詞裡，有韻地，你走來」，現實與古典交相融合。詩中等待的對象從「每朵蓮都像你」到「像一首小令」，意象的編織既由眼前所見的實指「蓮」，到「蓮」的象徵性，從物到人到神的豐富多樣性，再到「小令」的古典與豐繁，層層堆疊、暈染，疊成一個既現代又古典的美人形象。作者以雅致的語言與多樣的手法表現出等待女子的與眾不同，虛實交融地形塑出一個多面向、有層次、立體豐厚的對象。

綜觀此詩，余光中擷取宋詞的美學經驗，運用宋詞特有的聲音、色彩與感官的美感，將文字符號與意義相互連結，經過揉雜錘鍊後，產生新的意象美感。余光中對於等候女子的想像，在古典與現代語詞的交融下，渲染出新的魅力。經由詞的可歌性「小令」的繁豐，與「愛情典故」的夐遠承繼與繼承延續，再透過精通音律的大詞人與音樂家——姜夔，緩緩歌唱出纏綿的心聲情意，予人無限的遐思。「小令」、「愛情典故」、「姜白石的詞裡」字詞的低迴往復，將情思隱藏於字裡行間，既融合了女子形象，又委婉點出了彼此的情愛。虛與實，實與虛，古典與現代，交相融合，塑造了典型東方女子的古典婉約之美。

（四）形式設計

這樣情感細膩，浪漫體貼的男子，與具有東方古典風姿綽約的女子是怎樣形塑呢？以下從幾點探索。

1 標點符號

綜觀全詩，詩中原本可以去掉逗號，卻刻意用逗號隔開，如：「等你，在雨中，在造虹的雨中」、「步雨後的紅蓮，翩翩，你走來」、「從姜白石的詞裡，有韻地，你走來」……蓄意停頓的語句，使語調變得沈緩，一字一句的流瀉，增添了深情溫柔之感。再細讀之下，此三聯句，幾乎每一小節都有逗號，只有第六小節沒有逗號：

> 一顆星懸在科學館的飛簷
> 耳墜子一般地懸著
> 瑞士錶說都七點了。忽然你走來

逗號的使用，為本詩帶來了浪漫多情與情深款款。而此節「一顆星懸在科學館的飛簷」，原也可以依照前文的沈緩改為「一顆星，懸在科學館的飛簷」，但長句的刻意使用，相對地則形成心理上的糾結纏繞，凸顯了等待的心情的繁雜。

再者，相對於詩中多次出現的逗號，唯一的句號——「瑞士錶說都七點了。」，「都七點了」，「都」字顯現等待時間的久遠，在前兩句的背景下：「一顆星懸在科學館的飛簷／耳墜子一般地懸著」，則句號象徵著等待到了終點極限了（也許煩躁也到了極點）。爾後「忽然你走來」同一行字，卻有意空了一格，等待的人突然出現的驚喜與前者的憂慮滿懷，將兩者的張力拉到最大。

2 長短句

作者於此詩刻意用逗號隔開，沈婉的語調塑造溫柔浪漫的多情。長短句的錯落則為整首詩帶來了不同的韻律、節奏與情感表達。原本應可以一句表達的句子，刻意以逗號隔開，形成兩個短句；或是可以以逗號隔開，作者卻又讓之成為長句，如「從一則愛情的典故裡你走來」——「從一則愛情的典故裡，你走來」。作者的設計，帶有何種意義？答案也許是挑戰一般人對句子的概念，錯置陌生化的句子為本詩帶來了「詩意」。

短句的使用「永恆，剎那，剎那，永恆」既是哲學意義上的萬事萬物的相對性，又是節奏和結構意義上的語詞對稱性。短促的二字自然帶來「堅定」的意味，也為下文「等你，在時間之外／在時間之內，等你，在剎那，在永恆」充分提供塑造「堅貞」的形象。「一顆星懸在科學館的飛簷」的長句與心理狀態的結合，彷彿等待的心糾纏環

繞，令人無法透氣。直到「你走來」，由四個面向，多面向的書寫，才舒緩了之前的心理糾結。

3 節奏

新詩雖然不似古典詩詞有平仄、押韻、對偶等格律限制，但既是詩的語言，就理應有節奏，使音節抑揚頓挫、迴旋綿延。本詩形式上除最後一節為一句呈現外，其餘皆為整齊的三聯句，整齊之外帶有變化。

師力斌（2017：57）：「新詩順應現代生活的歷史性轉變和現代漢語的迅猛發展，已經突破了格律、半格律的理論框架，創造了一系列新的音樂性形式，如比格律詩更為複雜、技巧更為多樣、運用更為綜合的音樂性形式，三聯句對古典詩歌對仗的繼承和發展，頓、韻腳等形式的靈活運用。」三聯句[10]中頓、韻腳等形成音樂形式的節奏。其提出本詩音樂特色有三（64-65）：

一、三句一節相對工整又富於變化的結構形式。「等你，等你，你走來，你走來，永恆，剎那，剎那，永恆」，詞語復沓、回環形成多變的節奏。

二、隔行用韻，如「雨中，清芬，舟中，吳宮」使本詩緩緩流淌、步步深入、回環往復、起伏跌宕、一唱三歎的音樂模型，如同一部小型的小提琴交響樂。

三、對頓的嫻熟運用。二字頓，「等你，永恆，剎那，黃昏，細雨，紅蓮，翩翩，小令」；「在雨中，竟感覺，在剎那，在永恆，科學館，在吳宮，小情人，我會說，有韻地，你走來」三字頓；四字頓，「蟬聲沉落，蛙聲升起，隔著黃昏，隔著細雨，你的清芬，我的鼻孔，一柄桂槳，木蘭舟中」，及與這些頓的變幻組合，變化多端。

整首詩基本上按照二字頓、三字頓、四字頓的排列，二、四字頓的莊重典雅，1／2三字頓「在雨中，竟感覺，在剎那，在永恆……」、2／1「科學館、小情人、我會說」的變化，或押韻，或其他形成的尾韻如「你走來」，節奏或抑或揚，頓挫有致。

本詩從詞到句，到節，到整首；從押韻到節奏，從節奏到旋律，從長短變化到轉行分行的錯落有致。詩中語詞、意象的虛實與繁豐、將現實環境與人，現在、過往與永恆，個人與宇宙之間的關係，經由空間和時間的對稱與不對稱，為節奏帶來了變與不變。通過種種的重複與對稱，形成這首詩的節奏感，最後一句：「從姜白石的詞裡，有韻地，你走來」字句的安排既重複又有變化，音韻蕩氣回腸，韻律有序而又姿態百生[11]。

---

10 熊秉明（171-190）提出余光中《蓮戀蓮》的三聯句從內容上看乃三句之間彼此的流動性、跳級性與辯證法「正反合」的關係；從音樂的觀點言，三聯句則從「節奏」轉為「旋律」。見《蓮戀蓮·特輯／論三聯句：171-190》

11 余光中先生自言：「我以為藝術的手法有兩個基本條件：一個是整齊；一個是變化。詩歌的寫作要

三　結語

〈等你，在雨中〉作者交相使用文言、白話的語言，使得詩中揉合現代與古典，帶有濃濃的文青風。此外，在時間、空間，古典、現代的穿梭與個人、宇宙，自然、人文環境語句的交相融揉，詩中飽含等待的各種情感。再者，標點符號、長短的語句間架，自然營造節奏旋律與獨到的韻味。本詩的情感想像，如同余光中所言：「《蓮的聯想》最高的願望是超越時空，超越神，物，我的界限。它是愛情的歷史化，神學化，玄學化，蓮化。」（頁037）因此，所有在愛情路上或踽踽獨行，或有溫暖相伴的人，愛情的最高境界必然走向「蓮化」的企盼想像。

用功力做到整齊，不然不行。當然流於刻板單調也不行。變化不能無度，整齊要有常態，這兩個座標怎麼調配是對新詩藝術的一個大考驗。」（見丁宗皓1997：61）

參考書目

丁宗皓　〈在傳統與現代之間——余光中先生訪談錄〉，《當代作家評論》1997年第6期，頁59-68。

王中林、邱燮友等　《增訂中國文學史初稿》修訂三版　臺北市　福記文化圖書有限公司　1985年

王國維　《人間詞話》黃霖、周興陸導讀　上海市　上海古籍出版社　2014年

余光中　《蓮的聯想》　臺北市　九歌出版社　2007年

余光中　《余光中精選集》　臺北市　九歌出版社　2008年

余光中影片：https://www.youtube.com/watch?v=UiLuQQ6l08g（2019/03/03）

李瑞騰主編《聽我胸中的烈火——余光中教授紀念文集》　臺北市　九歌出版社　2007年

孫紹振　《如何讀名作——詩歌散文篇》　香港　商務印書館　2010年

孫紹振　《經典文本的深層結構——中學語文名篇解讀》　上海市　上海三聯書店　2016年

師力斌　〈新詩的音樂性及形式創造〉　《中國文藝評論》第4期2016年　頁57-71

袁行霈主編網頁宋詞 https://www.chiculture.net/0412/html/b01/0412b22.html（2019/04/16）

國立中山大學余光中數位文學館網頁 http://dayu.lis.nsysu.edu.tw/ProList.php?t=kaohsiung（2019/03/03）

郭榮梅　《宋前詩歌中蓮花文學意象研究》　南京市　南京師範大學高校教師在職攻讀碩士學位論文　2007年

黃維樑　《英雄文化拜會記——錢鍾書、夏志清、余光中的作品和生活》　香港中文大學出版社　2018年

新京報書評週刊記者　宮子採寫／網頁〈余光中先生最後的遺憾〉https://www.ponews.net/culture/f6fj4nq17d.html（2019/03/03）

葉嘉瑩　《唐宋詞十七講》　北京市　北京大學出版社　2017年

劉正忠　〈余光中詩的抒情議題〉　《臺大中文學報》第54期（2016年9月）　頁223-264

蔡鎮家、陳容姍　《聽情歌，我們聽的其實是……從認知心理學出發，探索華語抒情歌曲的結構與情感》　臺北市　臉譜出版　2007年

駱玉明　《極簡中國古代文學史》　上海　上海三聯書店　2018年

附件:〈等你,在雨中〉

等你,在雨中,在造虹的雨中
　　蟬聲沉落,蛙聲昇起
一池的紅蓮如紅焰,在雨中

你來不來都一樣,竟感覺
　　每朵蓮都像你
尤其隔著黃昏,隔著這樣的細雨

永恆,剎那,剎那,永恆
　　等你,在時間之外
在時間之內,等你,在剎那,在永恆

如果你的手在我的手裡,此刻
　　如果你的清芬
在我的鼻孔,我會說,小情人

諾,這隻手應該採蓮,在吳宮
　　這隻手應該
搖一柄桂槳,在木蘭舟中

一顆星懸在科學館的飛簷
　　耳墜子一般地懸著
瑞士錶說都七點了。忽然你走來

步雨後的紅蓮,翩翩,你走來
　　像一首小令
從一則愛情的典故裡你走來

從姜白石的詞裡,有韻地,你走來

唐文治教育理念及其實踐

郭妍伶*

摘要

唐文治（1865-1954），被譽為近代教育先驅，以其豐富的教育經驗與文字言論，留予後人寶貴的研究資產，不論政治、教育、經學、理學等各方面，都值得深入探索。由於唐文治的教育思想影響甚巨，受到後世重視，因此本文以其教育理念及實踐方式為範疇，期透過爬梳文本，歸納唐氏相關論點，包括：強調四育（德、智、體、美），但以德育為首要；智育方面，鼓勵學子能知變知新，學兼中西，並學以致用；體育方面，推行軍國民教育、打靶、體操、競賽，以強健體魄；美育方面，利用音樂節奏教導學生學習詩歌韻文，增強情意理解與記誦。綜觀唐文治身處清末明初之時空背景，鑒於民情國勢，致力倡導讀經敦品、四育並重、學習實務等，其教育主張及教學方法與今日教育有相呼應處，可作為反省思考及參考借鏡。

關鍵詞：唐文治、高等教育、經典閱讀、教育思想

---

* 一貫道天皇學院一貫道學系助理教授。

一　前言

　　走過晚清、民國、中華人民共和國三個時期，面對政治劇變、社會動盪、文化衝突多種環境，作為聞名於世的近代教育家、國學名家，唐文治（1865-1954）無疑是相當重要的人物，受到高度矚目。唐氏自幼接觸經書，熟讀文史，其後考取進士，歷任官職，並奉派出使日本等域外國家，留心考察各國政治與民情，深感教育對世界各國產生的影響力十分巨大，遂轉而積極投入教育，致力於弘揚理念，期望藉此振興國家民族。擔任高等實業學堂（後來改為南洋公學、上海交通大學）校長的他，最重視培養品德，強調為人應當誠信、愛國；同時也重視體育，要求學生勤於鍛鍊體魄，才能夠做到保身、保家、保民族。透過大力提倡、不斷摸索、努力實踐，唐文治傳達出對國家人民的深切關懷，被譽為近代教育先驅、國學大師，備受推崇。其著作包括《茹經堂文集》、《茹經先生自訂年譜》、《茹經堂奏疏》、《萬言疏稿》、《十三經提綱》、《十三經讀本》、《國文經緯貫通大義》、《論語大義定本》、《朱子學術精神論》、《性理學大義》、《三綱論》、《人格》、《唐蔚芝先生演講集》等，數量豐碩。

　　筆者蒐集學界以唐文治為研究對象之論著，包括專書、期刊、報紙、博碩士學位論文、會議論文等，累積逾三百篇，至於網路文章更是多不勝數，顯見唐氏受到後人仰慕推崇與重視。（郭妍伶、何淑蘋，2018：95-123）唐文治鑽研經史，有感於清末以來國勢江河日下，與西方乃至亞洲鄰國相去日遠，憂心掛懷，亟思解決困境之道，乃究心教育，結合所學與見聞經驗，試圖提出強本救國的具體方針。誠如其所發〈咨郵傳部轉咨學部文〉：「立國之要，以教育為命根，必學術日新，而國家乃有振興之望，此必然之理。」（唐文治，1995：39）明確指出教育為國家之本，欲振興國力，非從教育著手不可。故他在擔任教職期間，擬定一校之教育方向，影響地方教育甚巨。本文擬針對其教育理念與方法進行研析，並與現代教育思想相對照。檢視先秦文獻，孔門弟子雖皆熟習六藝，仍各有專擅，《論語》中便出現「四科十哲」的紀錄，即可謂劃分學習領域的概念。自秦代設博士官，漢代設五經博士以降，雖有以經典分科，但歷代仍多主張博學多聞，發展至後來士人或有以「一事不知，深以為恥」（《南史・隱逸傳・陶弘景》）的情況。且歷來多以士大夫不必習武，只鼓勵武將讀書陶冶性情、教化忠義，史上僅有少數以文臣身分，通曉兵書，又具實際軍事經驗，如祖逖、王陽明、曾國藩等。到了清末民初受西學影響，學校教育逐漸修訂方向，從三育（德智體）、四育（德智體美）再擴增為五育（德智體群美），也見證國家社會的發展需求和潮流。從三育到五育，歷經一段時間的發展。雖然民國二年（1913），蔡元培（1868-1940）擔任第一任教育總長時，即公布新教育宗旨為：「注重道德教育，以實利教育、軍國民教育輔之，更以美感教育完成其道德。」（蔡元培，1912）但實際上並未被全面接受。例如民國三十七年（1948），教育部修訂中小學課程標準，對於中學課程明確指出須「德」、「知」、「體」、「群」四育

並重；而〈民生主義育樂兩篇補述〉亦提出教育的內容應包括：智育、德育、體育和群育。下逮民國六十一年（1972）修訂〈國民中學課程標準〉，也僅標舉四育為國民中學教育目標。（陳望道，1984）而唐文治擔任校長之際，籌辦學校、規劃課程所抱持的主張，乃圍繞「德」、「智」、「體」、「美」發展，與當時蔡元培等人主張相近。故本文擬從四育分論其教育理念和實踐之道，並檢視這些主張在今日教育環境下是否不合時宜，或仍具意義，值得重視。

二　唐文治的德育思想

唐文治棄官從教，歷任多所學校校長，以「正人心，救民命」為宗旨，主張四育並重發展，而四育之中，尤以道德為首要。他認為道德教育是智育的基礎，這一方面可歸因於唐氏深受儒家教育薰陶，又鑽研宋明理學，故而反映在其教育理念上。至於唐氏德育方面的具體主張，約可歸納為以下三點：

（一）禮義道德為根本

唐文治主張教育應以禮義道德為根本，譬如他擔任無錫國學專修館館長期間制訂〈無錫國學專修館學規〉云：

> 人生世界之內，以禮義道德為根本。竊嘗譬諸人之學問，尤牆屋也，禮義道德，尤基址也；若無禮、無義、無道、無德，而徒以學問為飾觀之具，一旦品行隳壞，名譽掃地，是尤基址不固，牆屋坍塌，其危險何如矣。（唐文治，1995：147）

他以牆屋為喻，指出本末先後，如果為人不能守本，根基不穩，再多的學問、虛名，亦僅是於流沙造屋，最終不免崩壞瓦解的結局。是故他曾以「欲成第一等學問、事業、人才，必先砥礪第一等品行。」（唐文治，1974：1238-39）訓勉交通大學畢業生。至於在〈學生格〉（壬子　1912年6月）中，更直言他對學生負面行為的責備與擔心：

> 然而吾有為學生正告者，更不必言其大，而先舉其細。譬之在校考試之時，或懷挾抄襲，倩人捉刀，或請求師長，多給分數，甚者鑽謀無所不至。以父母生我清白之軀，何為而為此等事乎？豈非可恥之尤者乎？平居意氣揚揚，自命不凡，以為我辦天下之大事者也，我中國之豪傑人也，見無志節之士，輒痛罵之不遺餘力，乃一旦遇細微之事，己營私舞弊，干求請託如此，然則身入社會，身入政

界，其卑鄙齷齪，恐有十倍百倍於今日者。因一人一事而敗壞全校之名譽，他日即因一人一事敗壞全國之名譽。試問何以對國家？何以對學校？何以對父母？何以對本心？（唐文治，1995：52-53）

當時唐氏看到部分學子竟然有抄襲作業、考試作弊、找槍手代考、請託先生爭取分數等等他所不能理解的行為發生。這些人平素自以為人才，對他人極為嚴格，若遇他人有過，便不留情面，痛罵指責，但對自己卻幾無要求。這樣只知站在個人角度圖謀私利，缺乏志節擔當者，由小見大，未來恐怕貽禍更巨，故讓唐氏憂心忡忡，深切呼告，企盼眾人能將公益先於私利，若人人「明恥」，亂象才能消滅。唐文治明白，唯有透過教育，樹立道德典範，教化人心，才能真正達成他的理想，故於〈致交通部公函商討教育宗旨〉（1913年3月）云：「居今世而言教育，惟有先以注重道德為要點。」（唐文治，1995：109）強調德行的重要。再者，依其論學校教育時所言：

> 凡人入學，所以學為人也，若求學而不修道德，雖博學多能何益。（王桐蓀，1995：356）

進德、修業孰先孰後，唐氏態度十分明確。傳統文化期望士人皆能成博雅君子，然而欲成君子需先立本，這個本就是道德，本立則道生，故唐氏以道德禮義為教育第一要務。

（二）學業人格自立誠始

唐文治鑽研理學，主張教育救國，思想深受宋明以來理學家影響，認為一切根本當發於一個「誠」字。歷來關於「誠」的探討很多，《易・乾卦・文言》云：「修辭立其誠。」後世解讀為修辭當為「誠」之表現，言語但求達意，而「誠」恰是修辭的規範。「誠」乃無違、無欺於心。後世理學家多提倡窮理、明道、立誠等，以求盡心、盡性、達本。這些思想產生極大的影響，例如明成祖在所撰書序中，表明其修纂動機，乃使眾人讀之而能「窮理以明道，立誠以達本。」（黃彰健校刊，1966：1441）是以「立誠」作為達成本性、追求本心之要務。唐文治一方面提倡西學，同時也鼓勵學子讀經，是期望透過研讀經典，使學子建立待人接物的良好品格，而一切的根本當始於「立誠」。唐氏在為指導學子立身處世之道撰寫的〈學生格〉（壬子 1912年6月）中說：

> 人以五常之德配之，措施之而無所虛偽是謂之誠。不誠則無精神，無精神則種種腐敗因之而起。
> 學生在學校時，謂之修業，修業以何為要？學業自立誠始，人格自立誠始，惟精

神貫注到極致處，而後能學之弗能弗措，問之弗知弗措，思之弗得，辨之弗明，
行之弗篤弗措。愚者可以明，柔者可以強。反是而不誠，則明者變為愚，強者變
為柔矣……惟誠乃能先覺，乃能精明，未有至誠而受人愚者也。……故誠字從言
從成，蓋惟誠而後成其為言，惟誠而後成其為人。故曰：「誠之者人之道也。」
言成人之道也。（唐文治，1995：48-49）

「五常之德」即仁、義、禮、智、信。唐氏先指出為人立身的根本，並明言不能立誠將
招致的危害，接著說明修業和人格培養與立誠間的關係。惟有窮究盡理，確認本心，不
自欺，方能達於先知先覺，且不為自己或他人所迷惑。他又拆解「誠」字部件為「言」
與「成」，指出此乃「成人之道」也。檢諸《說文解字》釋「誠」云：「誠，信也。從
言，成聲。」唐氏解字「從言從成」並非漢字構形的正確說法，但《說文》「信」字與
「誠」字互訓云：「信者，誠也。」「信」之古文為「訫」，其字形為「𤖤」，從言從心，
意思是言必由衷。若人能言必由衷，發自內心，當能發於中而形於外，再加以進德、修
業，保其本心而強化專業，必能成為國家社會所需的「人才」。故唐文治特別重視「立
誠」，強調此是修業基礎，人格養成之根本。

　　司馬光《資治通鑑》云：「才德全盡謂之聖人，才德兼亡謂之愚人，德勝才謂之君
子，才勝德謂之小人。」才德兼備不易，能夠培養德勝才的君子，才可為家國棟樑。唐
文治將品德養成教育放在第一位，作為辦學的首要目標。唐氏欲通過讀經救國，尚需其
他條件輔助，然而從端正人心、敦品勵學方面出發，培養未來人才，與中國長期重視德
行的教育目標並無二致。現代教育不僅各級學校重視品德教育，民間也積極投入，努力
培養青少年正向、正確的處事態度。除了鼓勵學子擔任海內外志工，民間團體也舉辦
「品德」、「讀經」主題的夏令營，或採讀經班、讀書會等，一方面透過問題引領培養學
生哲理思辨力，一方面透過閱讀、接觸經典薰陶人文精神，例如新生代基金會舉辦的
「愛智營」、「品德教育種子教師研習營」，就是相當受到肯定的活動。可見不論時代推
移、科技日新，樹立學子正確的價值觀，以及尊重包容、關懷體諒、自律誠信等態度，
都是德育培養最重要的元素。

三　唐文治的智育思想

　　唐文治身處時代環境變化劇烈之際，雖然堅持傳統人文教育，但也明白世界各國正
在急遽改變，力圖發展進步，中國要強大興盛，必須因應而有所作為，故在教育上，他
既秉持舊有傳統，也主張調整改良，以符合時代潮流、現實需要。他的智育思想可分為
知變知新、通貫中西、學以致用三方面。

（一）知變知新

　　誠如唐文治所言：「科學之宜重而專，程度之宜高而深。」（唐文治，1995：109）在追求更高等的學問或專業時，通常就得有所改變。面對變革，唐文治〈彙刻太倉舊志五種序〉云：

> 蓋邃古以來，不變者，倫理也，日變者，學術也。知其變而不變者，守舊之徒也。知其當變而變，不當變而不變者，與時消息之士也。知其當變，而輕薄不當之理者，叫囂隳徒之流，無本之木，無源之水也。知其當變，而不能不變，而猶執不變者以為衡，是抱殘存古之儒，……夫知其當變，而不能不變，而猶執不變者以為衡，吾見亦罕矣。（唐文治，1995：24）

　　倫理是不變的，其價值亙古不移，而學術學問乃至治學方法，則隨著時代、環境變化，唐氏深刻體認這個道理，故能與時俱進，嘗試改變教學方法、活動設計、學生體能與美感教育，以期培養出當前國家社會所需要，體用皆備、文理兼通的人才。

（二）通貫中西

　　唐文治主張「學兼中西」，自有其時代背景。他目睹清末以來的世局變化，清廷對外戰爭屢屢挫敗，洋務改革因種種原因仍未能見效，使唐文治認真思考，如何才能真正達到救國救民的目的。唐氏在戶部任職時，即「閱各國條約事務各書，並評點萬國公法及曾惠敏、黎蓴齋諸家文集，自是於經世之學亦粗得門徑矣。」對唐氏而言，為人、成聖之道，自當以先賢流傳的經典為依歸，然而他也意識到時代更迭，不能只守著現有的知識學問及技術，必須敞開心胸，積極向外國學習科學、曆法、數學、機械工業等專業，才能改變國家的劣勢。他在〈與友人書〉中云：

> 吾鄉陸桴亭先生崛起於荒江寂寞之濱，實得道統不傳之祕。故其《思辨錄》中論歲差之法，謂歐羅巴人君臣盡心於天，終歲推驗，其精不可及。又謂西學不言占驗，此殊近理。夫先生當利瑪竇、艾儒略新至中國之時而已精覃西學如此，設使生於今日，其必習諸國之語言文字，灼然明矣。又試以近事徵之。曾文正，名儒也，而設方言館於滬上。文文忠，賢相也，而設同文館於京師。又如曾惠敏，博學強記，精習西文，卒能收回伊犁，不辱君命。夫此數君子者，豈不知戎狄之是膺，荊舒之是懲，而顧為是亟亟者，誠迫於事會之無可如何，又以天下有此文字，而士大夫迄未能措意焉，抑亦大可恥之事也。（唐文治，1995：2）

唐氏舉鄉賢陸世儀為例，陸世儀（1611-1672）係明末清初著名之理學家、文學家，被譽為江南大儒，與陸隴其（1630-1692）並稱「二陸」。明亡後，陸世儀不願出仕，築桴亭避居著述講學。陸氏理學以經世為特色，博涉天文、地理、河渠、兵法等等，可謂學識廣博，無所不通。這一方面是對晚明空疏的反思與批判，一方面也是回應明清鼎革的時代需要。陸氏曾言：「若曆數則人人當知，亦國家所急賴。」（陸世儀，1973：42）主張曆法、算學的重要，更於論「歲差」時直言西人之精確，乃在「盡心於天」與「終歲推驗」，如此投入與長期持久的縝密觀察測量，漸漸拉開西方與中國的差距，這也是當時知識分子所憂慮的現象。故陸氏主張：「今人所當學者，正不止六藝，如天文、地理、河渠、兵法之類，皆切於用世，不可不講。」（陸世儀，1973：47）而「俗儒不知內聖外王之學，徒高談性命，無補於世，此當世所以來迂拙之誚也。」（陸世儀，1973：47）不能將所學「切用於世」，實為迂儒。他取法西人長處以增益中國之力，與唐文治觀點相符。唐氏又舉曾國藩（1811-1872）於上海設立「廣方言館」，大量翻譯西方書籍以推廣知識；文祥（1818-1876）於京師設「同文館」，培育近代中國人才；曾紀澤（1839-1890）長期投身外交，與俄交涉保衛伊犁領土。這些都是鑽研經典不遺於力，對於西學亦採開放態度，積極學習推廣，並對國家有重大貢獻及影響的學者、政治人物。

其〈與友人書〉又云：「是則今日國事之浸弱，正由中國賢士大夫不屑究心洋務之所致也。……故方今之世，惟忠臣孝子而後可談洋務，亦惟忠臣孝子斷不可不談洋務。」（唐文治，1995：3）因此，唐文治在南洋大學執教期間，大量改革傳統科系、增設新學科，同時建設廠房、實驗室，又嚴格把關各課程師資，甚至聘請外籍教師前來任教，除專門學科外，南洋大學的學生亦須學習外語，每年學校都會選送表現優秀的學生赴國外進修，提升學問識見。而當時實利主義流行，風氣所及，未免矯枉過正，許多學校重理輕文，一力強調科學、數學之重要，而斥中國傳統為無用之學。唐文治雖力推西學，卻堅持自己的主張，親自為南洋大學生講授國文課，選讀〈岳陽樓記〉、〈出師表〉等經典名篇。除了大一必修國文課外，還舉辦假日講座，分享《論》、《孟》精義，一直到大四學生都還安排有公文課程，而且國文成績不及格或短缺者，必須重修才能畢業。這些規定在當時是很特殊的要求，但也讓南洋大學的學生以「中文好，西學（科學）好，體育好」享譽海內外。（周川、黃旭主編，2005：20-21）

（三）學以致用

唐文治半生從政，先後供職於戶部、總理各國事務衙門、外交部、商部、農工商部等，目睹國家積弊日深，洵非一時一人可扭轉乾坤，而改革體制也需振作人心，惟有透過教育長期影響、薰陶，才能從根本上改變一個國家的整體命運。有鑒於此，唐文治遂

棄官從教，藉由過往的經驗及海外考察，重新思考、建立新的教育方式，希望能以理學、經典端正人心，並以「通經致用」為目標，倡言讀經典不可拘泥於傳統的字句訓詁方法，要能夠實際運用，落實於生活、社會、國家。

事實上，唐氏所處時代瀰漫著一股濃厚的「尚實」風氣，王炳照〈中國近代私立學校研究〉云：

> 職業教育思想發端於清末的實業教育思想，清末教育宗旨中「尚實」即體現了這種精神。然清末實業教育受我國傳統文化思想的束縛，言之非艱，行之惟艱。各省學校各自為政，殊無有系統之組織。所實行者，僅中高等實業教育之部分。……民國元年，實利主義教育被列入國家的教育宗旨，但在實際教育界並未發生大的影響。（王炳照，2002：291）

以職業教育為例，除了過往學堂、書院教育外，清末民初的民間也興起辦學風潮，職業教育發展尤為顯著。有志改革者如黃炎培（1878-1965），振起弘揚，創辦「中華職業教育社」，極力宣導，進而設立上海中華職業學校、中華工商專科學校，帶動職校興起，各地私立職業學校紛紛開辦。然而此處也點出一個問題，即「實業教育受我國傳統文化思想的束縛」，暢談改革理念容易，但真正推動施行起來卻難免遭遇重重阻礙，是故一直未能真正在教育界產生巨大影響。唐文治雖受傳統儒家教育薰陶，主張讀經救國，但並非一味守舊，例如他在〈社會格〉便云：「居今之世，求無愧於人格者，以自食其力為第一要事。余常自勉以勉子弟，並以勉天下之子弟焉。」（唐文治，1995：92）他不同意「萬般皆下品，惟有讀書高」的論點，更反對讀書人不識五穀、空談理想，強調每個人都必須能夠自食其力。

他在為無錫國學專修館所撰館規中提出：「凡世人通經學、理學而達於政治者，謂之有用，謂之通人。不能達於政治者，謂之無用，謂之迂士。」（朱述，2009：638）學習經學、理學，並非高談闊論、空言性理，而是要通達人事，對社會國家有所貢獻，這才是真正學得真諦。若墨守經典文字，不能對現世產生正面功效，則流為迂儒，於個人、家國均無所裨益。這點在他在擔任南洋大學（交通大學）督察期間上書交通部便提到：「至各項細則，皆取目前切實能行者載入，大抵以『功課密，管理嚴』六字為主，其空言高論，不能實踐者，概從刪削。」（唐文治，1995：109）他亦切實執行理念，於1908年改普通工程科為鐵路科，又增設電機、鐵道管理等專科，以應社會實務需求；且為避免學生僅習得理論卻不能應用，1909年又建機械廠、電機試驗室供師生操作實務。種種作為，在他為南洋大學譜寫的校歌歌詞：「實心實力求實學，實心實力務實業。」（交通大學校史撰寫組，1986：147）成為最好的證明。而南洋大學在唐氏主持期間，確實達到他在〈工程館記〉所云：「惟余平生之志願，在造就中國之奇材異能，冀與歐

美各國頡頑爭勝……吾願諸生勤究物之質，更培養性之靈，庶幾乎體用兼用，以捍外侮而治太平矣！」（周川、黃旭主編，2005：20）唐氏一方面力主德行修養之重要，以此為基礎，同時積極培訓學子專門技能，達到體用兼具的目標。

中國素來重視學識涵養，以培育學問廣博、才智卓越之士為目標。清代以前，「學而優則仕」是終極目標，科舉考試是天下讀書人求取功名、光耀門楣的干祿之梯，也是一條艱苦困難的漫漫長路。唐文治雖是科舉出身，仕宦朝廷，卻選擇轉入教育界，努力實踐理想，期勉自己「不為良相，即為良師」。他主張通經致用，雖是固有傳統思想，但由於體察時勢，重實作、品格養成，不偏廢其一，且勇於嘗試新方法，甚至開拓學制管道，其作為與今日的重視學生專長、發展實驗學校之精神類似，即如無錫國專的成立與培育人才，已在近代教育史上留下不朽記錄。

四　唐文治的體育思想

清末以來內憂外患不息，而民國肇建，軍閥割據，土匪猖獗，社會動盪，民生不安。不論是出於自衛或防止內亂，軍國民教育被視為解決困境的一帖妙藥。民國二年（1913），蔡元培出任教育總長，認為當時「強鄰交逼，亟圖自衛，而歷年喪失之國權，非憑借武力，勢難恢復」，故而主張將軍國民教育納入「體育」範疇，並列入教育方針中，他指出：

> 軍國民教育者，與社會主義僻馳，在他國已有道消之兆。然在我國則強鄰相逼，亟圖自衛，而歷年喪失之國權，非憑藉武力，勢難恢復。且軍人革命以後，難保無軍人執政之一時期，非行舉國皆兵之制，將使軍人社會，永為全國中特別之階級，而無以平均其勢力。則如所謂軍國民教育者，誠今日所不能不採者也。（蔡元培，1912：3：11）

蔡元培雖倡議軍國民教育，但和清末提出之「尚武」所說的軍國民教育不同，他預見可能發生的問題，衡量局勢，採有條件接受，不全然肯定此種教育方式，且教育目的也和過去不同，過去僅主張對外抗爭，蔡元培則認清時勢，明白中國的問題是內、外皆憂。（陶英惠，2008：9）細究中國當時不得不採取之因由，乃在於社會上、教育界長期不甚重視體能，加以清末戰爭失利，被迫大量輸入鴉片，造成國民體能積弱不振，遂成為列強眼中的東亞病夫。梁啟超在〈尚武論〉亦云：

> 我以病夫聞於世界，手足癱瘓，已盡失防護之機能，東西諸國，莫不磨刀霍霍，內向而魚肉我矣，我不速拔文弱之惡根，一雪不武之積恥，二十世紀競爭之場，

寧復有支那人種立足之地哉！（梁啟超，1902：17、19、20）

有志之士均希望國民能強身保本，翻轉文弱不振之形象，以自保、抗侮。許義雄《中國近代體育思想》提到軍國民教育之概念與實行方法：

> 軍國民教育在目的上，以嚴格訓練，俾全國生徒作其忠勇之氣，以奠定強國立憲基礎；在實施方法上，則注意體操、兵式體操、打靶、遊戲、體育，並講授武學，兼習拳術等。（許義雄，1996：83）

是以此種教育方式特色是嚴格操練，以鍛鍊國民體魄、激勵精神，施行辦法則是透過體操、軍事訓練、遊戲、體育教育，甚至涉及傳統武術等。唐文治在體育方面，亦呼應蔡元培等人主張，鼓勵學通中西、敦品勵學之餘，仍不偏廢體能及教育訓練，以下分幾點說明：

（一）強調體育功能

唐文治認為學子應一掃文弱形象，強化身體力量，以增進健康身心為目標，才能對家庭、社會與國家承擔起應有的責任，而透過體育正可達「保身、保家、保國、保民族」之目的。基於這樣的理念，唐氏在設計運動課項目時，包含了以下三項：（1）短時間之兵式操；（2）運動肌肉之柔軟操；（3）各項饒有趣味、增進體能之遊戲。（唐文治，1995：132）在課程規劃上也更為完備，體育被列為附小、附中、專科的正課，又成立各種田徑、球類、國術競擊校隊，更定期舉辦賽事，激發學生動能，也吸引大眾前來觀看比賽，參與學校活動，同時打開學校的知名度。此外，因應各種運動項目及賽事推動，就必須在軟體、硬體各方面作提升。唐氏一方面聘請專業老師指導國術、足球、棒球等運動，一方面添購器材設備，改善運動環境，投入許多心力於提升體能教育。

（二）軍國民教育

唐文治很早便提出施行「軍國民教育」的建議，早在清末〈萬言疏稿〉中便倡議尚武精神，希望藉此「挽柔弱不振之風，而救從前文武分途之弊」，在民國元年（1912年）7月中央教育會召開全國代表大會時，特致「說帖」表達主張。（王秀強、孫麒麟，2016：7）唐氏不止以文字表達意見，更於學校中組織「學團」，率先施行兵士體操和打靶訓練，這點一直維持到革命之後仍持續不輟，後來亦向下推行，將中學部學生編入童子軍，施行訓練。這類體操、兵士訓練、打靶等，直到現在高中、大學軍訓課程中仍被保留下來。

（三）提倡國術技擊

　　唐文治不專引進西方運動，也鼓勵傳統國術活動，在南洋大學時，便極力提倡技擊運動，於1912年成立技擊部，使得該校成為中國最早推動技擊運動的學校，隔年又聘請劉震南、李存義、劉世傑等武術名家前來任教，指導學生國術技能。後又定期舉辦技擊大會，廣邀上海各校前來參加，冀能收切磋觀摩之效。這份用心，誠如他為技擊部成立十周年所撰紀念冊跋文云：「提倡技擊者，則正欲以吾國固有之體育良法，以使吾民族有發揚蹈厲之精神，勇敢振奮之氣概，以求達其國內之安全，俾世界日臻和平者也。」、「發奮有為之精神，必寄于發奮有為之體魄，是余昔年所以提倡技擊之意也。」（交通大學校史編寫組，1986）

　　不獨於南洋大學鼓勵國術和技擊運動，唐氏主持無錫國專時，同樣重視國術，聘請了侯敬輿鍛鍊學子體魄。唐文治以保身、保家、保國、保民族為目的，強調體格精神之重要性，期待國人勇力強健，長期訓練下，將不輸日、俄等外國人之精悍壯碩。

（四）鼓勵參加運動會

　　唐文治重文尚武，且嚴格貫徹施行，安排了種種嚴密訓練，除成立各種運動校隊外，還推行普及運動（又名「強迫運動」或「必修的運動課」），要求學生在課外活動時間必須參加技擊、童子軍、體操三項活動其中一種。（王秀強、孫麒麟，2016：6）雖然要求嚴格，但唐氏明白只有強度訓練或練習，會造成疲乏，難保持久，故仍盡量將部分體能活動趣味化，他在〈中學校會議答問〉云：

> 凡運動會及各種比賽遊戲，不僅足以發展學生之體力，並足以引起熱心，增進智能。比諸柔軟操、兵式操等為益更多，故當竭力鼓勵之。……各種有益之運動，均須鼓勵。（唐文治，1995：132）

可知唐氏對體育是有深度認識，並有組織、計劃的推行，競賽的刺激、趣味與成就感，可以提高、維持運動的興趣。根據現代遊戲理論證明：

> 「玩心」為人類與生俱來，是遊戲世界的中心元素。人生來就喜好遊戲，嬰兒時期除了生理需求所需的時間外，其餘皆為自由自在玩耍。兒童、青少年、成人時期，雖然上學、工作占據了大半時間，但閒暇自由支配的遊戲時間仍不少，只是在大人的遊戲世界裡，遊戲這個名稱被運動活動所取代。（李明琪等著，2007：115）

由是觀之，人類遊戲的天賦可謂是各種運動文化的源頭，而「遊戲」具備六項本質：

> （1）遊戲的自由性，使參與者可任意持續或停止。（2）遊戲的非日常性，使參與者擁有更多的模仿、樂趣與滿足。（3）遊戲的時空限制性，使活動產生變化，具重覆性與交疊，有規則、有秩序，充滿緊張且不確定性。（4）遊戲本身就是一種樂趣。（5）遊戲使參與者與他人接觸，產生對比或對照的遊戲行為，同時又是一種參與者自我能力的展現。（6）遊戲不單純以一種形式存在，它可以是角色扮演、機會命運、公平競爭或暈眩快感的形式進行。（李明琪等著，2007：115）

人類的運動文化源自於遊戲，與天賦式的遊戲本能相比較，運動文化則必須靠代代相承積累而來，而保持根本的「玩心」是十分重要的。唐文治鼓勵學校學生組成各類運動隊伍，積極參加校外比賽，並和其他學校競賽交流。例如1910年南京舉辦全國運動會，「獲團體總分第二名」、「1914年，聯合聖約翰大學、滬江大學、東吳大學、金陵大學、之江大學共同成立華東大學體育聯合會，定期組織田徑運動會和各種球類比賽。」（王秀強、孫麒麟，2016：8）張岳民指出，南洋大學在唐文治領導期間，「球類和田徑隊水準得到了很大提高，並在高校運動會中拿到十項目的獎牌。」（張岳民，2014：138）足見唐文治對體育教育的堅持，獲得了很好的成效，也帶動校際間的運動風氣。

　　唐文治的體育思想與實踐方式，與今日教育對照，雖時空背景不同，容或有因需求而必須更改調整處，但包括必修體育課程安排、體操、打靶、軍訓課認識基礎國防軍事知識等，皆有相同、近似之處，而其重視體育功能可以「發展體力」、「引起熱心」、「增進智能」之用心，與現代醫學研究指出運動有助於提升學習力一致。

五　唐文治的美育思想

　　中國最早提倡美育的是蔡元培，他曾說國民應「注重道德教育」，但「更以美感教育完成其道德。」其說雖然未能獲得法規上的支持確認，卻引領教育者重視美感影響，並成為支持進入正規課程的發端。「美育」（Aesthetic Education）是美感教育或審美教育的簡稱，簡言之即培養審美的敏銳感受力，啟發豐富的想像力和創造力，以達到情理相融、人格統整和精神自由的全人教育。（教育部，參考網址：http://terms.naer.edu.tw/detail/1307759/2018.09.24）唐文治雖然崇尚實學，強調致用，但不曾忽視對美感的追求，也注重學生美感的培養。以下分論唐文治的美育思想及實踐作為：

（一）親撰校歌勉勵學子

　　唐文治的美育思想，一般多認為是反映在「禮」、「樂」的部分。自古以來，禮樂便被視為培養人才的重要一環。透過禮樂，可以節制行為，陶冶性情。而到了近代教育，則受西方影響，產生新的樣貌。例如音樂方面，唐文治重視教育功能，也注意教學方法，除了身教言教，聘請良師，率領學生於做中學外，他亦親自填寫校歌歌詞，將自己對教育的理想目標、對學生的使命期待融入其間，並倩名家譜曲，教導學生歌唱，期使之體會校歌的意涵，進而振奮精神，努力學習精進，以「光輝吾國徽，便是光輝吾校旗」為目標。

（二）以「唐調」輔助學習

　　唐氏的美育思想亦體現在國文教學上。清末至民初階段，國學教育係指「在學生具備基礎文言能力，可以閱讀文章，並能以文言進行思想與書面表達的前提下，有計劃地組織學生學習、研究我國固有學術文化原著、傳承其精華的教育行為，此乃高等教育範疇」；而國文教學，係指「有計劃地組織學生閱讀、背誦、理解我國古代文言範文，培養文言語感，獲得能以文言熟練閱讀並能以文言進行思維和書面表達的能力，屬基礎教育範疇。」（徐忠憲、胡正訪，2013：66）故國文教學實為進階學習之基礎，十分重要，唐文治教授國文，尤其是讀古文詩詞時，採用了「讀文法」進行教學，輔助學生記憶、理解。所謂「讀文法」，即唐氏融合過去在私塾、書院中，師從前輩習得的詩文朗讀方法，加以個人情志、特色改良而成。如唐文治曾向桐城派古文大師吳汝綸（1840-1903）請益，吳汝綸教導他：「文章之道，感動性情，義通乎樂，故當從聲音入，先講求讀法。」至於細節與方法，則是：「讀文之法，不求之於心，而求之於氣；不聽之以氣，而聽之以神。大抵盤空處如雷霆之旋太虛，頓挫處如鐘磬之揚餘韻；精神團結處則高以侈，敘事繁密處則抑以斂；而其要者，純如繹如，其音翱翔於虛無之表，則言外意無不傳。」（王桐蓀、胡邦彥、馮俊森，2005：344-345）後來唐文治汲取建議，運用於教學中，產生許多反響。誠如私立無錫中學早期學生朱若溪回憶當年唐老師授課情況：

> 講授之課文，為《詩經》及古代名著。先由陸先生將課文分段誦讀，先生分段講解，解釋字句意義，闡發微言大義，學生專心聆聽，秩序井然。最後由先生通篇背誦，聲音洪亮，字字清晰，氣勢磅礴。鏗鏘有力，平抑處悠揚婉轉，時人稱為「唐調」。諸生隨口摹仿，領會深刻。上一堂課，不僅得到豐富之文學知識，而且受到優美之語言感染，雖下課鈴響，仍覺餘韻繞梁，諸生猶依依不忍離去。（徐忠憲、胡正訪，2013：67）

老師吟誦，學生從而學習模仿，除習得文章精義外，也領略情韻之美，甚至感染作者創作心情，更能體會所欲傳達的深意。流風所及，一九四七年上海大中華唱片廠為他灌製「唐蔚芝先生讀文灌音片」，擴大了「唐調」的影響力與傳播範圍。這組灌音片收入唐氏吟誦詩詞和古文兩大類，見下列「唐蔚芝先生讀文灌音片」採錄篇章清單：

詩詞	
先秦	詩經：〈鴇羽〉、〈卷阿〉、〈棠棣〉、〈谷風〉、〈伐木〉
	楚辭：〈湘君〉、〈湘夫人〉
宋代	蘇東坡〈水調歌頭〉（明月幾時有），岳飛〈滿江紅〉
清代	唐受祺〈迎春詩〉、〈送春詩〉
古文	
先秦	《左傳・呂相絕秦》
漢代	《史記・屈原列傳》，諸葛亮〈前出師表〉
唐代	李華〈弔古戰場文〉，韓愈〈送李愿歸盤谷序〉
宋代	歐陽修〈秋聲賦〉、〈豐樂亭記〉、〈五代史伶官傳序〉、〈瀧岡阡表〉，范仲淹〈岳陽樓記〉

這種「讀文法」經唐文治大力推廣、於教學中施行，今日已流播甚廣，2014年被確認為蘇州非物質文化遺產，隔年又被列入保護項目，對地方教育影響力頗大，也成為現代古典詩文吟唱諸多腔調中，相當特別、廣為人知的一種。

反思唐文治的美育教學方式，跟音樂產生緊密的關聯。在現代教育中，我們常會利用口訣、歌詞改編的方式幫助學習記憶，例如化學元素周期表歌曲、聲母韻母歌（兩隻老虎、小星星）、弟子規歌謠等，無不希望借助音樂來輔助記憶，讓聞之者琅琅上口，不易遺忘。又如流行已久的詩詞吟唱，也是透過音樂性與節奏感來進行；而臺灣漢光教育基金會近年主辦的「舊愛新歡──古典詩詞創作演唱競賽」，即藉由古典新唱，為傳統文化與優美文學作品注入新的生命力。

六　結語

唐文治用自身經歷跳脫過去士人「學而優則仕」的既定道路，選擇在中年後離開官場投身教育界，實踐以教育救國的理念。他的方法在某些部分仍屬於傳統中國教育的特質，例如要求學生背誦文章等，但另一方面他接觸西學，重識實務，一改過去傳統三育的辦法，加入美感要求，成為德、智、體、美四育概念，並對四育教學有所改良突破。如德育方面，唐氏將其視為最重要的一項，以為四育之首，強調學以致用，須於生活中

實踐，其主張有類今日之品德教育，而開辦無錫國學專修館，是推廣特色辦學之例，該校敦品勵學，以經典教育為主，近似現代流行之讀經班教育。智育方面，他強調須知新知變，在做法上勇於改制，獎勵留學、學習外語，甚至在假日開放自由聽課的國文及其他語言加強班，有類今日的補救教學。體育方面，採軍國民教育方式，走在政策之先，推動技擊運動，保存國術，舉行聯合賽事，許多活動至今日學校亦可見蹤影。美育方面，強調音樂重要性，在傳統教學中融入唐調吟誦，帶領學生體驗古典文學之美，加強情意認知，開啟近年掀起熱潮之吟唱教學先聲，影響甚為深遠。

參考文獻

（一）專書

〔明〕董倫等修，解縉等重修，胡廣等復奉敕修，黃彰健校刊　《明實錄・明太宗實錄》　臺北市　中央研究院歷史語言研究所　1966年

王炳照主編　《中國私學・私立學校・民辦教育研究》　濟南市　山東教育出版社　2002年

王桐蓀、胡邦彥、馮俊森　《唐文治文選》　上海市　上海交通大學出版社　2005年

交通大學校史撰寫組　《交通大學校史資料選編（第一卷）》　西安市　西安交通大學出版社　1986年

朱　述　〈唐文治的教育思想〉　《紀念教育史研究創刊二十周年論文集（2）——中國教育思想史與人物研究》　北京市　中國地方教育史志研究會　2009年

李明琪等　《德智體群美五育理念與實踐》　臺北市　教育部　2007年

周　川、黃旭主編　《百年之功：中國近代大學校長的教育家精神》　福州市　福建教育出版社　2005年

唐文治　《茹經堂文集》　臺北市　文海出版社　1974年

唐文治　《唐文治教育文選》　西安市　西安交通大學出版社　1995年

高偉強、余啟咏、何卓恩　《民國著名大學校長》　武漢市　湖北人民出版社　2007年

許義雄　《中國近代體育思想》　新北市　啟英文化公司　1996年

陳望道　《美學概論》　臺北市　文鏡文化事業公司　1984年

陶英惠　《民國教育學術史論集》　臺北市　秀威資訊科技公司　2008年

陸世儀　《思辨錄輯要》　臺北市　臺灣商務印書館　1973年

（二）期刊

王秀強、孫麒麟　〈唐文治體育思想與實踐探析〉　《體育科學研究》第20卷第1期　頁5-8　2016年11月

林國標　〈清初理學與西學的接觸及西學對理學的影響〉　《船山學報》　2004年第2期　頁78-81　2004年

徐忠憲、胡正訪　〈唐調：語文吟頌教學的瑰寶——「蘇派教育家唐文治」課題研究擷珍〉　《中國語文教學》　2013年第2期　頁66-69　2013年

高巍翔　〈唐文治的德育思想與育德途徑〉　《湖北師範學院學報（哲學社會科學版）》　第27卷第5期　頁106-109轉128　2007年

張岳民　〈唐文治對近代高等工程教育的貢獻〉　《蘭臺世界》　2014年第10期　頁137-138　2014年

梁啟超　〈新民說〉　《新民叢報》　第28號　頁17、19、20　1902年

郭妍伶、何淑蘋　〈唐文治研究論著目錄〉　《書目季刊》　第52卷第1期　頁95-123　2018年

蔡元培　〈新教育意見〉　《教育雜誌》　第3卷第11期　1912年

數位人文教育融入多媒體

——以基隆市仁愛國小五年某班為例

林　宣[*]

摘要

　　近年來因多媒體與數位化不斷進步，使得在教育上也有所變化，本文研究目的是探究當數位人文教育融入多媒體教學時在教師與學生間會有什麼樣的火花。

　　此篇以基隆市仁愛國小五年某班為研究對象，了解學生於校內課程中融入多媒體的吸收狀況，大多教師以教學光碟和 PPT 為主，其中閱讀課程讓學生進入圖書館，使用更廣泛的多媒體電子產品，學生在課堂中使用筆記型電腦與平板，並於期末報告時使用智慧教室進行更深入的報告，這樣的教學模式不但讓學生在學習中進入數位化時代，也更讓國小階段的孩童學習與多媒體產生更多連結。研究者跟著五年某班的學生進到班級觀察使用狀況，從課堂中、做報告裡紀錄學生的使用方式，並製作三份不同的問卷調查，分別是學生、教師與家長為調查對象，探討學生在多媒體與課本學習上的反應與使用心得，教師部份則是課程中融入多媒體的反應與反思以及實際運用狀況，還有家長的建議，而文中所使用的照片皆由研究者親自進行拍攝，圓餅圖為實際問卷調查之結果。

關鍵詞：多媒體教學、數位化、資訊融入教學、數位人文。

---

* 國立臺北教育大學語文與創作學系碩士研究生。

一 前言

什麼是多媒體與新媒體？有別於以往的文字、影像、音樂等傳統媒體，凡是運用電腦、網路或任何科技應用來呈現內容的媒介，統稱為「新媒體」（陳漢昇，2016）。因應多媒體與數位化的到來，日常生活使用到多媒體的物件大幅提升，而教育方面，大約於十年前臺灣各地學校就已開始使用多媒體融入教學，至今仍不段更新。

許多教師與專家學者也相信，資訊科技可以促進教育改革，對傳統教學帶來革新（王全世，2004）。資訊融入教學目的在於教師利用數位科技，提升教學效能，讓學生能夠容易習得教學重點（蘇仕文，2014）。多媒體無論是在教育或是日常生活有著不可或缺的存在意義與價值，從單槍投影機搭配布幕到電子白板，再到近年的智慧教室，在教學課程中融入平板與筆記型電腦的使用，讓學生與數位化時代不再有隔閡，而這些都使得多媒體已成為教育中無法取代的產品。

基隆市政府近年持續推動智慧教育，從第一階段的樂學卡到2018年推動校校有智慧創客教室，在創客教室中結合 AR 與 VR 課程中讓學生動手操作，在筆記方面用說的便可記錄，採用互動式與即時回饋教學讓師生更貼近，更透過視訊及網路同步傳遞，結合多間學校一同進行，讓教學不再存在城鄉差距，能夠跨時空的學習，這些多媒體廣泛使用在教育上，也讓基隆的學子們在教育方面不落人後。

基隆市為臺灣頭，鄰近於新北市與臺北市，基隆市目前有三所大專院校、十三所高級中學、十一所國民中學和四十二所國民小學。基隆仁愛國小於日治時期1897年建校，是基隆歷史悠久的百年老校之一，本文將以位於基隆市區，屬於基隆重點小學的仁愛國小為主，以五年某班為研究對象，分析數位人文教育融入多媒體的成效，並探討多媒體的運用對於授課教師、學生與家長的影響與其反應。

二 多媒體的應用

（一）課堂上運用──教學光碟

在《教學媒體》一書中作者認為媒體是任何形式的資料、資源和設備，用之於傳遞人們的訊息（張霄亭、朱則剛，1998），而資訊媒體正是一個能夠提供生活、教育訊息給予需要的人。

校內授課教師經常使用的多媒體融入教學是在課堂上使用教學光碟，各科教材的出版社廠商皆會給予授課教師教學光碟，好讓教師在上課時方便使用，教學光碟中從國語課的專人唸課文（圖2-1-1）、自然課的實驗影片到社會課的歷史動畫……等應有盡有，還會配合課程有相對應的闖關題目（圖2-1-2），這不僅讓師生間有互動，也可以讓學生

更熟悉上課內容。五年某班在國語課堂上教師運用課本上完課程後，會進行教學光碟中的詞語練習，分為個人與男女 PK。這樣的教學光碟不但可以讓學生多元學習，更可以在其中獲得樂趣，也讓教師可以即時了解到學生的學習狀況。

（圖 2-1-1）　　　　　　　　　　　　　　（圖 2-1-2）

（二）課堂上運用——平板與筆記型電腦中的 seesaw 軟體

依研究對象仁愛國小五年某班，校內人文課程使用多媒體最為常見的是閱讀課程，此課程的上課場所位在學校內的圖書館，在教室裡放有 AVer 平板筆記型電腦充電車（圖2-2-1）讓平板和筆記型電腦用完後可以放入充電並上鎖，而課堂中提供四台筆記型電腦與數台平板（圖2-2-2）供學生上課操作使用，讓學生在校完成課堂作業。

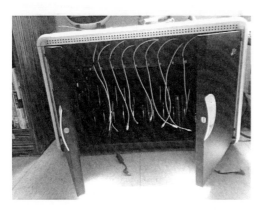

（圖 2-2-1）　　　　　　　　　　　　　　（圖 2-2-2）

授課老師使用筆記型電腦與單槍投影至牆面講述課程（圖2-2-3），相對較老式的桌上型電腦、投影布幕，白色牆壁上的投影更為明顯與便利，在牆壁上放有各班 seesaw 網路教學平台的 QR CODE 讓同學們可以方便掃瞄使用（圖2-2-4），並觀看他班的成品。

（圖 2-2-3）　　　　　　　　　　　　　　（圖 2-2-4）

　　seesaw 軟體在2013年創立於美國舊金山，創建軟體的目的是幫助不同年齡的孩童可以獨立紀錄所學內容。此軟體分為教師端與學生端，對教師而言，教師可創各班的網路教室，清楚辨別各班級狀況與各學生的作業進度，相較於校內網站的班級網頁，seesaw 的隱私程度與方便性提高許多。而學生部分，有個人資料夾，學生可將照片、影片和檔案……等完成品或半完成品上傳，在軟體中甚至還可以直接拿起畫筆畫圖，最重要的是軟體還可以當雲端使用，打破時間、地方與使用物品的界線，只要拿起平板下載 App 一登入便可以使用（圖2-2-5），也可使用筆記型電腦登入上傳資料（圖2-2-6）。更重要的是，不但可以讓學生有個人空間方便作業，不會因在學校做作業到一半，回去又要重新來過，或是存取到隨身碟中，隨身碟消失不見……等事情發生。在作品發佈後，學生間可以進行互動與留言，讓同儕間產生更多連結，也可以讓授課教師即時得到回應與了解學生狀況。對於師生間，全校統一軟體較為方便，seesaw 可以展出學生作品，讓各班級間有所互動，師生間產生了更多連結，也讓課堂更多元豐富，seesaw 的運用讓學生與教師擦出更不一樣的火花。

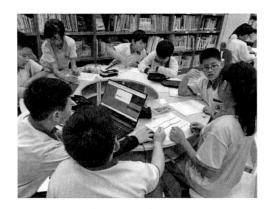

（圖 2-2-5）　　　　　　　　　　　　　　（圖 2-2-6）

（三）報告上運用

在閱讀課程中，授課教師給予學生一項期末任務，讓五年級的全體學生各班分組做一個校內植物的研究專題，每班大約分為六組，這項專題研究不但讓學生對校園與植物有更多認識，也讓學生們提前先熟悉未來在報告的運用，而最重要的是讓學生在這堂課使用過的多媒體產品有更多的實際操作。研究者跟著學生實際操作，而這組學生專題研究──櫻花，在校內有許多櫻花的種類，從吉野櫻、啟翁櫻到山櫻花，學生不僅拍攝各個櫻花的樣貌，還用平板中的 App- 立可拍拍攝影片（圖2-3-1），學生當上小記者介紹組別的校園植物所在位置（圖2-3-2），而此 App 可以透過聲音讓講述的內容變為字幕。

（圖 2-3-1）　　　　　　　　　　　　　　（圖 2-3-2）

植物研究專題發表會學生運用基隆市政府在各校設立的智慧教室來進行報告，在智慧教室中擁有互動電子白板、實物提示機、IRS 即時反饋系統與超短焦投影機。到了發表會當天，老師先進行口頭講解，再讓各組學生上台報告（圖2-3-3），在這次發表會中，學生大多只有使用到互動電子白板。專題報告中融合影片、照片和文字，甚至還有手繪圖（圖2-3-4），讓學生使用多媒體產品進行製作與報告，也讓學生有更不一樣的學習模式。

（圖 2-3-3）　　　　　　　　　　　　　　（圖 2-3-4）

　　除了閱讀課之外，在社會課的多元評量則到創客教室進行旅遊提案，創客教室相對智慧教室也有所差異。這次各組報告自己的旅行製作計劃（圖2-3-5），從查找各縣市的旅遊資訊、製作 PPT，再到上課報告（圖2-3-6），透過多媒體的方式，讓學生不再只有紙本的書面報告繳交給授課教師，而是多了可以與同學們分享的機會。

（圖 2-3-5）

（圖 2-3-6）

三　研究結果與討論

　　以上為基隆市國小的多媒體融入教學課程的相關硬體與軟體介紹，在研究結果中研究者對十三位教師、二十六位學生與其家長進行問卷調查，並將調查結果製作成圓餅圖。

（一）教師問卷

　　調查教師問卷共有十三位授課教師，包含一位男性教師與十二位女性教師。教師問卷問題包含「課堂使用的多媒體教學」（表3-1-1）、「最常給予學生使用的教學產品」（表3-1-2）、「多媒體融入教學在課堂是否有必要性」（表3-1-3）、「多媒體融入教學是否可提高學生學習樂趣」（表3-1-4）、「多媒體融入教學對授課教師是否有困難度」（表3-1-5），與心得和建議，調查結果如下：

教師使用的多媒體教學（表 3-1-1）

■無使用　■影片　■教學光碟　■網站　■投影

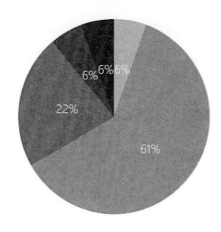

最常給予學生使用的教學產品（表 3-1-2）

■無使用　■筆電　■平板　■班級電腦

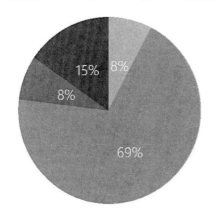

多媒體融入教學在課堂是否有必要性（表 3-1-3）

■是　■否

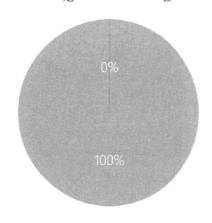

多媒體融入教學是否可提高學生學習樂趣（表 3-1-4）

■是　■否

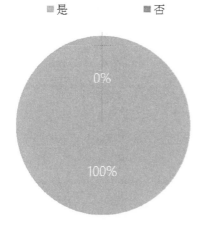

多媒體融入教學對授課教師是否有困難度（表 3-1-5）

■是　■否

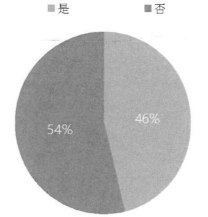

從教師的問卷調查中，我們可以發現大部分的教師還是使用網路上的影片輔助課程居多，再者是使用廠商所提供的教學光碟。在抽樣的十三位教師中，全數認為課堂中應需要融入多媒體，因較可以引起學生學習樂趣、提高方便性、可即時獲取第一手資訊並有效地呈現內容，但少部份教師雖認可多媒體的融入，但仍舊認為不宜過量使用。全數教師也認為多媒體的融入可提升學生學習的樂趣，因可提高師生間互動性、影像與聲音的刺激、可符合不同風格的孩童與課程較為活潑有趣，所以這些原因可以提高學生的學習。相對於教師方面，有五成四的教師認為多媒體融入教學對授課教師有些微的困難性，因機器或網路會出現狀況耽誤課程進度、需花更多時間備課以及新型的工具需要重新學習……等原因會提高困難度，但大多教師認為若教育部有辦理研習、校方有相關資源，那就可大幅降低困難度。

依教師問卷調查之結果，多數教師贊同多媒體融入教學，但其政府若有新資源與配備，應多辦理相關研習，以方便教師增進，才可以在課堂上實際的運用，讓學生有不同的學習！

（二）學生問卷

調查學生問卷中共有二十六位學生，包含十三位男生與十三位女生。學生問卷問題包含「最喜歡的多媒體教學產品」（表3-2-1）、「喜歡的上課方式」（表3-2-2）、「承上題，為什麼喜歡此上課方式—複選」（表3-2-3）、「多媒體融入教學是否可以增加學習樂趣」（表3-2-4）、「多媒體融入教學對未來是否有所幫助」（表3-2-5），與心得和建議，調查結果如下：

最喜歡的多媒體教學產品（表 3-2-1）

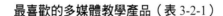

■ 筆電　■ 平板　■ 教學光碟　■ 影片

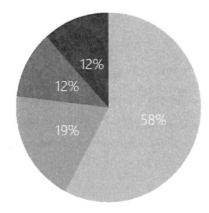

喜歡哪一種上課方式（表 3-2-2）

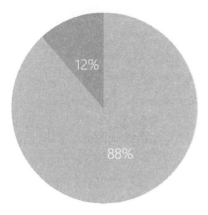

承上題，為什麼喜歡此上課方式─複選（表 3-2-3）

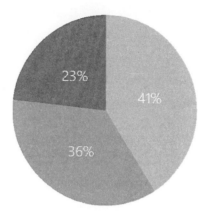

多媒體融入教學是否可以增加學習樂趣（表 3-2-4）

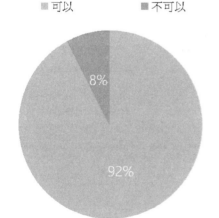

多媒體融入教學對未來是否有所幫助（表 3-2-5）

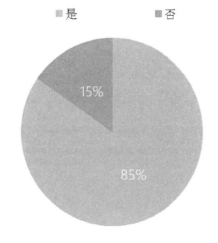

　　從五年某班學生的問卷調查中，我們可以發現大部分的學生喜歡使用筆電上課，也許是因依教師問卷中大多教師給予學生資源用筆電，所以會使得學生喜歡使用。而將近八成八的學生喜歡多媒體上課，學生認為多媒體可輔助課本上所未提及的，但也有一成二的學生喜愛使用課本上課，他們認為相較之下課本的使用較為簡單，也較為清楚。大多在多媒體融入教學中，學生認為較有趣，也較有互動性，所以九成二的學生認為可以增加學習樂趣，可認識不同的 App、運用影片增加印象、擁有新鮮感與與更多元，但仍有不到一成的學生認為無法提高學習樂趣，因常常遇到困難不會使用與會不專注於課業中等問題。八成五的學生認為多媒體融入課程中對未來有所幫助，可先學習適用於未來職場上的需求，但仍有一成五的學生認為目前尚未感受對未來有所幫助。在建議與心得

中，學生提及雖喜歡多媒體課程，但使用上應少用以免對視力有所影響，而多數學生也認為校方應提供足夠數量的筆電以方便使用。

依學生問卷調查之結果，多數學生較喜歡多媒體融入教學的課程，此課程也可增加學生的學習樂趣，而多媒體的使用也對未來有所幫助。

（三）家長問卷

調查家長問卷中為上份問卷中其二十六位學生之家長，包含九位男性家長與十六位女性家長，一位為無效問卷。家長問卷問題包含「年齡」（表3-3-1）、「職業」（表3-3-2）、「認為多媒體融入課程是否會增加孩童學習樂趣」（表3-3-3）、「是否贊成孩童回家作業使用多媒體產品」（表3-3-4）、「當孩童使用電子產品做作業時是否可以給予幫助」（表3-3-5），與心得和建議，調查結果如下：

年齡（表 3-3-1）

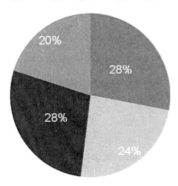

職業（表 3-3-2）

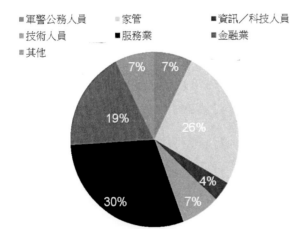

多媒體融入課程是否會增加孩童學習樂趣（表 3-3-3）

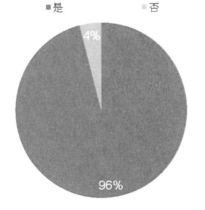

是否贊成孩童回家作業使用多媒體產品
（表 3-3-4）

■贊成　　　■不贊成

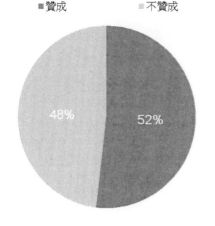

孩童使用電子產品做作業是否可以給予幫助
（表 3-3-5）

■可以完全協助　■有些可以，有些不行　■較無法給予協助

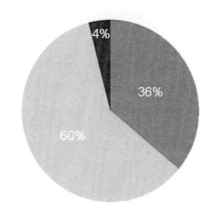

　　從五年某班學生家長的問卷調查中，我們可以發現有九成六的家長認為多媒體融入課程會增加孩童的樂趣，其原因包含讓孩童了解電腦等電子產品可作為課業輔助，並非只有遊戲、可增進孩童的圖像記憶與使得課程多元化等原因，但其中也有少部分家長不認同，認為學習也有很多方式，不是只有多媒體，不應使得學生常態使用。回家作業中贊同與不贊同使用電子產品的家長大約各占半數，贊同的認為適當接觸並無壞處、教學也應因應時代需求與可以學習如何查找資料等，但反對的則認為孩童會分心、不會查字典、錯字率提高、影響視力以及過度依賴網路缺乏獨立思考的能力，還有最重要的是家中沒有相關電子產品可提供孩童使用。而家長給予孩童協助部分，只有三成六可完全協助，大約六成家長可進行大部分協助，甚至有少部分家長無法給予協助，故家長是否可以給予協助也是值得探究的問題。起初，將家長問卷加入年齡與職業是因研究者認為此兩項問題可能會影響家長協助孩童使用的狀況，但在家長的問卷調查中發現並非絕對。

四　結語

　　資訊科技化的教育學習，教學者將多媒體教材融入教學是非常重要的，教學者在設計製作教學方案時，透過精心規劃的教室佈置，選擇適當的教學媒體，達成預期的教學目標，使學生能多更廣泛、多元、更充分的學習（張瓊文，2011）。

　　基隆市長期推廣多媒體融入教學，在2014年的《教與愛》基隆教育性刊物中就將當年的年刊主題設定為「數位學習與未來教室」，時任基隆市政府教育處處長李春國提出行動學習的優點，有即時性、情境性、自主性與互動性，更可縮短教學現場的數位落差（李春國，2014），由此年刊就可看到政府的籌備與措施。在近幾年，也有許多軟硬體的提供，更在2018年承諾完成各校有創課教室，現今有了這樣先進的軟硬體設備，卻僅

局限於相關教師頗為可惜，相信不久將來，必能普及各個授課教師的教學使用。

　　總體而言，多媒體融入教學課程，在教師、學生與家長面向大多都是贊同。從教學光碟、筆電和 seesaw 的運用上，發現這些都可提高學生的互動性、踴躍度，更可以提高學生的學習樂趣與對於未來的應用及發展，在學習中頗受歡迎，但仍需注意的是不可太大量的使用，這可能會造成學童視力上的隱憂，而硬體設備的不足，也是一大問題。若克服以上，研究者認為多媒體融入教學是一件因應未來且美好的事。

引用書目

（一）書籍／刊物

王全世　〈資訊科技融入教學之意義與內涵〉　《資訊與教育雜誌》　第80期　2000年

陳漢昇　《多媒體導論與應用：新媒體藝術與互動科技》　臺北市　旗標出版股份有限公司　2016年

基隆市政府　《教與愛》　第94期（2014年12月）

張霄亭、朱則剛　《教學媒體》　臺北市　五南圖書出版公司　1998年

張瓊文　《多媒體教材融入教學對國中生歷史學習成就》　稻江科技暨管理學院動畫遊戲設計學系碩士論文　2011年6月

（二）電子資料庫暨網站

〈美國教育軟件 Seesaw App〉。《哦！艾瑞克是一隻產品狗》。讀取日期：2019年5月29日
　　　〈http://oeric.com/post/chan-pin-tu-cao/mei-guo-jiao-yu-ruan-jian-seesaw-app〉。

〈多元型態的 TEAM Model 智慧教室〉。《網奕資訊》。讀取日期：2019年5月29日
　　　〈https:// www.habook.com.tw/eTeaching/about.aspx?HtmlName=TMSC〉。

數位人文教育融入多媒體教材設計：

以全球華文網華語文教學資源專區為例

許巽絜*

摘要

　　學習華語為世界趨勢的潮流，教育部於103年公布「邁向華語文教育產業輸出大國八年計畫」。也與僑委會合作共同推出「發展雲端教育內容」計畫，建置「全球華文網」（www.huayuworld.org）之各項數位雲端服務。其中全球華文網華語文教學資源專區，共有五大項目，以「電子書城」為主要的多媒體教材區，將探究教學資源與網路媒介結合情形，又因筆者曾於泰國清萊山區任職華語教師兩年，欲結合親身經驗進行討論與分析。研究結果以華語文學習者、教學者、教材編著者的視角切入，給予實務上的建議。

關鍵詞：全球華文網、華語文教學資源、電子書城、海外教學、多媒體教材

---

*　國立臺北教育大學語文與創作學系碩士研究生。

一　前言

在地球村的生活型態下，近年學習華語已成一股潮流。無論是母語非華語的外國人來臺學習，或是臺灣大專院校對華文教學資源投入與人才的培育，皆呈現穩定的發展。為具體落實華語文教學產業，教育部於103年公布「邁向華語文教育產業輸出大國八年計畫」。也與僑委會合作共同推出「發展雲端教育內容」計畫，建置「全球華文網」（www.huayuworld.org）之各項數位雲端服務，結合「資源共享平臺」、「教師部落格」、「雲端學校」及「華文精品」等四大功能，使華語學習可不受環境、時空的限制，隨時隨地的學習，發揮華語學習最大效果（教育部，2015）。

後來105年時，因應國際趨勢、新南向政策與執行成效後，調整部分計畫內容。修正計畫後之推動重點有（教育部，2016）：

1. 加速華語文數位課程及教材研發，並和華語文實體教學進行虛實整合。
2. 盤點開拓海外市場策略團隊執行成果，瞭解與海外合作之可行性。
3. 結合政府及民間資源，推動學華語到臺灣國際行銷。
4. 建立與華語系所、華語中心之夥伴關係。
5. 建立華語教師服務平臺，強化與國外漢學家及華語教師之聯繫。
6. 加速語料庫之研發成果，並將研發成果結合華語教材及華語文能力測驗的研發與推廣。

為加強資源連結與拓展臺灣華語文學習的能見度，該計畫修正後第一點特別強調「數位課程與實體教學結合」。故本文將以上述所提的「全球華文網」作為研究對象，探究教學資源與網路媒介結合情形，又因筆者曾於泰國清萊山區任職華語教師兩年，欲結合親身經驗進行討論與分析。

二　全球華文網之華語文教學資源專區簡介

「全球華文網」為中華民國僑務委員會設置，內容提供華語文教學者與學習者各項資訊、資源與聯繫平臺。其中「華語文教學資源專區」涵蓋各項華語文教學資源，除了有多元的教材「電子書城」；針對美國僑民的「學華語向前走專區」；遊戲專區「遊戲學華語」，透過聲光效果輕鬆學習；也有學習臺語的「臺語文學習網」是國內臺語文學習資源、課程及線上工具。

以下列表為筆者整理網站資源：

類別	內容簡介
電子書城	1.「國別化教材」：有十二種不同國家的語言版本，依照程度區分學習級別，編排內容符合當地風俗民情，強調實用性。有課本、學生練習簿與教師手冊。 2.「拼音教材」：包含注音符號與漢語拼音的學習教材。 3.「文化輔助類」：包含成語故事、謎語、兒歌、民間故事等，透過生活化的教材，簡單易懂的文字，使各種華語文程度者都能輕易理解中華文化的豐富。 4.「母語教材」：依照北美僑胞的需求，量身製作的讀物，從幼兒至高中時期，皆合乎身心發展階段的教學內容。 5.「第二語言教材」：以第二語言教學概念為基礎，參照歐美中文學校的教學方式，加調生活化、實用化、趣味化，讓孩子能快樂學習。
學華語向前走專區	1.本多媒體教材同時放置「電子書城之第二語言教材」。 2.僑務委員會於104年啟動《學華語向前走》新編教材適合小學至初中年齡層之教材。採歐美中文學校之教學方式及時程，並依據美國加州世界語規準各階段主題，及美國外語教學協會（ACTFL）所訂之語言學習標準來建構學習骨架，每冊計12個單元。有課本、作業本、朗讀音檔、生字練習簿，程度從入門（發音）、基礎、第一冊至第十冊。
遊戲學華語	1.「功夫小子闖通關」：玩家在遊戲中化身為「功夫小子」，回答正確的答案才能穿過重重難關！關卡包括：詞彙寶庫（單字、詞彙、句型），會話學堂（聽力、閱讀），成語書苑（成語故事、成語意義、成語應用）。 2.「神遊寶島瘋華語」：玩家化身為可愛的三太子，來到臺灣尋找散落各地的法寶！適合華語程度A1至C2的學生遊玩，題目範圍涵蓋多部僑委會自編教材。 3.「PaGamO專區」：結合遊戲與學習之線上共學平臺，該平臺採多人線上遊戲模式，透過回答《學華語向前走》作業的題目，達到享受線上遊戲尋寶探險以及複習內容的快樂學習，教師也能透過學習系統輕鬆指派作業、促進班級參與並隨時掌握學生學習狀況。
臺語文學習網	1.「拼音教學」：國立教育廣播電臺Channel+本土語言學習專區、臺灣閩南語羅馬字拼音教學網、臺灣閩南語羅馬拼音及其發音學習網、123臺語學習網——拼音對照表。 2.「主題式課程」：《僑教雙週刊》之臺語動畫圖典、臺語諺語、臺語謎猜、臺灣唸謠、臺灣童謠、兒歌臺灣鄉土會話、臺灣諺語、每月一字、臺語生活常用詞彙、學臺語遊臺灣學講臺語。 3.「線上教材」：線上文石書院─鄉土語言閩南語教材、金門縣國小閩南語教材、新北市國小閩南語教學補充教材、連江縣本土教育資源網、新北市政府教育局新北市本土語言自編教材。

類別	內容簡介
	4.「相關資源」：教育部閩南語常用辭典、臺灣閩南語推薦用字700字詞、教育部語文成果網、國立成功大學臺灣語文測驗中心。

三　全球華文網華語文教學資源專區之電子書城分析

（一）電子書城之多媒體教材

　　華語文教學資源專區共有四大類別的資源，以「電子書城」與「學華語向前走專區」為完整多媒體教材收錄，「遊戲學華語」則是配合教材內容設計電玩遊戲，「臺語文學習網」則是臺語學習的網站資源連結。為探究華文教學資源，將以「電子書城」的教材為主，「學華語向前走專區」已包含在「電子書城之第二語言教材」，故不另外論述。

　　以下為筆者整理「電子書城」中的多媒體教材資源：

項目	教材簡介
國別化教材	1.【入門級A1】五百字說華語：中印尼文版、中德文版、中日文版、中法文版、中泰文版、中英文版、中英文版（簡化字對照版）、中荷文版、中西文版、中葡文版、中越文版、中韓文版。 2.【基礎級A2】一千字說華語：正簡化字對照版、中印尼文版、中印尼文版（簡化字對照版）、中德文版、中德文版（簡化字對照版）、中法文版、中法文版（簡化字對照版）、中泰文版、中泰文版（簡化字對照版）、中西文版、中西文版（簡化字對照版）。 3.【基礎級A2－精通級C2】華文（緬甸版）課本、教師手冊、習作01-12。 4.【基礎級A2－精通級C2】華文（泰國版）課本、教師手冊、習作01-12。 5.【入門級A1－精通級C2】菲律賓版新編華語課本、簡化字對照版、作業練習簿、教師手冊01-12。 6.【入門級A1－精通級C2】泰國版新編華語課本、簡化字對照版、作業練習簿、教師手冊01-12 7.【入門級A1－精通級C2】印尼版新編華語課本、簡化字對照版、作業練習簿、教師手冊01-12
拼音教材	1.【入門級A1、精通級C2】新編華語注音符號課本、習作簿、教學指引。 2.【入門級A1】學華語開步走課本與習作（注音符號）、（漢語拼音）、教師手冊。
文化輔助類	1.【入門級A1】字的故事。 2.【進階級B1】成語故事、謎語、諺言、歇後語。

項目	教材簡介
	3.【進階級B1】【高階級B2】兒歌。
	4.【高階級B2】寓言故事、民間故事、看見自己看清世界。
	5.【流利級C1】臺灣講古。
母語教材	1.【入門級A1】幼童華語讀本英文版、西文版1-4。
	2.【入門級A1－高階級B2】兒童華語課本課本、作業簿1-12。
	3.【精通級C2】教師手冊上下。
	4.【流利級C1】初中華文1-6
	5.【精通級C2】初中華文教學指引|1-6。
	6.【精通級C2】高中華文1-6高中華文教學指引|1-6。
第二語言教材	1.【入門級A1 -高階級B2】學華語向前走課本、作業1-10。
	2.【入門級A1】小豆豆學華語兩冊。
	3.【基礎級A2】快樂學華語兩冊。
	4.【進階級B1】中級華語、我會說華語1、2。
	5.【精通級C2】中文讀本1-6、教學指引|1-6。

（二）電子書城之多媒體教材語言能力指標

為有效評估外語學習者的學習程度，通常會以「華語文能力測驗」作為檢測標準。國家華語測驗推動工作委員會依據「CEFR Level 語言能力參考指標」，共分為六級。分別是著重在日常生活的一般簡易溝通能力：入門級（A1）、基礎級（A2）。著重在語言段落的理解分析能力：進階級（B1）、高階級（B2）。著重在語言使用的廣度與精熟度：流利級（C1）、精通級（C2）（國家華語測驗推動工作委員，2016）。

依據全球華文網所提供的資料，筆者整理「電子書城」各類別教材等級的情形如下：

1 國別化教材

國別化教材	A1	A2	B1	B2	C1	C2
五百字說華語	●					
一千字說華語		●				
華文（緬甸版）課本		●	●	●	●	●
華文（泰國版）課本		●	●	●		●
菲律賓版新編華語課本、簡化字對照版、作業練習簿、教師手冊	●	●	●	●	●	●

國別化教材	A1	A2	B1	B2	C1	C2
泰國版新編華語課本、簡化字對照版、作業練習簿、教師手冊		●	●	●	●	●
印尼版新編華語課本、簡化字對照版、作業練習簿、教師手冊		●	●	●	●	●

2 拼音教材

拼音教材	A1	A2	B1	B2	C1	C2
新編華語注音符號課本、習作簿、教學指引	●					●
學華語開步走課本與習作（注音符號）、（漢語拼音）、教師手冊	●					

3 文化輔助類

文化輔助類	A1	A2	B1	B2	C1	C2
字的故事	●					
成語故事			●			
謎語			●			
諺語			●			
歇後語			●			
兒歌			●	●		
寓言故事				●		
民間故事				●		
看見自己，看清世界				●		
臺灣講古					●	

4 母語教材

母語教材	A1	A2	B1	B2	C1	C2
幼童華語讀本英文版、西文版	●					
兒童華語課本課本、作業簿、教師手冊	●	●	●	●		●
初中華文					●	
初中華文教學指引						●
高中華文						●
高中華文教學指引						●

5 第二語言教材

第二語言教材	A1	A2	B1	B2	C1	C2
學華語向前走課本、作業	●	●	●	●		
小豆豆學華語	●					
快樂學華語		●				
中級華語				●		
我會說華語				●		
中文讀本與教學指引						●

四 全球華文網華文教學資源專區之電子書城探究

（一）教材級別從入門級至精通級

入門級（A1）和基礎級（A2）分別有9項。進階級（B1）有12項、高階級（B2）有13項。流利級（C1）有7項、精通級（C2）有11項。以高階級的教材數量最多，最少則是流利級。整體而言，各級別比例分配相近。

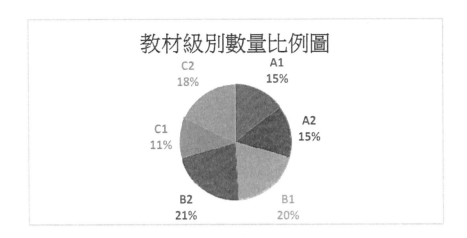

（二）以「進階級」與「高階級」最多

　　如以程度分為「三大類」，分別是「A、B、C」。「A」為入門級與基礎級；「B」為進階級與高階級；「C」為流利級與精通級。「A」與「C」都是18項，「B」為25項，多於其他兩大類。

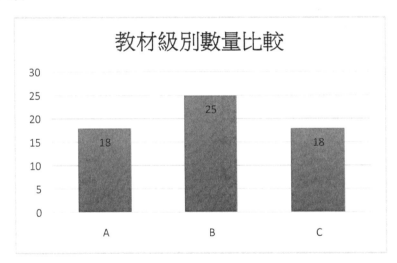

（三）教材目標使用者與級別對應

　　電子書城中多數教材針對學齡期學生安排，以學習階段區分幼童與兒童，也安排至高中程度的教材；所有教師手冊的級別為流利級與精通級。相關系列為「國別化教材」、「母語教材」、「第二語言教材之學華語向前走」循序漸進安排課程程度；而「拼音教材」則為入門級。

「文化輔助類」皆在進階級與高階級，「第二語言教材之中級華語、我會說華語」為高階級，「第二語言教材之中文讀本」用以適應美國地區高中先修華文課程之需要，每冊都是精通級。

由此可見，幼童使用的教材程度為入門級（A1）；兒童使用的教材程度為入門級（A1）至高階級（B2）；國中生使用的教材程度為高階級（B2）至流利級（C1）；高中生使用的教材程度為精通級（C2）。

（四）多元外語的教材

「文化輔助類」、「母語教材」、「第二外語教材」雙語語言多為中英文版，教材程度多在高階級（B2）至流利級（C1）。而「國別化教材」多數教材包含許多語言版本，有中印尼文版、中德文版、中日文版、中法文版、中泰文版、中英文版（簡化字對照版）、中荷文版、中西文版、中葡文版、中越文版、中韓文版；也另有泰國、緬甸、菲律賓特別版本。多語教材的版本，在課程程度的安排更是為學生量身打造，從基礎級（A2）至高階級（B2）皆有。

五　建議與結語

筆者曾任海外華文教師，雖未受正統學術訓練，但課程的教學是按照僑委會配給的課本授課，不時也參加臺灣教師至泰北的教學研習，指導學生參加校際華語文競賽，累積華語文教學經驗。故建議與結語部分，將結合本文前述論點與實際經驗討論。

（一）增加華語文教材的實用性

多媒體教材按照各種級別編著，針對學生程度因材施教。但「國別化教材」內容偏向成人學習、以對話為主；以「中泰文版」舉例，中文句型無文法解說或以泰文字詞解釋。「泰國版新編華語」內容較適合兒少練習，但只有注音華文、作業練習簿皆華文。「文化輔助類」著重在文化歷史的脈絡，如果對中華文化不熟悉者，會較為生疏難以理解。

（二）海外教師華語文程度待評估

不難發現，所有教師手冊的程度都在精通級（C2）；但海外教師的資格，特別指任用當地教師的條件，對於華語文程度不見得有專業要求，如果教學所在地為偏遠地區，

聘請與培訓教師不易，其實很難要求教師素質。

　　而教材多以注音為主，如果沒有學過注音者，可能無法上手，或是發音不標準。又教材內容不外乎談到臺灣的風俗民情，非華人文化背景的海外教師，可能難以清楚理解，反而成為填鴨式教育，喪失編著教材者美意，讓海外學生減少認識臺灣的機會。

（三）相近教材整合之必要

　　全球華文網華文教學資源專區之電子書城，有23項雙語教材放置平臺（不含教材中再細分的語言），雖然以項目類型區分，其實有些教材的編排相近，例如「華文（泰國版）課本」與「泰國版新編華語」。建議網站頁面清楚標註出版時間，或以出版時間分類，讓使用者衡量自己的需求，畢竟新版本通常是根據之前版本的修正，也能避免一些不合時宜的用法與論述。

　　上述以華語文學習者、教學者、教材編著者的視角切入，希望從微觀的角度去調整與建議。雖然難以回應政策面的推動與執行，但如果更多的使用者認識與使用華語文多媒體教材，也有助於華語文學習的推廣，循序漸近達到鉅觀的目標，使臺灣華語文教學專業提升至世界地球村的重要地位。

參考文獻

中華民國僑務委員會（2007）。全球華文網。取自 https://www.huayuworld.org。

教育部全球資訊網（2015）。雲端「全球華文網」，華語學習零距離！。2015年5月12日，取自 https://depart.moe.edu.tw/ed2500/News_Content.aspx?n=79D4CEEC271FCB57&sms=70BE182A03B427A5&s=86379EA3C6E37B17。

教育部（2016）。邁向華語文教育產業輸出大國八年計畫（102-109）-105年修正版。2018年5月7日，取自：https://ws.moe.edu.tw/001/Upload/7/relfile/6648/57459/01438e4a-a6d9-454c-b42d-43a3b8f86ade.pdf。

國家華語測驗推動工作委員會（2016）。2016華語文能力測驗命題趨勢研習講義。2016年8月28日，取自：https://www.sc-top.org.tw/download/20160828%E8%8F%AF%E8%AA%9E%E6%B8%AC%E9%A9%97%E8%88%87%E8%A9%95%E9%87%8F_%E8%AC%9B%E7%BE%A9.pdf。

桃園市多媒體資訊科技融入閱讀教學研究
——以97至107年度「閱讀新桃園」及其閱讀教學
設計得獎教案為例

陳泚琪[*]

摘要

在這個訊息多元且零碎的時代，閱讀已然從基礎能力躍升為生活素養，即面對資訊時代所應具備的機動、分析、整合及互動的能力。我國教育部自2001年起推動「全國兒童閱讀計畫」，以提升全國孩童的閱讀素養，各縣市政府亦陸續建置各式網路學習平台，整合教學訊息，分享教學資源，以落實閱讀學習的推動。桃園市國民中小學閱讀推動委員會於2008年建置閱讀學習分享平台——「閱讀新桃園」，於該平台分享各大閱讀資源網站，豐富閱讀學習資源，並分享各項閱讀競賽、閱讀教學設計評選及童詩作文徵稿等活動資訊。透過網路的交互性與即時性，推動校園閱讀學習，分享優良閱讀教學教案，提升教師閱讀教學知能，擴大閱讀推動成效。

本研究將針對「閱讀新桃園」閱讀教學資源網中，閱讀教學設計評選得獎教案進行探討，並依據十二年國教國語文以素養導向所設計的學習重點，及該教案適用對象與資源軟硬體進行分析。為此，本研究分為六節，前言簡述21世紀閱讀素養之關鍵性及各縣市網路學習平台的建置背景，第二節介紹桃園市「閱讀新桃園」閱讀教學資源網內容及本研究之研究對象及其限制，第三節說明十二年國教國語文學習內容及學習表現能力指標，並依該指標逐一分析各年度得獎教案，第四節整合分析結果，自教案基本資料、單元設計及多媒體資訊科技融入教學三方面說明教案之設計成果與資源運用表現，第五節則依該表現予以建議，提供網站與教學者不同的參考面向，最後以小結統整桃園市運用「閱讀新桃園」網路學習平台推動閱讀教學資源的應用，以及多媒體資訊融入閱讀教學的實際狀況。

關鍵詞：閱讀新桃園、閱讀教學設計、多媒體、資訊融入教學

---

* 國立臺北教育大學語文與創作學系碩士研究生。

一 前言

　　21世紀係為知識產生、傳遞快速且豐富的時代，網路上的資訊隨手可得。而在這片訊息的汪洋中，搜索引擎能協助我們快速取得資訊或知識，但如何準確搜索並擷取需要的訊息，如何辨識訊息的可信度，進行訊息的整合，又如何對訊息進行思辨與批判，為21世紀人才所需要的關鍵能力。而「閱讀」是此關鍵能力的基礎，與過去所重視的辨識文字能力不同，「閱讀」已然從基本能力躍升為生活素養[1]，即在一個訊息多元且零碎的時代，找到可信可用的訊息，建立嚴謹的脈絡，對閱讀內容進行反思，並連結他領域，於生活中化為發現問題與解決問題的能力。然理解、整合與思辨的能力並非在大量多元的閱讀下就能養成，必須要教學者參與學生的閱讀，在問題的討論中，引導學生系統性的思考，形成有層次的理解，以面對未來充滿機動性、分析性與互動性的生活環境。[2]

　　我國教育部自2001年起推動「全國兒童閱讀計畫」，以提升全國孩童的閱讀素養，不僅充實學校圖書設備，協助引進閱讀資源，更持續整合各校圖書館與公私立圖書館圖書資源，[3]以營造良好的閱讀環境。而科技的發展帶來學習環境的革新，使學習模式有別於傳統以教師及教室為學習的中心與場所，資訊技術和網路的互通性建立以學習者為學習中心的教育模式。因此，各縣市政府陸續建置網路學習平台，利用網路平台的個別性、交互性、靈活性與多樣性，以及不受時地限制的特點，整合教學訊息，分享教學資源，滿足個人化學習需求，如臺北市多媒體教學資源中心、苗栗縣教學資源網等，以因應數位學習時代的來臨。而桃園市國民中小學閱讀推動委員會在2008年建置閱讀學習分享平台——「閱讀新桃園」（http://read.tyc.edu.tw），結合政府、社會及企業資源，於該平台分享各大閱讀資源網站，豐富閱讀學習資源，並依政府計劃實施各項閱讀競賽、閱讀教學設計評選及童詩作文徵稿等活動，期能落實閱讀學習的推動，型塑校園閱讀風氣，並提升教師閱讀教學知能，分享優良閱讀教學教案，擴大推動閱讀的成效。

---

1 「素養」一詞在《辭海》中解作「平日的修養」；在《漢書》與《後漢書》中則隱含道德與價值的觀念，專指好的修養。教育學者將英文 literacy 一詞也譯作素養，然英文辭典中對於 literacy 的解釋與中文「素養」一詞相距甚遠。因此，輔英技術學院張一蕃教授於中研院資訊科學研究所〈資訊科技對人文、社會的衝擊與影響〉期末研究報告中提及 literacy 更適合譯為「識能」，即個人為適應社會生活，必須與外界作有效的溝通與互動，為此所具備的基本能力即為識能。若進一步加上價值的衡量，便由單純的識能，提升至素養。因此，「素養」一詞在資訊時代的定義應為：個人與外界作合理而有效的溝通或互動所具備的條件。參見中研院資科所文獻處理研究室，http://cdp.sinica.edu.tw/project/01/4_1.htm，查詢日期：2019年7月8日。

2 黃國珍，〈為什麼閱讀成為素養？〉，《國文快遞》，第85期（2017年11月），頁2-5。

3 如2017年7月起，民眾只要持有任一所縣市公共圖書館的借閱證登入「公共圖書館圖書資源共享服務平台」，即可查詢與預約圖書，並得選擇於所在地縣市公共圖書館借閱或歸還圖書。見教育部電子報776期，https://epaper.edu.tw/activity.aspx?period_num=&activity_sn=15727&page=0，查詢日期：2019年7月8日。

　　本研究將針對「閱讀新桃園」閱讀教學資源網中，閱讀教學設計評選得獎教案進行探討，並依據十二年國教國語文以素養導向所設計的學習重點，分析該教案的基本資料、單元設計及多媒體資訊科技融入教學之特色，檢視桃園市運用「閱讀新桃園」網路學習平台推動閱讀教學資源應用的實際狀況，並予以建議。

二　「閱讀新桃園」

（一）網站介紹

　　「閱讀新桃園」網站內容包含首頁、最新文章、閱讀資源網站、童詩作文創作網路徵稿、親子繪本得獎作品、教育電子報及讀行雲端在桃園等。該網站提供各種閱讀競賽與閱讀教學資訊，藉由主題閱讀、報告撰寫、教學設計等競賽活動，加深學生的思考與表述能力，同時提升教師閱讀教學知能，分享優秀的閱讀教學教案。網站中更逐一分享國內42個閱讀資源網站，[4]如小河兒童文學網站、小書蟲童書坊、信誼基金會等，提供網站連結，並介紹該網站閱讀教材類型及適用對象，節省使用者搜尋合適閱讀教材的時間。

（二）研究對象

　　「閱讀新桃園」的建置不僅是為分享閱讀資源，更是為配合教育部的「全國兒童閱讀計畫」。自建置的隔（2009）年起，桃園市政府於該網站實施國民中小學「閱讀桃花源」四年計畫，並透過「閱讀新桃園」發布各式閱讀推動計畫，如定期舉辦的閱讀心得競賽、閱讀專題報告競賽與閱讀教學設計徵選等三項活動，另不定期舉辦閱讀教師師資培訓研究營、家長志工讀書會領導人培訓等課程，使得推動閱讀教育成為桃園市中小學的共識。而為檢視桃園市運用「閱讀新桃園」網路學習平台推動閱讀教學資源的應用，以及多媒體資訊融入閱讀教學的實際狀況，本研究以閱讀教學設計評選得獎教案為分析對象，並依該網站內，提供完整教學設計的教案為主。如列於得獎名單內，其教案內容未公布於網站之中，考量其並未落實閱讀教學教案資源分享，將不列入討論。網站中完整分享的教案數量僅佔該年得獎總數的二至四成（如表2.1所示），如能釋出更多優秀的教案，供教師間相互參閱與執行，定能使更多教師在前人的教案中，發展出屬於自己及其班級學生的閱讀教學與學習模式。

4　「閱讀新桃園」分享之閱讀資源網站數量統計時間：2019年7月8日。

表 2.1 「閱讀新桃園」得獎教案及網路分享比例（單位：件）

年度	特優	優等	甲等	佳作	得獎總數	分享數量	分享比例
97	6	7	0	9	22	0	0.0%
98	3	5	7	10	25	5	20.0%
99	3	5	7	8	23	8	34.7%
100	3	4	7	6	20	10*	50.0%
101	3	6	9	4	22	8	36.3%
102	3	5	7	4	19	8	42.1%
105	3	6	9	18	36	9	25.0%
107	3	6	9	5	23	3	13.0%
總計	27	44	55	64	190	51	26.8%

* 100年度所分享的教案中有一份檔案已毀損，無法查看教案內容，因其未能達到共享之目的，故仍不計入該年度的分享數量。

三 「閱讀新桃園」閱讀教學設計得獎教案分析

教育部繼「全國兒童閱讀計畫」之後，於2014年修正國民基本教育課程綱要，改以自主行動、溝通互動及社會參與三面向[5]做為語文科目內的具體展現，以建構素養導向的教學模式。此改變顯示出語文作為社會溝通與互動媒介的重要性，同時語文作為文化的載體，透過各類文本的閱讀，培養文學、文化素質與理性思辨知能，並開展生活視野。因此，本文將以十二年國教國語文領域的「學習重點」作為檢視「閱讀新桃園」閱讀教學設計評選得獎教案內容與表現的分析標準，且透過當前國語文教學趨勢分析桃園市歷年閱讀教學設計評選得獎教案，得一併檢視其之於現今閱讀教學之適切性。

（一）十二年國教國語文學習重點

教育部《十二年國民基本教育課程綱要國民中小學暨普通型高級中等學校語文領域——國語文》（以下簡稱「新課綱」）業於107年1月25日公告，並自一〇八學年度，依

---

5 自主行動包含身心素質與自我精進、系統思考與解決問題、規劃執行與創新應變；溝通互動包含符號運用與溝通表達、科技資訊與媒體素養、藝術涵養與美感素養；社會參與則包含道德實踐與公民意識、人際關係與團隊合作、多元文化與國際理解。見《十二年國民基本教育課程綱要國民中小學暨普通型高級中等學校語文領域——國語文》，頁3-5。

照各教育階段（國中小、高中）一年級逐年實施。新課綱強調學習必須連結真實的情境，著重整合知識、技能、態度，融入情境之中，朝向理解及運用的方向學習，以培養學生具有因應瞬息萬變時代的能力。[6]而為落實素養導向教學，並引導跨領域／科目的課程設計，新課綱明定國語文學習內容以文字篇章（A）、文本表述（B）及文化內涵（C）為主軸，並以聆聽（1）、口語表達（2）、標音符號與運用（3）、識字與寫字（4）、閱讀（5）、寫作（6）等六項檢視其學習表現。學習內容指引國語文教學方向，由文本特徵，進一步分析文本，欣賞篇章之美，陶冶性情，呈現出國語文的表現形式及實質內涵，並以六項學習表現全方位培養學生的語文能力。除了聽、說、讀、寫四項基本能力，更要求學生發展探究、批判與思辨能力。值得注意的是，學習內容中的「文化內涵」又分為物質文化、社群文化及精神文化三項主題範疇，涵括各類文本的中食、衣、住、行、科技、倫理、規範、制度、藝術、信仰及思想等文化層次，將學科能力，結合生活文化，化為面對生活挑戰所具備的知識、能力與態度。

（二）得獎教案分析一覽表

編號	教案名稱	適用對象（年級）	學習內容			學習表現						使用教材及教學目標
			A	B	C	1	2	3	4	5	6	
98年度												
1	超越時空的奇幻之旅——閱讀「西遊記」	小二	◎	◎	◎	◎	◎			◎	◎	透過《西遊記》故事讀本，結合綜合、健體領域，規劃統整性活動，使故事融入生活，與學生經驗相結合。
2	放大視窗，好閱力	小一至小三	◎	◎		◎	◎			◎	◎	配合前一學年度康軒及南一兩版國語課文，選取記敘文與說明文兩大文類，教授閱讀策略，並通過繪本《癩蝦蟆與變色龍》，引發閱讀興趣。

---

6 《十二年國民基本教育課程綱要總綱》，對於「核心素養」的定義為：「『核心素養』是指一個人為適應現在生活及面對未來挑戰，所應具備的知識、能力與態度。『核心素養』強調學習不宜以學科知識及技能為限，而應關注學習與生活的結合，透過實踐力行而彰顯學習者的全人發展。」見《十二年國民基本教育課程綱要——總綱》，頁3。

編號	教案名稱	適用對象（年級）	學習內容			學習表現						使用教材及教學目標
			A	B	C	1	2	3	4	5	6	
3	譜出生命樂章，擁抱地球「心」希望	小五	◎	◎	◎	◎	◎		◎	◎	◎	透過繪本《跟我一起看地球》及相關報導，培養學生的環境意識，並學習修辭技巧，進行童詩創作。
4	繪本會不會	小六	◎	◎		◎	◎			◎	◎	瞭解繪本的製作過程，並集體創作繪本，以培養選取素材、接納意見到合作創作的能力。
5	活動式閱讀——朗讀、提問、討論三合一	國一	◎	◎	◎	◎	◎			◎		分析〈范進中舉〉與〈王冕的少年時代〉的人物形象與塑造手法，反思何謂有品格的人格特質。
99年度												
6	愛上小小王子——誰的功勞	小一至小三	◎	◎		◎	◎			◎	◎	藉由《小小王子》與生活經驗的連結，比較文本與經驗間的差異。
7	我們都是好朋友	小一至小三	◎	◎	◎	◎	◎			◎		透過閱讀繪本《尼可萊的三個問題》與《阿比忘了什麼》，理解朋友的真諦，並培養解決人際爭執的能力。
8	越「閱」越快樂	小三	◎	◎		◎	◎		◎	◎	◎	透過閱讀繪本《世界為誰存在》、《快樂王子》及國語日報，培養學生預測、推論及摘要的能力。
9	愛上閱讀使我的生命更美	小四	◎	◎	◎	◎	◎			◎	◎	藉由繪本《椅子樹》、《一片葉子落下來》；書籍《是誰留下的痕跡》及《小螞蟻回家》，培養學生字詞聯

編號	教案名稱	適用對象（年級）	學習內容			學習表現						使用教材及教學目標
			A	B	C	1	2	3	4	5	6	
												想、造句，到完成篇章的能力。
10	生命之歌──以生命感動生命的動人樂章	小四至小六	◎	◎		◎	◎			◎	◎	選讀繪本《我的妹妹聽不見》、《我的姐姐不一樣》、《她是我姊姊》、《好好愛阿迪》；書籍《爸爸我們去哪裡》、《乙武的禮物》；文章〈如果給我三天光明〉及〈心囚〉，實踐生命教育，並創作繪本小書。
11	誠實三部曲	小四至小六	◎	◎		◎	◎			◎		透過閱讀繪本《臘腸狗》、《用愛心說實話》及《善意的謊言》，了解誠信的重要性。
12	讀、寫、問的美麗邂逅	國一至國三	◎	◎		◎	◎		◎	◎		透過〈欣賞就是快樂〉文章架構，建構學生論說文寫作的思考脈絡。
13	「愛呆西非連加恩」幸福套裝行程	國一至國三	◎	◎		◎	◎			◎	◎	閱讀《愛呆西非連加恩》及其相關報導，並進行一日義工活動，將閱讀及訪查經驗寫成心得報告，投稿校刊。
	100年度											
14	傘傘惹人愛	小一至小三	◎	◎	◎	◎	◎		◎	◎	◎	透過閱讀繪本《雨傘》，連結生活經驗，並進行童詩創作、插圖設計與作文教學。
15	星·嬉遊記	小二至小三	◎	◎		◎	◎		◎	◎	◎	規劃一學年的閱讀課程，透過《西遊記》故事讀本，培養閱讀能力，並在故事人物的成

編號	教案名稱	適用對象（年級）	學習內容			學習表現						使用教材及教學目標
			A	B	C	1	2	3	4	5	6	
												長中，感受自身的成長軌跡。
16	《甲蟲幻想家》閱讀五部曲	小三	◎	◎		◎	◎			◎	◎	深入閱讀及分析繪本《甲蟲幻想家》，並連結生活經驗，進行小書創作。
17	「找不到國小」尋寶「趣」	小三至小四	◎	◎		◎	◎			◎		藉由繪本《找不到國小》，認識不同的學校樣貌，並激起學生的想像力。
18	誰是第一名	小三至小四	◎	◎	◎	◎	◎		◎	◎		藉由繪本《誰是第一名》，從引導內容到問題深究，培養學生的挫折忍受力，與尊重他人的差異。
19	散發喜樂的光芒，灌溉悅讀的樹苗	小四至小六	◎	◎	◎	◎				◎		透過繪本《我的媽媽真麻煩》、網路文章〈她不醜，她是我媽媽〉、〈三袋米〉、〈陳樹菊〉及紀錄片《柚子‧班長》，引導學生與文本對話，並連結生活經驗，學習珍惜與付出。
20	閱讀策略在我手——正義品格跟著走	小五	◎	◎	◎	◎	◎			◎		先以繪本《把帽子還給我》融入品格教學，並以《誰是偷蘋果的小孩》教授文章架構及旨趣，再比較二個文本描述的異同。
21	麥琪的禮物	國一至國三	◎	◎		◎	◎			◎		選讀國文課本（南一）第四冊〈麥琪的禮物〉，並嘗試將文本意象轉為圖像，並集結為班級小書。

編號	教案名稱	適用對象（年級）	學習內容			學習表現						使用教材及教學目標
			A	B	C	1	2	3	4	5	6	
22	「青鳥就在身邊」幸福大拼盤	國一至國三	◎	◎		◎	◎			◎	◎	透過國文課本（翰林）第五冊〈青鳥就在身邊〉及有關「幸福」文章，並參訪護理之家，透過身體力行的付出，明白幸福的多元定義。
23	閱讀在「人間」，悅讀越有品	國一至國三	◎	◎	◎	◎	◎			◎	◎	透過讀報及其相關文章，以剪報、播報、表演、繪本及電子書製作，結合藝術與資訊領域，展現多樣的閱讀成果。
101年度												
24	閱讀小達人	小一至小三	◎	◎		◎	◎			◎	◎	分析繪本《愛吃青菜的鱷魚》、《上面和下面》、《愛吃水果的牛》的故事架構與角色，並透過實際寫作，將文本與生活作結合。
25	青蛙變變變	小一至小三	◎	◎		◎	◎			◎		藉由繪本《青蛙變變變》，培養學生擷取資訊的能力，並運用於生活中。
26	聽說讀寫我最樂	小一至小三	◎	◎		◎	◎		◎	◎	◎	透過讀報（國語日報），引導學生認識優美文章與詞句，並學習創作童詩。
27	「圖」「文」共舞——表達更清楚	小四至小六	◎	◎		◎	◎			◎		運用閱讀策略分析繪本《小圖與小言》，培養統整與分析能力。
28	飛向夢想綻放光芒	小四至小六	◎	◎	◎	◎	◎		◎	◎	◎	透過繪本《我有友情要出租》、書籍《我是光芒》，結合時事議題，

編號	教案名稱	適用對象（年級）	學習內容			學習表現						使用教材及教學目標
			A	B	C	1	2	3	4	5	6	
												導入學習，並認知到「天生我才必有用」及「團結力量大」道理。
29	「作伙」來閱讀	小四到小五	◎	◎	◎	◎	◎			◎		藉由分析《魔法紅木鞋》的人物立場、心境轉變與情節發展，體驗到成長中可能面臨的考驗。
30	奇風歲月——淬鍊歲月，品味成長	國一至國三	◎	◎	◎	◎				◎	◎	透過分析美國中學所採用的文學教材《奇風歲月》，了解小說的人物塑造與情節安排，並體認青少年的成長歷程，培養遭逢逆境的智慧與勇氣。
31	從《田園之秋》傾聽自然、書寫生活	國一至國三	◎	◎		◎				◎	◎	透過閱讀《田園之秋》，引發對生活環境的觀察與情感連結，並從選文中習得描寫景物的技巧。
102年度												
32	脫"穎"而出	小一至小三	◎	◎		◎	◎		◎	◎		透過繪本《影子和我》，結合生活經驗，將影子擬人化，激發想像力。
33	閱讀理解任意門——動物會客室	小一至小三	◎	◎	◎	◎	◎			◎		藉由幾米〈微笑的魚〉、繪本《一隻有教養的狼》、國語日報〈和貓有個約定的老鼠〉等以動物為主題的文本，引起閱讀興趣，並激發想像力。

編號	教案名稱	適用對象（年級）	學習內容			學習表現						使用教材及教學目標
			A	B	C	1	2	3	4	5	6	
34	三隻小豬的真實故事	小一至小三	◎	◎		◎	◎			◎	◎	從學生耳熟能詳的童話《三隻小豬》，帶入繪本《三隻小豬的真實故事》，比較二文本間的異同，並進行童話改編。
35	閱讀策略高手	小四	◎	◎		◎	◎			◎		分析《倒立的老鼠》、《一個不可思議的夜晚》故事要素，並將故事畫成四格漫畫，培養掌握關鍵的能力。
36	Reading Course in class 502──閱讀C遊記之「走向春天的下午」	小五	◎	◎		◎	◎			◎	◎	透過幾米繪本《走向春天的下午》，結合生活經驗，學習表達自身感受，並能將經驗與感受作為寫作的素材。
37	一開始的美好──與大師有約	國一至國三	◎	◎		◎	◎			◎		藉由《晨讀十分鐘──名家故事集》培養閱讀習慣，並吸收他人成功經驗，以此為努力方向，甚至作為寫作或生活經驗素材。
38	一起打開30本書	國一至國三	◎	◎		◎	◎			◎	◎	將文本類型分為八類，如寫實、奇幻、推理等，並以班級為單位，同時間閱讀同一本類型書籍，方便討論與分享想法。
39	晨讀十分鐘教案──《失落的一角 THE MISSING PIECE》	國一至國三	◎	◎		◎	◎			◎		透過晨讀課外書籍，培養閱讀習慣與興趣，並製造師生間課餘話題，增加閱讀動力。

編號	教案名稱	適用對象（年級）	學習內容			學習表現						使用教材及教學目標
			A	B	C	1	2	3	4	5	6	
105年度												
40	到外婆家	小一至小三	◎	◎		◎	◎		◎	◎		閱讀小二上國語課文（南一）〈到外婆家〉，運用識字語詞彙策略與閱讀理解策略進行文本分析。
41	火龍家庭故事集	小二	◎	◎		◎	◎			◎		藉由橋樑書《火龍家庭故事集》中擬人化的火龍，引發想像力，並透過情節提升閱讀興趣。
42	老鼠遇到貓，故事改編趣	小三	◎	◎		◎	◎			◎	◎	閱讀國語日報短篇故事〈借書〉、〈一定要低頭〉與〈馬老師發誓〉，了解故事結構，並以擴寫情節的方式，進行創意發掘。
43	顛覆性別角色——灰姑娘V.S.灰王子	小四	◎	◎	◎	◎	◎			◎		藉由《灰姑娘》、《灰王子》兩種與社會期待相符和相反的性別形象，使性別平等教育從小扎根。
44	把帽子還給我	小四至小六	◎	◎	◎	◎	◎			◎	◎	透過繪本《把帽子還給我》與刊物文章〈為什麼看人不順眼〉，培養包容、關懷與團隊合作的能力，並透過反思，拒絕校園霸凌。
45	讀演故事玩報紙	小六	◎	◎		◎	◎		◎	◎		藉由閱讀國語日報文章〈一百元的主人是誰〉，並將其以戲劇形式演出，提升學習興趣。

編號	教案名稱	適用對象（年級）	學習內容			學習表現						使用教材及教學目標
			A	B	C	1	2	3	4	5	6	
46	報紙，我們戀愛吧！	國一	◎	◎		◎	◎			◎	◎	透過臺灣讀報教育資源網、蘋果日報〈從白紙到報紙〉等資源，從誦讀、認識、編剪、採訪到撰寫的閱讀與寫作能力的培養，一步步掌握新聞稿的寫作要領。
47	「運動」有勁，Just「讀」it	國一至國三	◎	◎		◎	◎			◎		閱讀〈運動家的風度〉、〈運動最補〉、〈運動家精神・單車大對決〉等以運動為主軸的文本，比較其異同，並連結生命教育，擴展閱讀視野。
48	世界的少年・世界的閱讀：比真實還要真實	國一至國三	◎	◎	◎	◎	◎			◎	◎	藉由長篇小說《一個印第安少年的超真實日記》、報導文學〈每國印地安人，從恩人到邊緣人的悲劇〉及相關影片，從文本中學習同理與諒解，並思考何謂正義。
107年度												
49	舌粲生蓮花	小一至小三	◎	◎		◎	◎		◎	◎		透過繪本《遲到大王》，連結生活經驗，並用自己的話語向同學重述故事。
50	緣溪行～野溪怎麼了？	小四至小六	◎	◎	◎	◎	◎			◎	◎	透過繪本《野溪怎麼了？》引導對於環境的關懷，並延伸閱讀文本《冰山》、《真正老森林》探討環境議題。

編號	教案名稱	適用對象（年級）	學習內容			學習表現						使用教材及教學目標
			A	B	C	1	2	3	4	5	6	
51	讀景詩物	國一至國三	◎	◎						◎	◎	教師自編教材，藉由校園植物，進行跨生物、科技、藝術及國文領域教學，並運用修辭創作新詩。
教案教材能力指標統計			A	B	C	1	2	3	4	5	6	適用對象統計：
總計（件）			51	51	18	50	50	0	13	51	27	小一至小三：20件 小四至小六：16件 國一至國三：15件

資料來源：閱讀新桃園，http://read.tyc.edu.tw，研究者自製。

【註一】學習內容：文字篇章（A）、文本表述（B）及文化內涵（C）

【註二】學習表現：聆聽（1）、口語表達（2）、標音符號與運用（3）、識字與寫字（4）、閱讀（5）、寫作（6）

四 「閱讀新桃園」閱讀教學教案資源分析

下文整合上節分析結果，自教案的基本資料、單元設計及多媒體資訊科技融入教學三方面說明桃園市閱讀教學設計評選得獎教案之設計成果與資源運用表現。

（一）教案基本資料分析

在基本資料分析部分，分為「作者人數」及「教材適用對象」二項進行探討，以了解閱讀教學活動設計中作者人數與適用對象的分佈情況。

1 作者人數

教案作者人數可分為「一人完成」、「兩位作者」及「團隊完成」三種類別。各年度閱讀教學得獎教案作者人數統計如表4.1：

表 4.1　閱讀教學得獎教案作者人數

作者人數／年度	一人完成	兩位作者	團隊完成
97	0	0	0
98	2	0	3
99	1	2	5
100	0	3	7
101	3	2	3
102	5	2	1
105	1	3	5
107	0	1	2
總件數（件）	12	13	26
占比（%）	23.5	25.5	51

　　由此可見，一位作者的閱讀教學教案僅有12件（23.5%），兩位作者以上的閱讀教學教案則有39件（76.5%），顯示教師在設計閱讀教學課程時，多不以個人班級進行閱讀教學規劃，而是傾向合作分工，設計一套適用於某一教育階段的閱讀教學活動，以普遍應用於各班的閱讀教學。

2　教材適用對象

　　「閱讀新桃園」中閱讀教學設計評選徵選組別分為國小一至三年級、四至六年級與國中七至九年級三組，其得獎教案資源比例如表4.2：

表 4.2　閱讀教學得獎教案各組別網路分享比例

組別	小一至小三	小四至小六	國一至國三
件數（件）	20	16	15
占比（%）	39.2	31.4	29.4

　　由此可見，網站中國小一至三年級教案資源占四成，其餘各占三成。小一至小三教案資源雖略多於後者，但三組教案資源於網站的共享數量仍屬相對平均。若以歷年各組得獎教案來看，其教案數量差距則極為明顯，如表4.3所示：

表4.3　閱讀教學教案各組別得獎比例

組別／年度	小一至小三	小四至小六	國一至國三
97	8	9	5
98	10	11	4
99	9	9	5
100	6	11	3
101	12	7	3
102	8	5	6
105	13	13	10
107	7	9	7
總件數（件）	73	74	43
占比（%）	38.4	38.9	22.6

　　歷年得獎教案中，國小教案數量達147件（77.4%），國中教案數量僅有43件（22.6%），兩者差距3.35倍。以此數據回推，各組投稿數量必然相差甚遠，其因或為國小教師可選擇份量較輕的繪本進行教案設計，由國小36件得獎教案中可見以繪本作為主教材者達24件（66.7%），然國中皆以文章、散文及小說作為主教材，其份量均較繪本厚重，教案設計所需時間及困難度隨之增加；再者，國中將面臨的升學壓力，使多數教師忙於正課及其相關課程，難以撥冗編寫閱讀教學教案，而晨間時間亦常為小考使用，恐難有完整的閱讀教學時間。而國小教師即使擔任高年級班級導師，每周仍僅有三日全天課程，比起國中教師能有更多時間編寫教案。因此，國小教師無論在教材或時間方面，皆比國中教師更有利於閱讀教學教案之編寫。

（二）教案單元設計分析

　　在教案單元設計分析部分，將依據十二年國教國語文領域學習重點，以六項學習表現檢視三項學習內容的學習成效，逐一進行教案能力探究。

1 學習表現

　　歷年得獎教案分析一覽表的51件教案中，培養聆聽能力的有50件（98%）；口語表達能力的有50件（98%）；標音符號與運用能力的0件（0%）；識字與寫字能力的13件（25.5%）；閱讀能力的51件（100%）；寫作能力的27件（52.9%）。由此可見，閱讀教學的設計重點並非標音符號及識寫字二項基礎能力，而是聆聽、表達與閱讀理解三項能

力,三者並重的教案達50件(98%)。近年來,閱讀教學策略重視文本理解,結合生活經驗進行反思,並內化為自己的語言表達想法。又閱讀教學設計評選活動計畫中的評審原則中,效益性與實用性(60%)為其主要考量,並依據國際閱讀素養研究「PIRLS」評量工具能力指標,明訂四項閱讀教學能力指標:(1)直接提取能力;(2)直接推論能力;(3)詮釋、整合觀點及訊息能力;(4)檢驗、評估與批判文中內容訊息能力。因此,參與評選的閱讀教學設計皆以符合四項指標為優先考量,而四項指標以建構擷取、整合訊息及批判文本的能力為主,聽說讀自然成為有限時間(晨讀時間45分鐘)內最具效率的教學模式。而寫作作為感受力、想像力、思考力等能力之統合,其教學始別於傳統以問答式學習單或命題式作文,改以童話改編(如編號34)、四格漫畫(如編號35)、情節擴寫(如編號42)等方式,增加學生與文本的互動性。同時結合資訊科技編輯作品,使寫作不侷限於紙本文字,透過創作、插畫、演出,使得閱讀成果從下對上單向式發表,成為個人/集體的心血結晶。由此可見,閱讀成效的檢視已從傳統的學習單與心得報告,轉而著重學生的生活經驗之於文本的感知與理解,結合生活、藝術與資訊等眾領域能力,展示更為完整且豐富的閱讀學習成果。

再者,歷年得獎教案中僅有單一能力指標之教案設計者0件(0%),連結二項能力指標之教案設計者1件(2%),連結三至四項能力指標之教案設計者44件(86.2%),連結五項能力指標之教案者6件(11.8%),連結六項能力指標之教案設計者0件(0%)。又44件教案中,再以聽說讀三項能力,結合試字與寫字能力者7件,結合寫作能力者20件。由此可見,學習表現能力的橫向連結與統整逐漸成為閱讀教學的設計重點與原則,且除採取聽說結合的教學設計,更進一步結合讀寫,雙向發展資訊時代所需的探究與思辨能力。

2 學習內容

從歷年得獎教案分析一覽表可見:僅有單一學習內容者0件(0%),含括二項學習內容者33件(64.7%),涵蓋三項學習內容者18件(35.3%)。文字篇章及文本表述分別以標音符號、字詞、句段、篇章及各類文體之結構與應用為主題範疇,係為閱讀教學設計之基礎與重點。由分析一覽表可見各年度得獎教案皆同時以二者為主進行教學活動設計,透過合適的文本,進行字詞教學、文本理解及文體掌握。而結合文化內涵之教案,更要求閱讀主題結合物質文化、社群文化或精神文化三方面的內涵,使閱讀內容涵蓋道德教育、新聞時事、性別平等、生命教育與生態環境等多項議題,給予更為多元且豐富的閱讀視野及文化涵養,教予學生面對社會生活與未來挑戰,所應具備的知識、能力與態度。以下針對閱讀教學教案「適用領域」進一步討論,其與七大領域的統整如表4.4:

表 4.4　閱讀教學得獎教案適用領域

領域	語文	數學	自然	社會	健體	藝術	綜合
件數（件）	51	0	3	3	1	14	16
占比（%）	100	0	5.9	5.9	2	27.3	31.4

在51件閱讀教學教案中，語文領域達100%，顯示閱讀教學仍以語文領域為本，其次是綜合（31.4%）及藝術（27.3%）領域，符合十二年國教對於生活連結及美感教育的重視。而因閱讀與數學、健體間的關聯性較低，教師難以統整教學，其占比相當低。然進一步分析教案的涵蓋領域（如表4.5所示），可發現過半數的教案並沒有考量到他領域的統整（56.8%），顯示閱讀教學教案仍專注於國語文的教材內容探究（文字篇章及文本表述），而非領域的連結整合。

表 4.5　閱讀教學得獎教案涵蓋領域

涵蓋領域	單一領域	二個領域	三個領域	四個領域	五個領域
件數（件）	29	12	8	1	1
占比（%）	56.8	23.5	15.7	2	2

（三）多媒體資訊科技融入教學設計分析

在多媒體資訊科技融入教學分析方面，分為「融入時機分析」及「多媒體資訊科技融入教學方法」二部分，以探究多媒體資訊科技何時及如何為教師教學使用。

1 融入時機分析

融入教學時機的劃分是根據教師的教學階段區分成「教學前準備」、「教學中活動」與「教學後學習」三階段。多媒體資訊科技融入教學之時機統計如表4.6：

表 4.6　多媒體資訊科技融入教學之時機

融入時機	項目	件數（件）	占比（%）
教學前準備	教師教學前準備	34	66.7
	學生學習前準備	4	7.8
教學中活動	引起動機	21	41.2
	內容深究	13	25.5

融入時機	項目	件數（件）	占比（%）
	學習活動	24	47.1
教學後學習	整理歸納	7	13.7
	練習	5	9.8
	評量	7	13.7
	延伸學習	13	25.5

由此可見，在教學前中後三階段皆有多媒體資訊科技融入教學。在「教學前準備」以教師融入多媒體教學的情況為多（66.7%），顯示在多媒體資訊科技的教學模式下，教師須在教學前做足準備，以在教學活動中順利呈現；而學生在運用多媒體資訊科技融入課前活動者僅有4件（7.8%），顯示該方面尚未受到教學活動的重視。在「教學中活動」方面，多媒體資訊科技融入「學習活動」者有24件（47.1%），「引起動機」者21件（41.2%），而「內容深究」僅有13件（25.5%），顯示教師在使用多媒體資訊科技教學時，更為著重教學活動的設計與發展，而非教材內容的探究。而「教學後學習」的階段則以13件「延伸學習」的占比最高（25.5%），其次為「整理歸納」與「評量」（皆為13.7%），以多媒體資訊科技融入評量與延伸學習檢視閱讀學習成效，更能體現閱讀之於素養的重要性。如編號23「閱讀在『人間』，悅讀越有品」，以剪報活動檢視訊息擷取能力，同時透過版面設計、插畫進行美學教育，再以新聞播報方式與時事短劇演出，培養媒體識讀能力。最後，以讀報經驗為題，設計一個整體性的繪本故事，並將繪本掃描成圖檔，配上旁白及音樂，完成電子書的製作。然相對於前二階段，教師在教學後仍傾向以傳統紙本方式（如學習單、繪本或其他可逕在紙本上寫作者）檢測學生的閱讀學習成效。

2 多媒體資訊科技融入教學方法

目前常見的多媒體資訊科技融入教學方式可分為「簡報」、「網際網路」、「電腦輔助教學CAI」與「其他」等，其統計如表4.7：

表 4.7 多媒體資訊科技融入教學之方式

融入方法	簡報	網際網路	電腦輔助教學CAI	其他
件數（件）	31	7	2	28
占比（%）	60.8	13.7	3.9	54.9

教師得以自製符合教學需求的簡報，結合其視、聽覺等教學媒體功能，豐富教學內容，因此，現今多媒體資訊科技融入教學方法仍多以連續性的教學簡報進行教學。其次，近年因學校硬體設備的更新，教師使用實物投影機、互動式電子白板（Smartboard）、平板電腦、DVD、CD 等「其他」項目也逐年攀升，計有28件（54.9%），係為多媒體資訊科技融入閱讀教學的趨勢。「電腦輔助教學 CAI」則是利用電腦科技，運用各種多媒體技術呈現教材，並配合適當之學習理論，提供學習者個別化、自主化、適性化的學習環境，如編號6「愛上小小王子——誰的功勞」，教師以自製的 flash 動畫遊戲「火車調派員」，火車的每節車廂搭載長短不一的語句，學生擔任調派員進行語句或詞語的調整，使之為一通順的句子或段落，使火車順利出發，進行學習評量。然其因教師需要相對專業的資訊能力，故難為多數教師融入教學設計。

綜合上述二項來看，現今的教學方法除了紙本文本之外，更透過簡報、動畫、影片等方式，在學習前中後三階段提供學生多元的學習方式。如編號19「散發喜樂的光芒，灌溉悅讀的樹苗」，主教材為繪本《我的媽媽真麻煩》，然透過繪本簡報、蕭煌奇「阿嬤的話」MV、Youtube「陳樹菊」人物介紹影片及紀錄片《柚子‧班長》DVD 等多媒體教材，引起學生的學習動機，進行各種學習活動，並橫向連結相關主題，不僅加深對於單一文本的理解，更自文本延伸，結合感官體驗，使閱讀融入生活，不再侷限於傳統紙本的閱讀方式。又如編號22「『青鳥就在身邊』幸福大拼盤」，以課文〈青鳥就在身邊〉為主軸，延伸相關文本〈一個祝福的價值〉、〈智慧老人〉簡報檔及〈菲律賓潔思米的故事〉影音檔，啟發學生對於幸福的多元定義。由此可見，桃園市閱讀教學設計教案多已從傳統的講述式教學，融入多媒體軟硬體設備的教學設計，增加學習的趣味性，同時縱向加深對於單一文本的理解，橫向延伸比較文本間的異同，啟發多元思考，達到學習的全面性。

五　建議

一、就教案適用對象而言，目前徵選組別僅分為國中小學三組，如能增加高中組，使閱讀教育延伸至高中，同時透過評選方式，增加高中教師設計閱讀教學教案的動力，得獎教案亦放置於網站中，不僅能豐富教材教案資源，為更多教師學習、仿效，更藉由國小、國中、高中三階段的校園閱讀教學共享，逐步形成系統性的閱讀教育模式。

二、就教案單元設計而言，學習內容得兼顧「文化內涵」者有18件，占得獎教案的三成五，其餘教案內容多以品德[7]為教學主題，如誠信、包容、風度等個人品行。然

7　教育部重編國語辭典修訂本（http://dict.revised.moe.edu.tw/cbdic/index.html）將「品德」釋作「品行道德」，「道德」解作「人類共同生活時，行為舉止應合宜的規範與準則」。由此可見，品德較接近道德中個人私德的部分，而道德則展現社會生活中的倫理秩序。

「文化內涵」中的「社群文化」是文本中關於社會群體的道德倫理，即人們行為的規範和準則，而品德是社會道德規範在一個人身上的具體展現。因此，如能將教育議題自個人品德拉回社會道德，將閱讀視野從個人擴展至群體，提升學生品行與公民社會的連繫。再者，目前閱讀教學教案仍以國語文為本，專注於該領域內的文字篇章及文本表述探究，如能統整他領域進行教學，進行閱讀的多元思考，或能拓展閱讀生活視野。

三、就多媒體資訊科技融入教學而言，當前閱讀教學尚未重視學生學習前的準備，而教學後的成果檢測仍以紙本（如學習單、繪本或其他可逕在紙本上寫作者）為主，如能運用多媒體資訊科技進行預習、複習與成果檢視，連結閱讀與資訊科技，啟發教學的多元面向，並結合上述他領域整合之建議，有效培養學生面對資訊時代所應具備的機動、分析、整合及互動的能力。

四、就「閱讀新桃園網站」而言，「閱讀新桃園」中尚未為「閱讀教學設計」設置專屬頁面，每年度教案分享皆以一般文章發布，並存置於「最新文章」。然隨著新文章一篇篇上架，優秀教案易埋沒於諸多文章中，如欲搜尋某年度得獎教案，則須逐年逐題確認放置位置。如能設置教案專屬頁面，不僅能提升教案搜尋的便利性，更能放置更多當年度的得獎教案，分享更多優秀的教材教案。再者，得獎教案的分享檔案格式不一，有以 PDF 檔，可於網路預覽者；有以 DOC 檔，需下載瀏覽者；另有以 ZIP 檔，下載後需改為指定檔名方能解壓縮者，然有無法開啟及檔案毀損的情況出現。如能統一檔案格式，皆以 PDF 檔，並以文章附件逐一上傳，方便使用者於網路先行預覽，再決定是否下載，提升教案的下載彈性及便利性。第三，考量近年資訊平台、載體的多元化，或能在提供 PDF 檔的同時，提供 ODF（開放文檔格式），利於檔案長久保存，並可避免版本升級衝突等問題。

六　結語

「閱讀新桃園」網站資源豐富，除了提供全台42個閱讀資源網站連結與學生閱讀相關競賽，更舉辦閱讀教師師資培訓、閱讀教學設計評選等活動，提升教師閱讀教學知能與分享閱讀教學設計。自「閱讀桃花源」網站建置起算十年間，已舉辦8屆閱讀教學設計評選，得獎教案數量共190件，實際於網站中分享的教案數量卻僅有51件，即平均各年度得獎教案分享比例僅有26.8%。如能開放更多優秀的閱讀教學教案，供教學者參閱使用，定能受惠於更多學生。

就網站中所分享的51件閱讀教學得獎教案而言，聽說讀寫四項能力並重與延伸已成為教學趨勢，而各項能力與他領域的橫向連結及統整也將培養與展示更為豐富且多元的閱讀學習成果。而有別於傳統講述式教學，閱讀教學設計多有以簡報、動畫、影片等輔助教學，以視覺、聽覺饗宴吸引學生的閱讀目光與興趣，並改變傳統的紙本學習單、命

題式作文等下對上的單向反饋，轉以創作、戲劇、電子書製作檢視閱讀學習成果，建構以學習者為學習中心的雙向分享，可見多媒體融入閱讀教學教案設計之效能。而「閱讀新桃園」閱讀教學網所舉辦的閱讀教學設計評選，鼓勵更多教師投入班級閱讀教學，藉由良性競爭，發掘各校教師的優良教學設計，將閱讀教學系統化，並以統一參賽的教學設計表格格式，利於網站中分享。然如能進一步統一檔案格式，並設置閱讀教學設計教案專屬頁面，提升教案下載彈性與搜索便利性，或能提升網站的實用性，擴大推動閱讀的成效。

引用書目

教育部　〈十二年國民基本教育課程綱要——總綱〉（2014）　查詢日期2019年7月8日
　　　　〈https://www.naer.edu.tw/ezfiles/0/1000/attach/87/pta_18543_581357_62438.pdf〉。

教育部　〈十二年國民基本教育課程綱要國民中小學暨普通型高級中等學校語文領域——
　　　　國語文〉（2018），查詢日期2019年7月8日　〈https://www.naer.edu.tw/ezfiles/0/
　　　　1000/attach/46/pta_18510_4703638_59125.pdf〉

教育部電子報　「一證好書到・書香串寶島～資源中心好書，跨縣市通借通還」（2017）
　　　　查詢日期2019年7月8日　〈https://epaper.edu.tw/activity.aspx?period_num=&acti
　　　　vity_sn=15727&page=0〉

教育部重編國語辭典修訂本　〈http://dict.revised.moe.edu.tw/cbdic/index.html〉

張一藩（1997）　〈資訊科技對人文、社會的衝擊與影響〉　檢自中研院資科所文獻處
　　　　理研究室　查詢日期2019年7月8日　〈http://cdp.sinica.edu.tw/project/01/4_1.
　　　　htm〉

黃國珍（2016）　〈為什麼閱讀成為素養？〉　《國文快遞》　第85期（2017年11月）

校園古典詩社之教學、經營與困境

——以實踐大學玉屑詩社為例

林宏達*、何淑蘋**

摘要

　　青年創作詩歌，已不如以往風氣，尤其古典詩漸趨式微；部分學校保留校內文學獎，獎項多半以現代文學為主，仍可吸引學生創作，然古典文學受限於文言造語與格律創作的難度，加上沒有多元的鼓勵機制，多數學生不會主動創作。本文以臺灣實踐大學高雄校區玉屑詩社為例，說明玉屑詩社身為現階段南部校園少數古典詩社，在經營上的難處與教學上的調配問題，透過社團近五年沿革，敘述培育古典創作的得與失。本文重點有四：其一，記敘臺灣校園古典詩社的發展概況，可看出資源重北輕南的事實；其二，玉屑詩社成立緣起與組織架構，從品牌的建立與參與人數，瞭解經營古典詩社的困境；其三，詩社的教學管理方式，包括創作與吟唱兩部分，創作以參與賽事加以磨練，吟唱以交流詩會累積經驗；其四，詩社創社至今相關成果與未來展望，成果亦分為創作與吟唱，更細分國內外的交流機會。透過瞭解玉屑詩社的經營與教學，進而觀察臺灣大專院校古典詩社發展的可能性。

關鍵詞：實踐大學、學校社團經營、玉屑詩社、詩詞吟唱、詩詞創作

---

* 　林宏達：實踐大學應用中文學系助理教授。
** 何淑蘋：一貫道天皇學院一貫道學研究中心副研究員。

一 前言

　　臺灣在地發展的古典詩社，年代久遠且持續經營者，較有名如臺灣瀛社（1909-）、貂山吟社（1917-）、天籟吟社（1922-）等。這些民間詩社保留古典詩創作與吟唱的傳統，在當地起了一定的推廣作用，而另一個系統則與學院有關。臺灣早期的大專院校多有文學院，下設中國文學系，古典詩、詞、曲選通常列為中文系必修科目，緣此，學生接觸古典韻文，從而對創作或表演亦容易產生興趣，是故有中文系的部分大專院校陸續創立古典詩社。最早創立者為臺灣師範大學的南廬吟社，自1965年成立至今。雖然臺灣師大另有「噫詩社」與「沐風詩詞吟誦系隊」，在不同階段分散了詩社招生，但南廬吟社經由歷屆社員的努力維持，讓詩社經營不斷，希望將這面老品牌鞏固，不致停止運作。同樣歷史悠久者，尚有東吳大學停雲詩社。停雲詩社創立於1979年，迄今正值四十週年。臺北鄰近的大專院校古典詩社包括臺灣師大、淡江、輔仁等，均與東吳停雲詩社關係友好，經常往來交流，締結學生詩社的文化圈，相當難能可貴。其他包含淡江大學驚聲古典詩社、輔仁大學東籬詩社，也是社齡超過二十年且運作穩定的古典詩社。上述大學古典詩社都具有一定的校園知名度和活動力，可視為臺灣培養青年古典詩詞愛好者的重鎮。

　　臺灣的大學古典詩社忽焉林立，究因於1983年起，財團法人陳逢源文教基金會舉辦大專青年聯吟大會。當時由中山大學簡錦松教授主導，大力推動大專學生古典詩詞創作與吟唱，風氣使然，大專聯吟遂成各大學中文系之年度盛事。[1] 爾後參與學生數逐年增加，甚至一度多達千人，且帶動大學校園古典詩社成立，例如中正大學清渠詩社、元智大學凝月詩社等均是。大專聯吟被視為當時的年度盛會，負責指導練習的，多是各校擔任古典詩詞課程的教師。因為大專聯吟的競賽分成創作與團體吟唱，比賽前數月，各校展開集訓，讓社員不斷練習。因此，1990-2002年間，古典詩的創作與吟唱獲得了高度的傳播與認識，造就大學古典詩社的林立，以及校園內非中文系學生加入古典詩社的風氣。

　　可惜因為舉辦大專聯吟的費用龐大，陳逢源文教基金會歷經二十屆活動，已無足夠經費續辦，2002年宣布停辦後[2]，大大影響了大學古典詩社的存廢。此後，部分中文系舉辦類似的比賽，如淡江大學、彰化師範大學與東吳大學曾主辦號稱「小聯吟」的吟唱比賽，惟規模不復大專聯吟的盛況。因缺乏表演舞台或原本就為聯吟而成立的詩社，如政治大學十九詩坊、彰化師範大學雁門詩社等，也就相繼停社。目前臺灣大專院校設有古典詩社者已寥寥可數。以下羅列曾經登記為社團的古典詩社，依創立時間排序如下：

1　有關「財團法人陳逢源文教基金會」與大專聯吟，詳見臺灣文學館主編：《臺灣文學館通訊》第40
　　期（2013年9月），頁14-15。

2　同上註，頁15。

學校	詩社名稱	創立時間	所在地	狀態
臺灣師範大學	南廬吟社	1965	臺灣北部	持續運作
東吳大學	停雲詩社	1979	臺灣北部	持續運作
彰化師範大學	雁門詩社	1979	臺灣中部	停社（2014年一度復社，今又停社）
中興大學	中興詩社	1987	臺灣中部	持續運作
政治大學	十九詩坊	1992	臺灣北部	停社
淡江大學	驚聲古典詩社	1994	臺灣北部	原名牧羊詩社，持續運作
成功大學	蘭亭詩社	1995	臺灣南部	原名鳳凰詩社，停社
東華大學	蒹葭詩社	1997	臺灣東部	曾古典、現代創作兼有，停社
臺灣師範大學	噫詩社	1997	臺灣北部	停社
臺灣大學	詞話人生社	1997	臺灣北部	停社
輔仁大學	東籬詩社	1997	臺灣北部	持續運作
臺灣大學	望月詩社	1998	臺灣北部	停社
華梵大學	華梵中文吟唱隊	1998	臺灣北部	停社
中國文化大學	鳳鳴吟社	1999	臺灣北部	停社
元智大學	凝月詩社	1999	臺灣北部	停社
政治大學	南山詩社	2000	臺灣北部	停社
中正大學	清渠古典詩社	2001	臺灣南部	停社
東海大學	度野詩社	2002以前	臺灣中部	停社
靜宜大學	荷風詩社	2002以前[3]	臺灣中部	前身為國學社，停社
東海大學	沃夢詩社	2002	臺灣中部	曾古典、現代創作兼有，2004年後僅餘現代創作。停社
中山大學	一東詩社	2004	臺灣南部	停社
佛光大學	銜華詩社	2008	臺灣東部	停社
中興大學	古韻重揚吟唱社	2012	臺灣中部	持續運作
臺灣師範大學	沐風詩詞吟誦系隊	2014	臺灣北部	持續運作
中央大學	鳴皋詩社	2015	臺灣北部	持續運作
實踐大學	玉屑詩社	2015	臺灣南部	持續運作
東華大學	東吟詩社	2016	臺灣東部	持續運作
嘉義大學	鳳鳴雅集	2017	臺灣南部	持續運作

（圖1：臺灣校園古典詩社存廢一覽表）

3　度野詩社與荷風詩社目前找不到創社年度，但此二詩社均曾參與大專聯吟，故成立於2002年以前。

　　據表格所示，曾有二十一所大學，建立二十八個社團。目前持續運的社團有十一個，多半為2014年後成立的新社團，一些老字號的古典詩社，僅存臺灣師大南廬吟社、東吳大學停雲詩社、淡江大學驚聲古典詩社、輔仁大學東籬詩社，以及中興大學中興詩社仍有運作。

　　以上舊有詩社最為活躍者，即驚聲、停雲與東籬詩社。驚聲詩社因為搭配「蔣國樑先生古典詩創作獎」，又在頒獎典禮設有「立夏詩會」號召詩詞同好齊聚擊缽，因此擁有一定的活動量與能見度。停雲詩社經營長達四十年，校內外文藝活動時常受邀表演，社課與成果展演也都持續運作，故能見度亦高。東籬詩社在孫永忠教授帶領下，與大陸高校如北京師範大學等締結姊妹詩社，常赴大陸表演交流，累積一定知名度，由是可謂臺灣在大陸地區名氣最響亮的校園古典詩社。中興詩社因參與協辦區域性文學獎比賽，活動力與能見度仍算亮眼。其餘的南廬詩社，近年在招生與組織上遭遇員額減少與欠缺負責人的困境，活動銳減，少數畢業社員不捨社團消失，以南廬的名義公開表演，以示維繫詩社運作。

　　另外，就表格所示，可清楚看出二十六個社團多設置北部地區，中、南部地區各五個，以現況來說，中部僅剩中興大學獨立苦撐，而南部地區則以實踐大學玉屑詩社與嘉義大學鳳鳴雅集為主。回顧大專聯吟的主辦地，亦多半集中在北部各校舉辦，二十屆的承辦單位依序如下：1. 財團法人陳逢源先生文教基金會（臺灣大學僑光堂）、2. 臺灣師範大學、3. 臺灣大學、4. 政治大學、5. 淡江大學、6. 輔仁大學、7. 臺灣師範大學、8. 臺灣大學、9. 政治大學、10. 臺灣師範大學、11. 東吳大學、12. 中山大學、13. 政治大學、14. 臺灣師範大學、15. 東吳大學、16. 中國文化大學、17. 中山大學、18. 中國文化大學、19. 東吳大學、20. 東吳大學。[4]其中僅有兩屆在南部舉行，這也造成資源分配不均的現象，例如南部學生須負擔北上交通費，因此降低報名意願。而活躍的幾個詩社均在北部，各詩社舉辦活動當然選在北部進行，造成大部分活動都集中於北部，僅零星選在中或南部舉行，此現象亦是臺灣南北資源不均狀況的延伸。

二　玉屑詩社成立緣起與社團組織

（一）成立緣起

　　玉屑詩社為實踐大學高雄校區應用中文學系師生所成立的社團。當時有鑑於應用中文學系主要訴求為希望學生將中國文學加以應用，故課程趨向現代文學與文創媒體相關

4　參見維基百科「大專青年聯吟大會」條，網址：https://zh.wikipedia.org/wiki/%E4%B8%AD%E8%8F%AF%E6%B0%91%E5%9C%8B%E5%A4%A7%E5%B0%88%E9%9D%92%E5%B9%B4%E8%81%AF%E5%90%9F%E5%A4%A7%E6%9C%83（檢索日期：2019年7月1日）。

者居多，傳統文學雖保有基礎的文選、詩選、詞曲選、古典小說，其餘選修多以現代或實用性質為導向。學生雖貴今賤古，仍有酷愛古典詩詞的同學認為汲取古典韻文的養分不夠飽滿，故醞釀成立社團，能在課後加強古典文學素養，並請老師教授當時尚未開設的吟唱課程。是時，筆者雖在實踐大學任教，卻僅是兼任教師，能夠協助教學的時間有限，因此林立智同學於2015年先在網路社群建置古典詩歌創作網，系上師長肯定其用心，同意協助推動古典詩社。是年5月12日正式成立，以「玉屑」命名，期勉學生賞玩文學、吟詠性情，並由筆者擔任指導老師。

（二）詩社宗旨

創立詩社最主要的訴求，就是希望藉由閱讀古典韻文，以提升學員人文素養，並透過實際創作鍛鍊筆力，精美文句；以及藉由古雅吟唱來陶冶性靈，提高美感經驗。並期待運用所學，發揮所長，至校內外參賽與表演，增加社團能見度，進而與他校或地方詩社合作，推廣社區服務，讓更多人認識吟唱，領略古典詩詞之美。

當時詩社設定有短、中、長程目標。短程目標方面，厚植社員實力，鼓勵參加校內外詩詞創作和吟唱比賽，提高學校科系的知名度。系上課程給予同學基礎學養，而社課則設計進階課程，增進學員能力，培育創作型、吟唱型兩種人才，並將作品集結成冊。期間鼓勵學員對外投稿，並積極組隊參加國際性詩詞吟唱演出，為校爭光。中程目標方面，與校內其他社團合辦活動，讓詩社展演形式更加多元有趣。目前曾經合作過的校內社團有鳴琴國樂社、相信戲劇社與南實踐弦語吉他社等。

長程目標方面，計劃走出實踐校園，與其他大學詩社、地方詩社交流，凝聚臺灣各地詩社的感情。透過邀請其他大學、地方詩社的老師、前輩與玉屑詩社聯合舉辦古典詩詞相關的營隊或課程，參加對象鎖定為青年學子。所締結的姊妹詩社包含成功大學蘭亭詩社、嘉義大學鳳鳴雅集、東吳大學停雲詩社、淡江大學驚聲古典詩社，也與臺灣瀛社、天籟吟社以及草屯登瀛書院附屬詩社等民間詩社維持良好的互動關係。

（二）社團組織

詩社所定章程中，明文規定有以下幹部：社長、副社長、執行秘書、總務長、文書長、公關長與機動長各一人。首屆幹部由林立智擔任社長、黃鉑棟擔任副社長、何禮丞任執行秘書、辛柏諺任總務長、呂家恩任文書長、張湘韻任公關長，以及張書銘任機動長。指導老師由實踐應用中文學系專任教師擔任，為求可以順利帶領社團運作，當時由筆者忝任指導老師，並請系上何淑蘋與郭妍伶兩位老師擔任顧問。

社團章程雖明訂一學期可更換一次幹部，但實際運作上既為避免異動頻繁，也強調

完整的社團歷練，幹部均任滿一學年始可卸任。第二屆幹部大多由首屆幹部留任，改選後社長為張湘韻，副社長為胡佳勻。然因草創時期規劃不週，多數職務均為虛銜，實際均為正、副社長執行，因此第二屆起，調整了幹部職務，落實分工，社長方面主要負責招生與督導活動，並且積極與指導老師協調溝通；副社長則以輔助社長工作為主，並配合學校行政庶務的執行；原設有執行秘書改為活動長，負責規劃活動，排定每學期各項活動內容並且執行；總務長則是管理社費繳交、社費收支、學校補助款領取，以及處理各界捐款等事宜；文書長必須負責撰寫社課紀錄，並且整理老師教學的講義與檔案；第三屆起將公關長的職務調整，公關本有工作為與校外單位接洽，例如接洽活動，姊妹詩社的聯誼安排等，後來讓公關兼有吟唱教學的責任，所以公關長亦兼吟唱長的身分；機動長負責道具與工具的製作與借還。2017年起，因成立詩社臉書粉絲專頁，為求與外界良性互動，讓他人知道詩社具體運作情況，故機動長身兼網路小編，需經營粉專與拍攝照片，隨時紀錄和網路宣傳社課與活動；第二屆起新增美宣長一職，主要負責繪製海報與文宣，以及每次期末成果公演的場佈設計。

詩社發展至今幹部職務已確立，計設有八個幹部，分別為：社長、副社長、活動長、文書長、美宣長、總務長、機動長兼攝影長、公關長兼吟唱長。而第三屆起社長為胡佳勻，副社長為陳詩婷；第四屆社長為高守鴻，副社長為廖莛諼。目前詩社已至第五屆，新任社長為黃妍榕，副社長為李紘毅。

三 玉屑詩社社團經營與教學方式

和前述許多校園詩社創立一樣，一開始皆有其目的性。1990至2000年間所創設的大學古典詩社，多緣於「財團法人陳逢源文教基金會」舉辦「大專青年聯吟大會」，為了能組隊參加，部分學校直接成立社團專門訓練，也因此無形中催生設有中文系的部分學校成立古典詩社，以利參加比賽。玉屑詩社成立也晚，未能躬逢其盛，創立緣於首任社長林立智喜愛創作古典詩熱忱，但更重要的契機，係因為獲得湖南長沙中南大學「瀟湘情，中華韻：2015年兩岸三地大學生吟唱文化交流節」的邀請，需組隊前往交流觀摩與表演，因此積極招生，召募校內有興趣的同學，一同完成表演任務。故社團一開始經營模式聚焦於「詩詞吟唱」訓練，輔以韻文創作。2016年起始將吟唱與創作課分開，讓社員們多元學習。以下分為社團經營與教學方式，分別陳述近五年的運作情形。

（一）詩社社團經營

為符合學校社團程序，玉屑詩社於2015年草創後，經半年時間籌備，2016年正式成為實踐大學登記註冊有案的全校性學生社團。按照校方課外活動指導組的規定，每學期

至少舉辦四項活動，作為活動量的低標，而達到七項活動，便能獲得下學期經費補助的優先權。

因此，詩社盡可能規劃每學期舉辦七項活動。目前常態性活動包含：上學期的社團博覽會、期初社員大會暨迎新活動、重陽敬老義演活動、校內親師座談會、社遊即席創作、玉屑盃古典詩歌創作比賽、期末公演等；下學期有：元宵猜燈謎活動、淡江大學立夏詩會、端午愛老義演活動、中文週擺攤活動、實中盃古典詩組比賽、期末公演、送舊活動等，兼顧創作、吟唱、聯誼三者的比例分配。例如創作方面，有社遊賞景寫詩，立夏詩會至淡江大學參與擊缽創作比賽，更有玉屑盃與實中盃兩次的古典詩競賽；在吟唱方面，上下學期各一次義演與期末公演，以及親師座談會，均是以吟唱為主的活動，其餘則是社員相互交流時間，畢竟學校社團涉及招生，若無社員則會面臨倒社情況，故需有一定比例的聯誼活動。

（二）社課教學方式

吟唱方面，由筆者擔任講師，對於詩社的吟唱教學重視三端：第一，傳承師訓，一脈延續；第二，國語漢音兼具，便於後學應用；第三，依字聲行腔，自度新調。

筆者師承王偉勇與李勉教授，前者啟蒙吟唱，後者引領理解音樂與詞之間相互交融的美感。李勉教授於2015年辭世，筆者作為大學詞選與吟唱課的教師，自應傳承師長舊譜，推廣不輟。李勉老師編纂《宋詞古唱考定》一書，整理古詞唱法三十闋，並長期於成功大學教授，以期廣為流傳。筆者指導學生，亦傳播李師所定「國語」吟唱曲調，讓更多人認識與學習。再者，現今學子對於「漢音」感到陌生，但漢音文讀又是吟誦詩詞較理想、正確的發音，是故以國語吟唱當成入門，才不致使初學者望之卻步。另一方面，部分社員未來有志從事教育工作，有可能在教學上應用到吟唱，國語吟唱相對來說易於教授。因此，詩社吟唱曲目兼有國語、漢音，而以前者為多。當然，吟唱入門雖以套調為主，最終應摒棄此框架，進入符合平仄邏輯，依字聲行腔的境界，創造屬於自我解讀詩詞意境後的吟調，方能顯示詩詞、讀者與聲音三者交互結合的雅境。

在創作方面，由戴裕記老師授課。戴老師教學有三項特色：第一，從我手寫我口，到濃縮句意，美化文字；第二，古詩著手，讓初學者不卻步於近體平仄譜；第三，正確使用平水韻，從七絕正式入門。

大部分社員學詩之初，創作出來的詩句都相當白話，接近所謂的打油詩。戴老師會讓學生從白話詩一字一句逐漸轉變成有機組合。而散文化詩歌亦是初學者常犯毛病，透過矯正後，先變成較有詩意的句子，再慢慢調整成文字優美、意境深遠的作品。初始入門時，需要耗費較多時間鍛鍊詩歌，一首七絕二十八個字，往往花上一個月調整修改。另外，戴老師在課程設計上，讓指定每位社員創作一首屬於自己的「嵌名詩」，如吳逸

塵同學創作為:「逸致逍遙美酒陪,塵閑事擾帝王催。明朝退隱西湖畔,新柳青瓷一剪梅。」一方面用以明志,同時也可當作座右銘自我砥礪。

詩社在訓練創作一段時間後,會讓社員對外參賽,以刺激發表能量,積極觀摩得獎作品,努力提升水平。臺灣古典詩比賽多以七絕為主,所以進階訓練者重於七絕的訓練。熟悉七絕寫作技巧後,再進入律詩,讓社員按步就班掌握古典詩歌創作的諸多面向。

四 玉屑詩社歷年活動成果

玉屑詩社創社雖不滿五年,但活動力與能見度不輸給老字號的校園詩社。規劃活動上考量四個要素:第一,積極參與校內各項活動,戮力學習,累積經驗,把握每次演出機會;第二,對外參與比賽,或者是建立社區服務等公益行為,打造良好形象;第三,與其他校外詩社合作,締結姊妹社或良好關係,彼此有機會參與對方活動,打開能見度。另外,指導老師也以詩社名義赴校外演講,或與他社師長交流時,有助於媒合詩社對外表演或合作機會;第四,辦理暑期營隊,建立品牌,有效增加曝光度,發揮影響力。以下將實際落實的成果進行陳述。

(一)社團校內成果

詩社一開始主打吟唱吸引社員,例行性活動包含親師座談會與期末公演兩項。親師座談會為全校性活動,係讓教師與家長有一面對面溝通對談的平台,除了各系主任、導師與家長談話時間外,校方為了讓家長瞭解學生參與社團的成效,安排表演性質較強的社團於戶外廣場演出。玉屑詩社自創社後每年皆獲邀請,在全校長官、師生與家長面前表演(如圖2)。期末公演即社團成果發表會,2015年5月設計吟唱短劇為表演型態,新學期開始設定主題,以「雛鳳試啼」宣示社團運作的概念與決心。接著逐年定制運作,每學期力求突破,舉辦「曲諧韻嬌」與校內國樂社聯合演出;「臘月清音」開始嘗試長詩、長調表演,突破吟唱曲目過短的窘境;「古韻新唱」則是一首詩詞作品挑戰兩種詮釋的可能,一種是源於古調的唱法,另一種則是今人較為流行的詮釋;「墨上花開」主要以創作詩歌為訴求,展示一學期的創作成果;「夏語春華」則是挑戰以閩南語文讀音吟唱〈春江花月夜〉當成主題;2018年首次跨校聯合公演,與一貫道天皇學院合作,舉辦「天皇好聲音」歌唱比賽,期間由詩社擔任數段串場表演。預計未來將結合劇本創作推出吟唱劇,以豐富節目可看性,亦可讓社員有更多元嘗試的機會。

圖2：2015 親師座談會　　　　　　　圖3：「曲諧韻嬌」期末公演

其他非常態性的演出機會，多半是配合應中系活動，包含畢業成果展的表演活動、小畢典的開場表演、創系十週年系慶演出等（見圖4）。詩社秉持有機會演出便熱情參與的態度，旨在讓社員增加信心、累積經驗、提升水平，讓未來參與對外比賽不至過度緊張而無法發揮實力。2019年亦受校方邀請，擔任東森電視台主辦「蘇州市旅遊局走進臺灣校園暨研學交流活動」的表演團隊（見圖5）。

圖4：應中系創系十週年系慶表演　　　圖5：東森電視台蘇州主題表演

較為特別者，是詩社首次舉辦全校大型比賽，主題為「中國風歌唱大賽」。當時號召全社社員、應中系系學會成員，以及情商南實踐弦語吉他社成員從旁協助，仿照漢光基金會「舊愛新歡：古詞新律譜曲創作暨演唱競賽」[5]模式，讓古典文學能夠有新氣象。比賽選定數首古風歌，或者融入了古典詩詞元素的流行歌曲，讓參賽者擇一演唱。這樣的活動也是一般大學古典詩社較少舉辦的。

5　舊愛新歡比賽網址 http://www.hanguang.org.tw/hgsinging/（檢索日期：2019年7月1日）。

應中系十周年系慶活動

圖 6：中國風歌唱大賽海報　　　　**圖 7：評審老師接受校內直播社採訪**

　　創作方面，校內有兩項比賽可檢核社員學習成果，其一為全校型「實中盃國語文競賽」，從2017年起設立古典詩組；其二為「玉屑盃古典詩創作比賽」，提供歷屆玉屑詩社社員參賽。這兩項比賽都是現場即席創作，限題限韻且限時。目前實中盃古典詩組已運作三屆，第一屆得獎名單為：第一名梁瑞琪；第二名洪小喬；第三名吳逸塵；佳作郭勁甫、胡佳勻等人。第二屆得獎名單與作品名稱為：第一名高守鴻〈遊地景橋有感〉、第二名吳逸塵〈望旗山畢業有感〉與梁瑞琪〈遊旗山老街有感〉；佳作洪小喬〈孔廟追憶〉、郭勁甫〈見旗山溪有感〉。第三屆得獎名單與作品名稱為：第一名洪小喬〈豔陽天〉；第二名郭勁甫〈空污〉；第三名高守鴻〈遊影清憶鄉〉。以上三屆獲獎者，均是參與詩社長達兩年以上之社員，具有一定的創作能力，可見詩社已成為校內培養古典詩詞創作風氣之重要推手。

　　至於「玉屑盃古典詩創作比賽」，於2018年舉辦第一屆，創社社長林立智以〈赤崁樓鄭延平像前懷古〉榮獲冠軍，第二名為郭勁甫〈觀高雄明月懷古〉、第三名高守鴻〈觀扇懷古〉，佳作為洪小喬〈月下詠仙姬〉與吳逸塵〈觀赤壁懷古〉。

　　整體而言，參與兩年以上創作課的詩社成員，比起僅上過中文系詩選課程的比賽者更有得獎機會，畢竟課外投入更多的時間與精力，功不唐捐，所鍛鍊的字句也更有詩歌意境。

圖8：實中盃國語文競賽文宣

圖9：玉屑盃古典詩創作比賽講評現況

（二）社團校外成果

2015年創社之際，有感須樹立專業，筆者負責指導吟唱，首任社長林立智負責帶領同學創作，師生二人也積極參加校外比賽，於當年度筆者獲第一屆登瀛詩詞吟唱比賽優選[6]，林立智獲第三十二屆中興湖文學獎古典組佳作[7]。2016年起延請戴裕記老師協助指導創作，戴老師亦贊同以參賽方式打開詩社知名度，隔年主動報名2017年南投縣「玉山文學獎」，榮獲古典詩組優選[8]，同年淡江大學立夏擊缽詩也獲第一名殊榮；而林立智亦在2017第七屆蔣國樑先生古典詩創作獎奪得第二名。種種努力，均希望鼓勵新進成員努力耕耘，筆耕不輟。

對外成果除上述外，最主要還包括每半年一次定期義演活動。距離實踐大學不遠，且需要被關懷的單位不少，其中「萃文佛恩養護院」與實踐大學淵源最深，詩社每學期均主動安排義演，與院中長者互動與付出關心。時間設定在每年的重陽節與端午節拜訪表演，落實社團應有的社會責任。

淡江大學所承辦的「蔣國樑先生古典詩創作獎」是屬全臺學生均可參加的比賽，與中興湖文學獎同為少數設有古典文學、又必須是學生身分才能參加的比賽，故熱愛古典文學的學生，均不會錯過每年這兩場賽事。玉屑詩社於2016年獨立創作組後，成果明顯提升，除林立智獲得第七屆第二名後，[9]社員廖莛諼也獲得第八屆佳作，[10]第九屆郭勁甫、廖莛諼入圍決選。在每次的立夏擊缽詩賽中，也有社員獲得肯定，如2017年社員翁

6　見 http://blog.udn.com/516tinging/23237296（檢索日期：2019年7月1日）。

7　見 http://chinese.nchu.edu.tw/huwo/recruit.php?Sn=298（檢索日期：2019年7月1日）。

8　見 http://literature.nthcc.gov.tw/literature/05list/05-list-main.php?bull_id=1497（檢索日期：2019年7月1日）。

9　見 http://www.poetrys.org/phpbb2/viewtopic.php?f=2&t=30172&p=170981（檢索日期：2019年7月1日）。

10　見 http://www.poetrys.org/phpbb2/viewtopic.php?f=2&t=31027（檢索日期：2019年7月1日）。

家宏、高守鴻獲得立夏詩會擊缽創作優選；2018年高守鴻、洪小喬獲得優選。

除此之外，玉屑詩社也鼓勵社員增廣見聞，參與其他單位籌辦之營隊，例如「社團法人臺灣瀛社詩學會」曾於2016、17年舉辦兩屆「全國大專生聯吟創作研習營」，詩社成員在營隊擊缽詩賽均獲得不錯的成績。第一屆由社員洪晁權獲第二名佳績；林立智、翁家宏獲得佳作；第二屆由社員林立智獲第三名；翁家宏、胡佳勻、郭勁甫、吳逸塵與洪晁權獲佳作。在「2017年社團法人臺灣瀛社詩學會第二屆全國大專生聯吟徵詩」比賽中，社員洪晁權獲第四名、胡佳勻第五名、郭勁甫第九名、翁家宏、洪煥超與吳逸塵獲佳作。另外臺灣瀛社吳秀真老師見玉屑詩社學員認真，社務經營有方，故兩度邀請北上擔任「臺灣瀛社詩詞吟唱發表會」表演嘉賓，為大專古典詩社中唯一受邀的團體。

在吟唱方面，除筆者參與登瀛詩詞吟唱比賽外，2018年再次挑戰灘音吟社舉辦第一屆全國漢語古典詩詞吟唱比賽，獲得佳作，2019年亦鼓勵社員參加，其中由高守鴻獲該屆佳作。學生積極參與對外吟唱比賽係從2016年開始。當時第一屆王者之香古典詩臺語朗誦比賽分學生與社會兩組，玉屑詩社決定兩組皆報名參加，由社員組隊參加學生組，由老師與高年級社員挑戰社會組，經過兩個多月的設計劇情、動作與訓練，學生組獲得冠軍、社會組獲得佳作。[11]2019年詩社再度挑戰校外比賽，參加第十四屆河洛漢語朗誦吟唱大賽青年團體組，最後獲得第三名。[12]

圖10：王者之香獲獎合影

圖11：河洛漢語朗誦吟唱大賽

（三）教師校外交流

玉屑詩社兩位指導老師除了上述比賽的校外交流外，亦接受邀請至他校作經驗分

11 見新聞報導：http://ty30152002.pixnet.net/blog/post/210837169-%E7%8E%8B%E8%80%85%E4%B9%8B%E9%A6%99%E5%8F%A4%E5%85%B8%E8%A9%A9%E5%8F%B0%E8%AA%9E%E6%9C%97%E8%AA%A6%E6%AF%94%E8%B3%BD%E6%88%90%E7%B8%BE%E5%87%BA%E7%88%90%EF%BC%8C%E5%AF%A6%E8%B8%90（檢索日期：2019年7月1日）。

12 見網站公告 http://www.gs04.url.tw/meichuan/news.asp?sid=284（檢索日期：2019年7月1日）。

享。筆者曾擔任成功大學中文系兩屆文藝營及高中文藝營吟唱教學老師，天籟吟社亦曾邀請至附設教育中心演說古典詞；也曾赴廣州中山大學第三屆暑期研究生詩詞學校擔任吟唱輔導員，分享臺灣吟唱吟調現況，同年亦受邀擔任2017中華大學生研究生詩詞大賽詩歌組初審委員。

（四）跨校合作

詩社在臺知名度之所以漸被看見，緣起於王偉勇教授應邀至中南大學演講，主辦方希望王教授帶團交流，筆者極力爭取王老師支持，同意讓成功大學蘭亭詩社與玉屑詩社聯合演出。正因參與湖南長沙中南大學「瀟湘情，中華韻：2015年兩岸三地大學生吟唱文化交流節」，開啟與大陸交流機會，並讓玉屑詩社逐漸為人所知，透過淡江驚聲前任社長張家菀的牽線，筆者獲得至天籟吟社演講的機會，也於該年度讓玉屑詩社受淡江驚聲詩社邀請，擔任「第六屆蔣國樑先生古典詩創作獎頒獎典禮暨立夏詩會」表演團隊。

另外，玉屑詩社曾與國中社團進行合作，應高雄旗山國中丁美雪老師邀請，筆者偕社員前往該校進行為期四週的社團輔導，為國中生教授吟唱技巧與詩詞鑑賞，社員們則擔任助教，針對個別學生做更細節的引導。

玉屑詩社不僅進行以上跨校合作，最重要是希望參與古典詩詞創作的年輕夥伴增加，於是從2018年開始舉辦古典韻文的暑期營隊。2018年舉辦第一屆「清謳聿韻」古典詩歌創作營，2019再辦第二屆「玉墨鳳吟」古典詩詞吟唱創作營。兩次營隊相關日程表如下所示：

2018「清謳聿韻」古典詩歌創作營活動日程表		
場次	DAY1	備註
第一場	導論：古典詩詞與數位學習／林宏達老師	筆者為實踐大學應中系詞曲選課老師
第二場	字裏行間：對聯創作／吳東晟老師	吳東晟為《乾坤詩刊》古典詩主編
第三場	清謳雅韻：閩南語吟詩／陳茂仁老師	陳茂仁為嘉義大學中文系吟唱課老師
場次	DAY2	
第一場	字精意神：絕句創作／曾金承老師	曾金承為嘉義大學中文系詩選課老師
第二場	句工律協：律詩創作／陳家煌老師	陳家煌為成功大學中文系詩選課老師
第三場	古作新音：自度曲吟唱／許賽妍老師	許賽妍為草屯登瀛詩社吟唱課老師，亦為詩社社長

場次	DAY3	
第一場	情真韻轉：古詩創作／戴裕記老師	戴裕記為玉屑詩社古典詩創作指導老師
比賽時間	現場擊缽詩賽	

2019「玉墨鳳吟」古典詩詞吟唱創作營日程表		
場次	DAY1基礎課程	備註
第一場	認識詩歌／曾金承老師	曾金承為嘉義大學中文系詩選課老師
第二場	認識吟唱／許賽妍老師	許賽妍為草屯登瀛詩社吟唱課老師，亦為詩社社長
第三場	認識詞體／林宏達老師	筆者為實踐大學應中系詞曲選課老師
場次	DAY2進階課程	備註
第一場	古調與今曲／王偉勇老師	王偉勇為成功大學中文系詞選課老師
第二場	漢詩的魔方論近體詩的格律與拗救／普義南老師	普義南為淡江大學中文系詩選、詞選課老師
第三場	古詞創作進階／林宏達老師	筆者為實踐大學應中系詞曲選課老師
第四場	詩詞曲唱身段展演示例西廂記／林和君老師	林和君為嘉義大學中文系曲選課老師
場次	DAY3主題課程	備註
第一場	詩歌創作虛實手法與表現張力／普義南老師	普義南為淡江大學中文系詩選、詞選課老師
第二場	自創曲吟唱／吳秀真老師	吳秀真為臺灣瀛社詩學會副理事長，灘音吟社吟唱指導老師
第三場	李杜精選詩歌鑑賞／陳家煌老師	陳家煌為成功大學中文系詩選課老師
第四場	詩刊編採分享／吳東晟老師	吳東晟為《乾坤詩刊》古典詩主編
場次	DAY4成果驗收	備註
第一場	時事詩創作概說／戴裕記老師	戴裕記為玉屑詩社古典詩創作指導老師
比賽時間	現場擊缽詩賽	
表演時間	吟唱成果展	

　　2018年因經費與人力不足，師資均以臺灣中南部師資為主，在前節已提出臺灣在學術資源上普遍重北輕南，故希望透過舉辦營隊讓中南部的學員能夠擴展視野，提高古典詩的創作力，也讓中南部教師能有發揮所長的平台。2019年為了讓學員能多元接觸，商請北部師資蒞臨講授，並將營隊時間擴充至四天，且加入古典詞與戲曲身段兩項，增加

吟唱成果展檢驗學習成效，授課主題也從體制面走向主題化，延伸學習觸角。此外第二屆營隊增加了多個合辦單位，包括東吳停雲詩社、淡江驚聲詩社、一貫道天皇學院等，玉屑詩社扮演了促進跨校合作的角色，未來期待有更多大學古典詩社一起加入。

五　餘論：學校詩社發展困境與展望──以玉屑詩社為例

實踐大學高雄校區應用中文學系是臺灣南部唯一的私立中文系，因此在招生上比起北部私立大學中文系多了些許利多條件，然而面臨臺灣少子化，外加選系功利化的影響，中文系常被冠上畢業後謀求不到工作的科系之一。實踐大學應中系每年級僅一班，這些生員中，愛好戲劇表演者占三分之一（因2018年獨立分出劇本寫作組），剩下三分之二的學生有超過一半的人喜愛現代文學，尤其是現代小說。於是樂於接受古典文學的學生便屬少數，遑論其他科系會參與古典詩社的可能性。以下就校園詩社所面臨的困境與因應之道，以及對未來展望兩方面分別列點說明：

（一）古典文學隔閡招生不易

「應用中文學系」招生訴求主打有別於傳統中文系，希冀讓學生以傳統中國文學文化為基礎，再進一步落實實用目的，故就讀學生在選擇應中系時，便是以文創或現代文學的思維進入學系，大部分學生對古典文學都不太感興趣。在此背景下，古典文學在應中系相對式微，儘管以「吟唱」為訴求，增加社團的表演性質，仍不容易引起學生對古典文學的興趣。

目前玉屑詩社採取的克服方法，包括增設校內獎項，以及鼓勵學生至校外比賽。民間詩社經常舉辦吟唱比賽，但這些詩社重視傳統漢音的呈現，對不熟悉文讀音的青年學子而言頗有難度，可謂一大挑戰；而社團的吟唱教學會吸引部分歌唱好手參與，筆者鼓勵這些歌唱能手勤練歌藝、重視咬字發音，並特別訓練漢音，以達到一定的水準，外出比賽，累積經驗，而且比起流行音樂比賽來說更容易獲得獎勵，藉此鼓勵社員持續學習，強化自信。

（二）受限社團體制經費不多

學校社團數量甚多，而經費十分有限，加上玉屑詩社並非校方或應中系特別培植的社團，故活動運作上常受限經費不足。目前詩社籌募經費的來源主要是指導老師、顧問的捐款，以及校內活動擺設攤位之盈餘、向校方申請社團經費等。未來擬與地方教育局申請相關計畫，以利籌辦大型活動。

（三）跨校交流機會尚待拓展

目前與玉屑詩社締結友好社誼者，多在北部地區，包括東吳停雲詩社、淡江驚聲詩社，以及南部嘉義大學的鳳鳴雅集，但這樣的數量仍不足。玉屑詩社希望能夠帶動南部地區校園重新植育古典根基，希望南部高校能夠復興校內古典詩社，包括成功大學蘭亭詩社與中山大學一東詩社；另外中部地區合作的學校尚少，目前逐漸與中興大學古韻重揚吟唱社、臺中科技大學應用中文系建立聯繫，以求北中南均有合作機會，亦積累重現大專聯吟的可能性。

對於學校詩社未來的展望，亦分為三點說明：

（一）架構吟唱網站持續進行

筆者已於2016年起開始蒐集臺灣各地吟調，不管是民間詩社流傳或者校園詩社傳播的吟唱調，亦或是今人依平仄譜出的自度曲，陸續請各地區的專家學者授權收錄，打造古典詩詞吟唱資料庫，將於2019年起釋出部分吟調，免費提供古典詩詞愛好者線上聆聽或下載學習。開啟此一平台，主要也希望藉由此資料庫，讓喜歡詩詞吟唱的人，能夠有一個更多元開放的園地可以學習。

（二）彙編詩詞作品留存紀錄

玉屑詩社2020年將邁入成立第五年，內部正籌備編輯詩刊，紀錄詩社運作的足跡。最好見證詩社成長的方式，即為社員們創作以及吟唱的學習成果。雖然應中系每隔兩年會編製出版一本《琢玉集：實踐大學應用中文學系師生創作集》，但所收入的作品有限。目前詩社已蒐集社員八成以上的作品，並打算每人錄製一首學習過的詩詞，以吟唱方式表現，將詩社創作與吟唱兩向度的學習成效進行較完整的紀錄。

（三）重現大專聯吟年代盛況

財團法人陳逢源文教基金會所舉辦的大專青年聯吟是臺灣古典詩壇的尖峰時代，身為古典韻文研究者，並且為校園古典詩社指導老師，若能夠將古典詩壇帶回到過去的榮景，可能是每一位臺灣古典詩詞專家的心願。目前持續運作的校園古典詩社，指導老師皆為學界中生代，包括東吳大學林宜陵教授、淡江大學普義南教授、中央大學李宜學教授、嘉義大學曾金承教授等。玉屑詩社雖為南臺灣新興的大學詩社，但經過這幾年的努力經營，日漸發揮影響力。未來期待聯合其他古典詩社舉辦活動，加強跨校交流，鼓吹創作與吟唱風氣。希望在各社合作之下，有機會重現詩壇聯吟盛況。

政策行銷概念應用在全民國防教育之研究

陳振良*

摘要

我國於2006年2月開始實施《全民國防教育法》，從此依法國民都有受國防教育的義務與權利；以確保國人都能接受到國防教育的薰陶與洗禮。基此，本文試圖以政策行銷概念來應用於在全民國防教育必有一定成效。

事實上，政策行銷與市場行銷的概念不同，其理論基礎係來自於社會行銷，然而行銷並不只是促銷或廣告，政策行銷是以政策為本位，以推廣為核心，涉及到不同的公共組織，共同達成政策目標與理念實現，因此，必須全國國民必須有共同認知才易於達成目標與實踐。

因此，全民國防教育政策行銷工具執行是否順遂，也會影響到國防政策目標的實現，以及大眾對國防政策產品的信任與信心。雖然全民國防教育的行銷與一般的企業為獲取利潤為目標兩者是有所不同，是以，全民國防教育推廣在於呈現與獲得全體國人支持與認同，運用政策行銷概念推廣全民國防教育實施，特別是政府機構在於落實全民國防政策理念，運用行銷工具才能實現政策目標達成。

關鍵詞：政策行銷、公共政策、全民國防、國防政策

---

* 淡江大學公共行政學系兼任助理教授。

一 前言

「全民國防」乃二十一世紀世界各國國防發展之主軸，也是檢驗國家面臨外患時，能否禁得起戰爭考驗之必要機制。[1]事實上，2006年2月《全民國防教育法》公布施行以來，其意義在於使全體國民建立「責任一體、安危一體、禍福一體」的共識，達到全民關注、全民支持、全民參與、全民國防的最高理想。[2]

特別是，《全民國防教育法》頒布以來，也賦予了政府以公共政策推動全民國防教育的法源基礎，而國防部則是全民國防教育的主管機關。國防部針對「學校教育」、「社會教育」、「政府機關（構）在職教育」及「國防文物保護、宣導及教育」等4大範疇，透過課程講授、學術研討、國防文物整理再運用、辦理多元活動與設計創新文宣等作為，建立全民國防信念，激發防衛國家意識。[3]

不可諱言，國防是維護國家生存發展的根本作為，任何國家都不可能脫離國防來維護國家安全。國家在平時即應建立適當之國防，有效地將國力與民力，轉化為戰力與武力，以打贏戰爭，爭取和平。[4]換言之，全民國防推廣在於維持國家生存發展，平時建立政策行銷的概念，將全民國防的理念自然導入民眾的思維中、深植全民的生活中。

因此，公共政策的制定是否符合民眾的偏好選擇，也是全民國防教育推行所關切的議題，也是全民國防教育推行成功的關鍵。公共政策的執行不僅要注重政策方案所規劃內容的合理性，更應該積極主動的出擊，贏得最大多數民眾對於政策的認同和支持。[5]本文先說明行銷與政策行銷定義之探討，進而從政策行銷概念探討全民國防教育規劃與作法，最後提出全民國防教育推廣政策行銷的具體作法等，據以作為相關部門未來施政方向及提供決策單位之參考。

1　〈全民國防教育研討 集思廣益 深化共識〉，《青年日報》，2007年8月10日，<http://news.gpwb.gov. tw/news.aspx?ydn=026dTHGgTRNpmRFEgxcbfcCSN9Fhd8KFbqLRgMWauV%2FFtSQpuaMr3AQ2abY BDQsfKef85m1vEs6XQv4haWRtviUdlpFf%2BAgWgTU5%2B9EtDyk%3D>。

2　朱士君，〈全民關注國防 建構安全基石〉，《青年日報》，2015年2月25日，<http://news.gpwb.gov.tw/ news.aspx?ydn=026dTHGgTRNpmRFEgxcbfZXmgIZG56InU4h6FA541oBi2jPtC1N0AcxXccfdcCvvony D2mpz9595FliDk%2fQLl0dnRdT8ZHMN18CrNm4q65s%3d>。

3　中華民國「國防報告書」編纂委員會，《中華民國106年國防報告書》（臺北市：國防部，2017年），頁140。

4　顧立民，〈我國國家安全與國防政策的回顧與展望〉，載於翁明賢、陳振良、湯文淵主編，《全民國防教育進階叢書》（新北市：翔宇文化事業股份有限公司，2018年），頁99。

5　魯炳炎，〈政策行銷理論意涵之研究〉，《中國行政》，第78期（2007年），頁32。

二　行銷與政策行銷定義之探討

（一）行銷的定義

由於與行銷相關的名詞較多，容易混淆不清，因此有必要對行銷的相關名詞做一界定，釐清相關概念。因此，本文從相關文獻資料蒐集中，探討學者對行銷所提出的定義，臚列如表1：

表 1　學者對行銷的定義

作者	定義內容
柯特樂（Philip Kotler）	行銷是一種社會和管理的過程，藉由此過程，個人和群體經由創造與交換產品和價值而獲得滿足其需求和慾望。
林進丁	行銷就狹義而言，解釋為交易（transaction），指的是營利組織間的利益交換。就廣義而言即為交換（exchange），除了營利組織外更包含非營利組之間的交換行為。
林建煌	行銷是一種交換活動、行銷是一種價值創造活動、行銷的執行對象可能是群體或個人、行銷標的物樣式繁多、行銷的工具是行銷組合。
鄭紹成	行銷所探討的就是如何讓買賣雙方能夠透過交換雙方認為互有價值的物品，達到各取所需的境界。

資料來源：整理自
1. Philip Kotler, *Marketing Management, Millenium* (Englewood Cliffs, N.J.: Prentice-Hall, 2000), pp.9-10.
2. 林進丁，〈探討學校行銷概念及其應用於國民中小學之有利因素〉，《學校行政雙月刊》，第77期（2012年），頁30。
3. 林建煌，《行銷學》（臺北市：華泰文化事業股份有限公司，2006年），頁6-8。
4. 鄭紹成，《行銷學：宏觀全球市場》（臺北縣：前程文化事業有限公司，2006年），頁20。

從「表1」行銷的定義，包括了營利組織及非營利組織之間的交換行為。行銷是一種價值創造活動、行銷是一種社會和管理的過程，其構成要件包括：人類的需求與慾望、產品、滿足程度和品質保證、市場、交換或交易的行為等。進一步說明行銷的概念就是如何讓買賣雙方能夠透過交換雙方認為互有價值的物品，達到各取所需的境界。

（二）政策行銷的定義

本文所探討行銷定義的概念上，進一步再針對政策行銷的理論與概念進行闡述。因此，從相關文獻資料蒐集中，說明學者對政策行銷所提出的定義，臚列如表2：

表 2　學者對政策行銷的定義

作者	定義內容
漢斯布魯瑪（Hans Buurma）	透過可接受的政策工具要求社會行動者做出特定的社會行為，並由政府運用行銷交易的作為和社會行動者共同達成目標的整個配套之規劃和執行過程。
基思辛夫利（Keith Snavely）	在公共政策的領域裡，政府機關的顧客或是消費者（agency customers）分為兩種類型：做為政策執行客體的公民，以及包括民意代表、民選的行政首長和其他行政機關在內之公共政策制定者。
柯特樂（Philip Kotler）	提出傳統政策行銷：產品（product）、價格（price）、地點（place）、促銷（promotion）的組合（簡稱4P）。除4P組合之外，增加公共關係（Public Relations）、公權力（Power）成為公共政策行銷模式。
丘昌泰、余致力	政策行銷是指政府機關提供一套讓市民需求得到滿足的行政服務，市民則以納稅、付費、或是其他成本支出的方式支持政府的公共政策。
林淑馨	行銷組合包括：產品、地點、價格和推廣，為企業行銷中最重要的行銷組合。除4P組合之外，增加包裝（packing）、公眾形象（publicity）、社會公益（public benefit）、民眾（people）。

資料來源：整理自

1. Hans Buurma, "Public Policy Marketing: Marketing Exchange in the Public Sector", **European Journal of Marketing**, 35(11／12), 2001,p.1288.
2. Keith Snavely, Marketing in the Government Sector: A Public Policy Model, **American Review of Public Administration**, 21(4), 1991,p.324.
3. Philip Kotler, *Marketing Management, Millenium* (Englewood Cliffs, N.J.: Prentice-Hall, 2000), pp.9-10.
4. 丘昌泰、余致力、羅清俊、張四明、李允傑合著。《政策分析》（台北市：國立空中大學，2001年），頁317。。
5. 林淑馨，《非營利組織管理》（臺北市：三民書局股份有限公司，2016年），頁163-168。

　　從「表2」政策行銷的定義說明，政府運用行銷交易的作為和社會行動者共同達成目標的整個配套之規劃和執行過程。不過，柯特樂（Philip Kotler）在傳統行銷意涵的組合產品（product）、價格（price）、地點（place）、促銷（promotion）的組合（4P）之外，增加了公共關係、公權力成為公共政策行銷組合，並提出公共政策概念，要在外部顧客行銷之外，增加內部顧客（組織成員）的行銷，擴大公私合作的夥伴關係。[6]但是

6　Philip Kotler, *Marketing Management, Millenium* (Englewood Cliffs, N.J.: Prentice-Hall, 2000), pp.9-10.

全民國防以全體國人為提供服務為對象，相對的，面對當前威脅的敵人就不可提供「產品」作為服務「服務」的手段，因此，本文謹針對以「服務」作為全民國防教育作為公共政策行銷加以分析，其他行銷組合涉及商業行銷手法由於涉及範圍過於廣泛，本文不加以論述。

三　從政策行銷概念探討全民國防教育規劃與作法

（一）全民國防教育推行理念與目的

2000年頒布《國防法》第3條規定，中華民國之國防，為全民國防。同法第29條規定，中央及地方政府各機關應推廣國民之國防教育，增進國防知識及防衛國家之意識，並對國防所需人力、物力、財力及其他相關資源，依職權積極策劃辦理。[7]是以，全民國防為我國國防政策的指導原則。

事實上，《國防法》施行後，《全民國防教育法》經立法院於2005年1月審查通過後，2月公布，並自2006年2月施行，依該法第3條規定，中央主管機關為國防部，教育部為目的事業主管機關。第5條亦規定，全民國防教育之範圍包括學校教育、政府機關（構）在職教育、社會教育、國防文物保護、宣導及教育。[8]立法目的為推動全民國防教育，以增進全民國防理念，強化全民國防意識，確保國家安全。

因此，全民國防教育的目的在於建立全民國防的意識，這對我國國家安全而言，實具重要的意義。係透過不同型態的全民國防教育內涵，提高全民的憂患意識，整合軍民總體力量與資源，強化國防建設，增強國防實力，以確保國家總體安全的目的。

（二）全民國防教育規劃與作法

依《中華民國106年國防報告書》說明，為貫徹全民國防及全民防衛之理念，持續深化全民國防教育、軍民互動、營區開放及國軍歷史文物展覽，藉以凝聚全民國防共識。[9]且全民國防教育的中央主管機關—國防部每年均制定《全民國防教育工作計畫》

7　《國防法》於2000年經總統公布全文35條，並於2001年施行，且於2003年，2008年，2010年，2012年修正，參見法務部全國法規資料庫，《國防法》，2012年6月6日，〈https://law.moj.gov.tw/LawClass/LawAll.aspx?pcode=F0010030〉。

8　法務部全國法規資料庫，《全民國防教育法》，2005年2月2日，〈http://law.moj.gov.tw/LawClass/LawAll.aspx?PCode=F0080014〉。

9　中華民國「國防報告書」編纂委員會，《中華民國106年國防報告書》（臺北市：國防部，2017年），頁140-145

推動全民國防教育,以增進全民之國防知識及全民防衛國家意識,健全國防發展,確保國家安全。[10]有關2019年國防部頒布推展全民國防教育工作計畫(摘要),如表3所示。

表 3 2019 年推展全民國防教育工作計畫(摘要)

項次	內容
學校教育	以在校學生為對象,教育部為目的事業主管機關,各級學校推動全民國防教育,應依教育部訂定之《各級學校全民國防教育課程內容及實施辦法》與相關計畫辦理。國防部為強化學校教育施教成效,與教育部共同辦理年度各項活動包括有:第三屆全國高級中等學校儀隊競賽、推動全民國防教育暨宣導募兵制走入校園活動、全國高級中等學校創意愛國歌曲競賽、寒、暑期戰鬥營、南沙研習營等活動。
社會教育	以全國社會大眾為對象,國防部為目的事業主管機關,整合行政院各部會、縣市政府暨民間團體等單位,策辦相關活動,並透過多元文宣管道推廣,年度規劃活動包括有:走入社區鄉里活動、網際網路有獎徵答、國防知性之旅 營區開放、全民國防教育海報甄選、強化網際網路平臺、擴大文宣主軸宣傳等活動。
政府機關構在職教育	以政府機關構所屬公務人員為對象,行政院人事行政總處 為目的事業主管機關,政府各級機關、公營事業機構及公立學校(不含學生),應依人事行政總處訂定之「政府機關機構全民國防教育實施辦法」與相關計畫辦理。辦理原則如下:定期課程安排、提升師資能量等活動。
國防文物保護、宣導及教育:	針對國防文物及軍事遺址之保護、宣導及教育等工作,以文化部為目的事業主管機關;在直轄市為直轄市政府主管在縣市為縣市政府主管。各單位應依文化部訂定之《國防文物及軍事遺址管理實施辦法》與相關計畫辦理。辦理原則如下:結合觀光發展,宣導文物保護、製播影音專輯,提供各級單位宣教運用、配合相關政策,推廣眷村文化保存等活動。
全民國防教育研究、評鑑及表揚	國防部基於中央主管機關權責,掌理全民國防教育法規政策、研究 發展、工作策劃及考核、獎助及評鑑、以及全國性全民國防教育之宣導、推展等事項,年度相關規劃包括有:策辦學術研討會、全民國防教育傑出貢獻獎選拔表揚、直轄市、縣市政府推動全民國防教育考核評鑑、召開年終工作推展研討會、全民國防教育推展執行成效專案報告等活動。

資料來源:參見全民國防教育辦公室,《民國108年推展全民國防教育工作計畫》(臺北市:國防部,2019年),頁1-9,〈https://aode.mnd.gov.tw/Unit/Content/1165?unitId=106〉筆者自行整理。

---

10 全民國防教育辦公室,《民國108年推展全民國防教育工作計畫》(臺北市:國防部,2019年),頁1,〈https://aode.mnd.gov.tw/Unit/Content/1165?unitId=106〉。

從上述「表3」說明全民國防教育工作計畫在主管機關多年努力初步已見成效，對於全民國防教育推行貢獻良多。事實上，全民國防教育不僅僅是靜態的知識傳授與觀念啟發而已，如何透過動態的活動，吸引年輕學生與社會民眾的興趣與支持，從各種設計的活動當中，寓教於樂的去感受國防的重要性與軍隊存在的意義，才是國防教育擴大效益的更高層次。[11]不過，全民國防教育作法及機制，也曾遭到監察院糾正各主管機關態度消極，也無改進積極作為及成效，顯見相關部會執行力過於保守，實有努力精進的空間。

（三）全民國防教育執行窒礙因素

雖然全民國防教育近年來推行各種設計的活動與規劃在「顯示」（manifest）的政治社會化方面也有一定成效，但在執行成效「隱示」（latent）的政治社會化方面，仍精進的空間，謹就政策與執行面向形成窒礙因素分述如下：。

1 法制規範事權不一

我國全民國防教育的法源依據，係以《全民國防教育法》為主，然卻又散見於《國防法》、《高級中等教育法》、《十二年國民基本教育課程綱要──全民國防教育》、《各級學校全民國防教育課程內容及實施辦法》、《文化資產保護法》、《國防文物及軍事遺址管理實施辦法》、《災害防救法》、《民防法》、《全民防衛動員準備法》等相關法規，該等相關法律之間的主從關係似需加以理順，給予全民國防教育在法理與功能方面明確定位，以符合政策與執行的實際需要。[12]就如：《災害防救法》具備了基本法的概念，但是都是針對個別災害分別立法，使各種災害應變機制係針對特定災害來運作，雖有其功能考量，但是在整合上有所不足。[13]因此，宜從法制規範與整合機制功能加以檢討與精進，以克盡國防政策行銷功能發揮。

2 在職教育成效不彰

為推動全民國防在職教育，國防部遴派合格專業師資；監察院調查報告說明，全民國防在職教育參與的中央機關比率甚低；地方政府機關之參與雖為數較多，公營事業機構、直轄市議會及縣（市）議會部分則未參與，顯然目前機關（構）普遍輕忽全民國防

---

11 《【社論】儀隊競賽 擴大全民國防教育成效》，《青年日報》，2019年4月12日，〈https://www.ydn.com.tw/News／331871〉。

12 吳孟俊，〈從「全民國防教育」論國家安全〉，《國防雜誌》，第24卷第2期（2009年），頁28。

13 沈明室，〈防衛動員體制與緊急應變體制的整合：全民國防的觀點〉，發表於《陸軍官校八十三週年校慶基礎學術研討會論文集》（高雄市：2007年6月1日），頁 PO-79。

教育之職責。因此，全民國防政府機關在職教育得執行成效，仍未有明顯參與，中央部會機關參與每年全民國防教育傑出貢獻獎選拔表揚仍欠踴躍[14]。顯見，政府機關在職教育中央與地方機關態度被動與消極，或是公務員保守心態所致，仍有必要加強在職教育功能及政策整合與行銷推廣的精進措施。

3 社會教育創新不足

依《108年國防部全民國防教育工作計畫》辦理社會教育項目包括：走入社區鄉里活動、網際路有獎徵答、國防知性之旅-營區開放、全民國防教育海報甄選、強化網際網路平臺、擴大文宣主軸宣傳等成果規劃與具體作法說明。[15]監察院調查報告說明，全民國防教育社會教育活動辦理方式，尚未見有結合深受時下青年學子喜愛的動漫、海報、微電影等熱門主題或競技性活動。[16]雖然近年來已逐次的提升各項社會教育活動，辦理成效仍有待觀察。

4 學校教育師資問題

《十二年國民基本教育課程綱要》規定，高級中等學校教育階段必修2學分為基礎，配合科目課程發展需求與學生興趣之選擇，融入並銜接國民中小學教育階段相關課程。[17]另外，大專校院：教育部規範各校應依學校需求及特色發展，規劃全民國防教育課程，可採必修、選修方式辦理。[18]特別是，2013年6月立法院三讀通過《高級中等教育法》經朝野黨團協商，做成附帶決議，也就是要在2021年讓「教官退出（高中職）校園」；上開附帶決議對全民國防教育之高中職學校教育師資來源可能造成之衝擊，殊值注意。[19]且行政院於2018年1月公布《各級學校全民國防教育課程內容及實施辦法》第

---

14 中華民國監察院，〈案由：劉委員德勳、孫副院長大川、江委員綺雯提「全民國防教育政策執行成效之檢討」專案調查研究報告〉，《監察院調查報告》，103國調0028，2015年9月10日，頁25-60，<https://www.cy.gov.tw/CYBSBoxSSL/edoc/download/19088>。

15 國防部政治作戰局，〈民國108年推展全民國防教育工作計畫〉，全民國防教育網，2019年3月，<file:///C:/Users/user/Downloads/108%E5%B9%B4%E5%85%A8%E6%B0%91%E5%9C%8B%E9%98%B2%E6%95%99%E8%82%B2%E5%B7%A5%E4%BD%9C%E8%A8%88%E7%95%AB%20(2).pdf>。

16 中華民國監察院，〈案由：劉委員德勳、孫副院長大川、江委員綺雯提「全民國防教育政策執行成效之檢討」專案調查研究報告〉，《監察院調查報告》，103國調0028，2015年9月10日，頁60，<https://www.cy.gov.tw/CYBSBoxSSL/edoc/download/19088>。

17 有關《十二年國民基本教育課程綱要——全民國防教育》，參閱國家教育研究院，2018年3月，<https://www.naer.edu.tw/files/15-1000-14146,c1179-1.php?Lang=zh-tw>。

18 有關《各級學校推動全民國防教育實施計畫》，參閱教育部主管法規查詢系統，2012年12月，<http://edu.law.moe.gov.tw/LawContent.aspx?id=GL000519>。

19 中華民國監察院，〈案由：劉委員德勳、孫副院長大川、江委員綺雯提「全民國防教育政策執行成

八條修正草案，規定在2023年8月1日前，各級學校全民國防教育人員得以由軍訓教官擔任，明定教官於校園任職之落日時間。[20]然而，此一政策實施，軍訓教官全數退出校園，學校全民國防教育的實施與落實，勢必面臨重大的轉型與挑戰。

5 文物推廣權責不一

全民國防教育推行涉及相關法源的規範，國防部應會同文化部就現有法源的基礎上尋求突破。如《文化資產保護法》規範國防文物的審議、指定、登錄之管理與維護，仍有事權不一的情事產生。[21]另外，國防部擇定軍事遺址，供地方政府納入旅遊景點之做法，除少數熱門景點外，絕大多數皆未能達到預期成果；極具教育意義之金門、馬祖戰地文化，則僅侷限於觀光功能，其全民國防教育功能未能被凸顯，且宣傳活動多有不足，參觀人數有限；軍事歷史文化發展，未能善加利用。為達成全民國防教育之政策目標，當統籌並協調中央與地方各級機關，方能發揮最大綜效。[22]是以，中央、地方宜事權統一及相互協調與支援，建立相關規範並加以整合。[23]因此，為彰顯政府推廣全民國防教育之決心，必須釐定權責、事權統一。

綜上，法制規範、在職教育、社會教育、學校教育、文物推廣等窒礙因素，推行成效在於中央與地方主管機關齊心努力去執行，以創新思維才能吸引民眾，帶動全民國防教育全面及多元化的目標。因此，必須採取創新思維及彈性靈活政策行銷的運用作法，並結合官方及民間組織間的相互支援與協調合作，以發揮組織運作與機制功能。

四　全民國防教育推廣政策行銷具體的作法

「全民國防」一詞首次出現於國防部於1992年公布的《國防報告書》，強調「全民國防是現代國防的基本觀念，而此種全民國防意識之建立，最主要的方法就是『溝通』。」，因此國防部採取「發布《國防報告書》」與「定期對社會各階層作有關國防問題之民意調查」等具體作法，透過新聞媒體與輿論宣導重大國防政策措施，以爭取民眾

效之檢討」專案調查研究報告〉，《監察院調查報告》，103國調0028，2015年9月10日，頁60，<https://www.cy.gov.tw/CYBSBoxSSL/edoc/download/19088>。

20 《教官退出校園 政院明定2023年全面實施》，《自由時報》，2018年1月27日，〈https://news.ltn.com.tw/news/politics/breakingnews/2324734〉。

21 陳振良，〈從國防文物管理與推廣探討全民國防教育的作為〉，載於李大中主編，《崛起的中國：臺灣戰略新抉擇》（新北市：淡江大學出版中心，2018年），頁414。

22 中華民國監察院，〈案由：劉委員德勳、孫副院長大川、江委員綺雯提「全民國防教育政策執行成效之檢討」專案調查研究報告〉，頁51,68-69。

23 陳振良，〈從國防文物管理與推廣探討全民國防教育的作為〉，載於李大中主編，《崛起的中國：臺灣戰略新抉擇》，頁410。

對於國防事務的認識與支持。[24]有關全民國防教育推廣政策行銷的作為分述如下：

（一）建構全民國防法制化規範

2006年5月國家安全會議發布《2006國家安全報告》，從國家安全高度闡述全民國防教育政策。2008年提出《國家安全報告修訂版》，確立臺灣國家安全現況與政策，雖然歷經政黨輪替國家安全會議也都沒有進一步提出制定新版《國家安全報告》構想。事實上，為因應中國威脅與日俱增，政府必須與時俱進調整國家安全戰略作為，並且提升全民國防教育推廣，以凝聚全民向心力、鞏固全民心防、提升保家衛國的抗敵意志。

事實上，《國防法》明確規範國防體制包括總統、國家安全會議、行政院及國防部。《國防法》為維護國家安全之重要設計，《全民防衛動員準備法》與《全民國防教育法》又源於《國防法》之需求，全民國防教育之需求更列屬於《國防法》之全民防衛專章，故全民防衛動員與全民國防教育為貫徹國安層級國家安全理念的重要途徑。[25]因此，《國家安全報告》宜明確頒訂規範完成法制化的連貫性，才能達成軍民一體、保衛家園的理念與實踐。

（二）全民國防機制提升至行政院層級

在《國防法》、《全民國防教育法》先後頒布施行後，由國防部主管全民國防教育法督導與執行，近年來透過各種管道向民眾宣達全民國防的共識理念，包含學校教育、政府機構在職教育、社會教育與國防文物保護、宣導及教育等四大類，用意在藉由國防透明化、適當的教育和政策說明及溝通等方式，來建立政府、軍方與人民間的相互信任及瞭解，主要目的就是要讓人民可以在認識國防事務之後，能支持並參與國防事務。[26]換言之，單由國防部層級來完成督導與執行成效仍有所侷限。若要全面實施達成功效似乎必須提升到行政院層級，各部會及各地方政府、教育機構等，皆能主動與積極參與國防教育各類工作推動，使全民國防教育施行得以上下連貫銜接及推廣普及化功能。

事實上，《全民國防教育法》明定全民國防教育實施範圍均屬「跨部會」運作方式，實有必要提升至行政院層級，由行政院負責召集相關部會同心協力、分工合作，全盤推動全民國防教育，也藉由提升決策執行主管機關的高度，讓全國人民體會到政府執

---

24 中華民國「國防報告書」編纂委員會，《中華民國81年國防報告書》（臺北市：國防部，1992年），頁176。

25 湯文淵，〈臺灣國際戰略行動理論建構與實踐模型之研究〉，《淡江國際與區域研究半年刊》，第3卷第2期（2015年），頁95-96。

26 鄧文豐，〈我國全民國防政策實踐目標之探討〉，《復興崗學報》，第92期（2008年），頁167。

行全民國防教育的決心。是以，行政院應設立「行政院全民國防教育推動會報」：針對各項法定任務推動，廣納各方意見，並責由國防部擔任秘書單位，協調整合共識，以利任務運作。[27]

（三）建立事權統一防衛動員體系

全民國防教育著重於如何透過防衛動員體制，整合軍民資源與功能，充分運用全民資源，達成平戰結合目標。[28]自《全民國防教育法》公布施行以來，政府便積極推廣全民國防教育推動，期望藉由防衛動員理念建立軍政一元化，權責專一，機制統一，全責策劃及執行全民防衛動員與災害防救體系運作之指揮系統。[29]

事實上，依美國《憲法》規定：國民兵之組織、武裝、訓練，及指揮管理，召集服務由各州保留之。當國家對外宣戰或進入緊急狀態時，總統有權召集國民兵轉服聯邦現役成為美國正規軍之一部分，其餘依《憲法》精神，各州的國民兵仍是屬於各州管轄武力，州長即有權召集或動用國民兵實施救災及擔任緊急應變之任務。[30]因此，宜參考美國災害防救體系採軍文一體化，規劃從中央以至地方，應由文官（中央、直轄市、縣（市）及鄉鎮（市、區）首長任指揮官，後備司令以至團管指揮部指揮官及動員後之警備後備部隊長兼任副指揮官，平時由文官指揮災害搶救及治安維持重大問題，可避免遭受無謂之軍人干政之疑慮；戰時地方縣市首長有守土之責，指揮保衛地方支援前線作戰，同時，作戰部隊不被平時救災支援影響軍事訓練，也可以專心致力於建軍備戰本務工作。

特別是，應推動各項相關活動及各縣（市）政府全民防衛動員演習等時機，共同策辦全民國防宣教活動，持恆強化全民國防教育，凝聚全民防衛意識。[31]換言之，依據全民國防理念及防衛作戰構想，全民共同戮力合作，建構以全民國防教育為體，全民防衛動員演練為用的全民國防教育體用兼備體系，[32]並進一步以戰略教育作為全民國防教育

27 郭憲鐘，「全民國防教育法法制探討與建議」，計畫編號：A00800，2010年10月1日。臺北：立法院法制局。<https://www.ly.gov.tw/Pages/Detail.aspx?nodeid=6586&pid=84187>。

28 沈明室，〈兩岸新情勢下的全民國防教育〉，發表於《2010年兩岸關係與全民國防學術研討會論文集》（臺北市：2010年4月10日），頁83。

29 王高成、戴振良，〈全民防衛新視野──從八八水災論防災應變功能之探討〉，發表於《東方技術學院第一屆全民國防教育學術研討會會議論文集》（高雄市：2009年11月26日），頁202。

30 Hans Binnendijk; Patrick M. Cronin 編；余忠勇譯，《文武合一：複合式行動的關鍵力量》（臺北市：國防部史政編譯室，2011年），頁320-321。

31 中華民國國防部政治作戰局，〈民國105年推展全民國防教育工作計畫〉，2016年3月11日，《政戰資訊服務網》，<http://gpwd.mnd.gov.tw/Publish.aspx?cnid=521&p=4036>。

32 王高成、湯文淵，〈策頒「各級學校全民國防教育課程內容及實施辦法」未來展望〉，發表於《民國99年全民國防教育學術研討會》（臺北市：國防大學復興崗校區，2010年9月15日），頁21。

的重點內涵，培養戰略觀，對國際情勢與國家安全會有正面積極的認知。[33]因此，有賴於全體軍民一體、患難與共、齊心協力，方能確保國家生存與發展。

（四）結合全民國防傳媒網路宣傳

《全民國防教育法》第九條規定：各級主管機關及目的事業主管機關應製作全民國防教育電影片、錄影節目帶或文宣資料，透過大眾傳播媒體播放、刊載，積極凝聚社會大眾之全民國防共識。顯見，大眾傳媒宣傳成效與否，可以達到全民國防教育政策行銷功能，進而支持全民國教育的行動與實踐。就如：2015年我國《國防報告書》說明為推動國防文物保護，結合政府觀光政策，國防部拍攝「各縣市國防文物及軍事遺蹟介紹」系列專輯報導。各地區文物史蹟專輯，除建置在全民國防教育網站提供瀏覽與下載外，並寄送各縣（市）政府，結合地區觀光導覽，拓展全民國防宣教效益。[34]

同時，善用網際網路的各項聯結社群，加強經營與粉絲互動，亦是發揮全民國防教育生活化之好方法。[35]以及運用媒體注入國防教育推廣，就如中央及地方政府宜將位於軍事陳展及史蹟之處所，全盤規劃建置以多媒體及導覽系統（Navigation System），藉由參觀時隨身攜帶的個人數位助理器（Personal Digital Assistant，簡稱 PDA）等行動設備結合網路連結軍事史蹟及遺址的所在地，讓觀光旅遊者能依陳展地點接受參觀導覽及引導，提升其軍事陳展的動機與興趣。[36]將國防文物融入大眾傳播媒體與網際網路的新媒體交互運用，再結合創新及科技的成果，必能提升全民國防教育效果。

（五）發展全民國防觀光產業行銷

若是要將全民國防概念推廣出去，讓一般民眾能瞭解並接納，最直接有效的方式，便是將全民國防當成一種抽象商品，以創意、人文、互動、甚至高科技方式，向顧客行銷，使人人都知道全民國防這個產品，而且都能支持與接受。[37]同時，在旅遊動機的因

33 翁明賢，〈結論〉，載於翁明賢等主編，《新戰略論》（臺北市：五南出版公司，2007年8月），頁541。

34 中華民國「國防報告書」編纂委員會，《中華民國104年國防報告書》（臺北市：國防部，2015年），頁154。

35 蔡政廷，〈從社會化歷程探討全民國防教育之推廣與創新〉，發表於《民國105年全民國防教育學術研討會》（臺北市：國防大學復興崗校區，2016年10月19日），頁18。

36 戴振良，〈國防文物管理與推廣之探討：以金門軍事遺址為例〉，發表於《民國105年全民國防教育學術研討會》（臺北市：國防大學復興崗校區，2016年10月19日），頁19。

37 吳永捷、謝奇任、劉大華，〈全民國防知性之旅行銷傳播策略研究──以國軍營區開放活動為例〉，《復興崗學報》，第96期（2009年），頁209。

素中，以「體驗戰地觀光新奇與特殊性」此一動機為最為重要，可印證金門觀光主要亮點即是軍事遺址與戰地觀光。[38]因此，結合觀光產業行銷軍事遺址的特殊性，確實能將全民國防概念推廣到顧客旅遊的動機主因。

因此，中央主管機關宜配合推動觀光行銷，除了應不斷加強專業人才訓練與培育，並強化軟硬設備，塑造文化創意產業結合國防文物推廣，讓觀光客瞭解各地軍事遺址應是最佳的訴求與選擇，特別是，近半世紀的金門與馬祖地區戰地政務及軍事管制，開發及活化這些戰地史蹟與資源，應是最佳的選擇作法。唯有開放軍事遺址活化再利用，才能分享各個戰役資源；唯有發展戰地設施特色，才能推動觀光產業建設；唯有保存文化產業特色，才能發揮經濟邊際效益。[39]同時，在擴大觀光政策效益，也增進全民國防教育功效。

（六）重視師資培育整體規劃

為因應十二年國民基本教育實施（簡稱十二年國教）及教官退出校園的衝擊，全民國防教育應以高中職學校教育為核心，向下銜接國民中、小學融入式全民國防教育，向上銜接大專校院之全民國防教育選、必修課程。事實上，全民國防教育重點在「教育」，而推動全民國防教育的核心在專業「師資」，中央主管機關除應思考如何保障現有教師（官）權益外，也應正視未來對於推動學校教育的師資資格、檢定、聘任及進用程序等法制化問題並規劃相關配套措施，才不致嚴重影響全民國防教育之施行進程及成效。[40]

因此，全民國防教育政策行銷應以專業及學術的領域發展為主軸，首先，在大專校院設立全民國防教育科系，並接受師資培訓，以培育學校各階段全民國防教育課程內容之專業合格教師，以符合《各級學校全民國防教育課程內容及實施辦法》要旨。[41]其次，除了現有全民國防教育學科中心設立師資培育專責機構，結合教育部各縣市聯絡處，輔導現職軍訓教官接受師資培育課程或是開授學士後學分班——全民國防學分課程，期能轉任為合格的全民國防教育科的教師，負責所屬各縣市高級中等以上學校全民國防教育課程授課，更能銜接國中小融入課程的授課，以達到十二年國教的目標。

---

38 林正士、吳英偉、李忠榮，〈探索戰地觀光的旅遊動機與情緒體驗——以金門為例〉，《休閒與遊憩研究》，第7卷第1期（2015年），頁126。

39 戴振良，〈從八二三砲戰後論金門戰略地位與發展〉，發表於《2006年金門學學術研討會論文集》（金門縣：金門縣文化局，2006年11月11日），頁102。

40 郭憲鐘，「全民國防教育法法制探討與建議」，計畫編號：A00800，2010年10月1日。臺北：立法院法制局。<https://www.ly.gov.tw/Pages/Detail.aspx?nodeid=6586&pid=84187>。

41 王先正，〈理論與轉型：全民國防學校教育之檢視與前瞻〉，發表於《民國105年全民國防教育學術研討會》（臺北市：國防大學復興崗校區，2016年10月19日），頁16。

（七）宣傳國防文物保護效用

軍事史的遺址是國家重要遺產，許多國家的觀光單位多利用這項資源發展觀光。[42]
也就是說文化遺產應該經常性維護、修復，才能維持其保持完整樣貌，有利於發展觀光
產業。事實上，依2007年訂定《國防文物及軍事遺址管理實施辦法》明確訂定國防文物
之分級登錄指定及廢止審查等事項，準用文化資產保存法之規定。換言之，依該法必須
透過學者、專家及官方代表組成的審議委員會實施審查與指定。然而文化部主管機關受
限人力及環境的侷限，對於文物審議程序須籌組審議委員會，且未對國防文物實施審查
與指定，遑論運用。[43]且主管機關文化部對於國防事務較為陌生，以致於國防文物的審
議、指定、登錄之管理與維護，推行較易產生執行困境。

由於涉及中央及地方主管機關，宜釐清相關權責與工作職掌。為使國防文物的推廣
順利，及國防政策產品行銷順利進行，必須運用整合政策行銷作法，國防部應會同文化
部建立必要的溝通管道與機制，以確保國防文物的維護能永續發展。因此，國防文化資
產中央及地方政府應思考如何活化國防文化資產，透過再利用之規劃及後續之經營管
理，以法制化程序定義國防文物、維護管理及宣揚教育，重新賦予國防文化資產新的生
命力。為使國防文物的推廣順利，除了運用公共關係的國防政策產品行銷溝通方式，必
要時由國防部組成「國防文物管理與維護委員會」，以確保國防文物的維護能永續發
展。同時，國防文物保護與推廣，也必須透過各種文宣傳播管道傳達到全國各地，除中
央相關部會需適時予以各縣市指導及支援外，各縣市政府也應積極運用大眾傳播與網際
網路的媒體，擴大政策行銷宣傳效果。

五　結論

在歷次的中東戰爭期間，以色列政府透過對工商業與交通運輸部門的強力動員，配
合地方產業、醫院與學校等配合實施動員，遂能在極短時間內擊敗數量龐大的敵人，使
以色列能夠轉危為安。從以色列全民國防案例來看，可知以色列藉由全民防衛意識的支
撐，加上全國人民對全民國防的深切認知，不僅使國家安全獲得了保障，亦間接維護了
個人生命與財產的安全，此點值得臺灣兩千三百萬人民學習與效法。[44]

---

42 Prideaux, B. Echoes of war: battlefield tourism in: C. Ryan (Ed.) *Battlefield Tourism: History, Place and Interpretation* (Oxford: Elsevier, 2007), pp.17-27.

43 楊如明、梁朝雲，〈海峽兩岸國防文物運用比較初探〉，《國防雜誌》，第23卷第6期（2008年），頁
30。

44 蔡明憲，〈全民國防教育的構思與落實〉，發表於《明道管理學院演講稿》（彰化縣：明道管理學
院，2016年10月19日），頁4。

　　事實上，國防力量不僅止於軍事實力，而是整體國力、軍事武力、民力及精神戰力的總和，唯有透過教育讓民眾認識國防，進而認同國防、關心國防、支持國防、參與國防，國家安全才有保障；而全民國防教育工作推展及理念之實踐並非一蹴可及，須持續整合各級政府及民間力量共同努力，中央主管機關國防部在既有良好基礎與工作經驗上，廣納各部會、縣（市）政府及社會各界所提出的指導、建議與需求，積極規劃各項優化教育課程與多元化文宣輔教活動，將全民國防理念、觀念與知識融入國人生活，進而達到「全民關注、全民支持、全民參與」之教育目標。[45]

　　然而，《全民國防教育法》自2006年2月立法公布以來，已邁入第十三年，從全民國防政策的成果進一步觀察，中央主管機關國防部戮力推動，無論是政府機關在職教育、學校教育、社會教育及國防文物保護宣導教育上，都有著相當顯著的成效。然而，全民國防教育政策面與執行面，仍有未盡完備與不足的情事存在，因此，實有必要檢討全民國防教育面臨轉型的問題，冀望能運用全民國防教育政策行銷理念施行，以凝聚國人愛國意志，增進國防素養與知識，方能確保國家安全。

---

45 中華民國立法院，〈案由：國防部函送103年「全民國防教育執行成效暨精進作法」專案報告，請查照案。〉，《立法院第8屆第7會期第3次會議議案關係文書》，院總第887號政府提案第14717號之2320，2015年3月4日，頁437，<https://lci.ly.gov.tw/LyLCEW/agenda1/02/pdf/08/07/03/LCEWA01_080703_00205.pdf>。

政府公共住宅政策之探討
——以合宜及社會住宅為例

張旭華*、馬士雄**、王群丞***

摘要

現代的政府應以保障國民居住權為要務，協助低收入者與弱勢族群的居住需求，達成全民居住品質與滿足為目的，一直以來政府的住宅政策之方法以提供國民住宅及以職業區分的各類住宅補貼措施為其兩大政策主軸，手段有住宅價格的管制；直接興建國民住宅；各種住宅包含軍公教、勞工、原住民等住宅政策補貼或青年優惠房貸補貼措施等等。

目前住宅政策中合宜住宅與社會住宅正是以現代社會中經濟弱勢群體為照顧對象，提供經濟弱勢者取得適當的居住空間，實現居住正義之真正精神，但還是要搭配相關社會福利措施，才能在提供居所之外，還能維持一定生活品質。

本研究以政府公共住宅政策為主題，先探討公共住宅政策及其沿革，再分別對合宜住宅與社會住宅深入探究，並將兩種住宅之進行比較並加以評析，希望找出公共住宅政策問題，並提供相關建議解決的住宅問題，以便平衡住宅供需，提升居住品質與環境，讓每一國民有適宜居住之住宅，實現居住正義目標。

關鍵詞：公共住宅政策、合宜住宅、社會住宅、居住正義。

* 張旭華：國立臺北商業大學企業管理系教授
** 馬士雄：任職海悅廣告公司；國立臺北商業大學企業管理系 MBA 研究生
*** 王群丞：任職海悅廣告公司；國立臺北商業大學企業管理系 MBA 研究生

一 前言

　　近年來房價高漲，房價居高不下社會中的中低收入者幾乎無力負擔高額房價，居住正義的議題也備受關注，民眾期盼政府制定有效的住宅政策，政府於2005年全面停止興建國民住宅後，也陸續研擬相關住宅政策參照其他國家的住宅政策之經驗，按照民眾不同的需求，提出各種住宅政策方案措施，包含住宅法中的「社會住宅」、內政部營建署主導的「合宜住宅」、財政部國產局的「公益住宅」、臺北市政府捷運聯開的「公營出租住宅」等等，各種新興住宅政策形態一的出現，顯然政府想透過結合民間力量，以優惠方式鼓勵民間企業參與住宅興辦（花敬群，2013；內政部，2014）。

　　臺灣北部都會區的房價近年不斷攀升，政府為了保障中低收入的受薪階級與弱勢族群能有安身立命的居所，推出合宜住宅政策，試圖緩解當前的居住問題，「合宜住宅」由政府招商投資興建，以平準價格優先售予一定所得以下且無自有住宅者。合宜住宅，正是種新興的住宅政策形式，由政府由供給面著手，採政府與民間共同合作的方式辦理，由政府提供土地，民間廠商提供資金技術興建，提供民眾合宜價位之住宅，依其不同之需求與財務條件，選購或承租適宜之住宅，期待能透過此方案來確保房市機能有效運作，以滿足全民的基本住屋需求（游千慧，2012；彭揚凱、詹竣傑，2017）。

　　然而政策的實施方向多在於協助人民購買住宅，卻忽略了有能力購屋者仍屬社會上經濟條件相對較佳者，這樣的政策目標無法照顧低收入戶等經濟弱勢族群。因為社會住宅是為提供社會或經濟弱勢者覓得居住空間為目的，為達到照顧目的，「社會住宅」將住宅去商品化，以社會中經濟弱勢群體為對象，企圖達成全民居住品質的提升為目的，社會住宅政策的作法在於「只租不售」，此制度的另一關鍵因素，必須搭配社會福利措施，也就是達到人人有住得起的像樣住宅（李雅村，2011；內政部營建署，2019）。

　　居住為憲法保障之基本人權，任何國民都可應享有公平之居住權利，不得有歧視待遇，故住宅政策不僅在硬體上需要針對弱勢者的特殊需求加以規劃，在軟體方面也需要協助就學、就業或醫療等各面向得到資源，在提供居所之外，使其也能維持一定生活品質（曾意辰，2014；朱慶倫，2017）。

二 公共住宅政策之沿革與探究

　　住宅法第1條規定：「為健全住宅市場，提升居住品質，使全體國民居住於適宜之住宅且享有尊嚴之居住環境」，該法引導住宅市場健全發展，及作為住宅政策之指導，有關公共住宅政策之沿革與探究，分別就居住正義與住宅政策、公共住宅政策之沿革、公共住宅政策之現況、住宅法等說明如下。

（一）居住正義與住宅政策

居住為基本人權，居住正義是為落實居住權的保障，其主要內涵為居住權的公平正義，包含分配正義和應報正義；理想之居住正義，目標應是讓全體國民都能享受「住者適其屋」，並落實健全住宅市場、建立公平效率的住宅補貼、提升居住環境品質等三大住宅政策（廖欽福，2016）。

1 居住正義

居住正義以居住平權為主要策略，其內涵應參照經濟社會文化權利國際公約、公民與政治權利國際公約，及經濟社會文化權利委員會與人權事務委員會所作之相關意見與解釋，也是住宅法很重要的政策設計，按照住宅法第45條「居住為基本人權，任何人皆應享有公平之居住權利，不得有歧視待遇。」，宣示政府制定公平居住的反歧視條款，也定義「基本居住水準」，（葉義生，2011）。

公平正義的觀念既有不同的觀點，居住正義的定義很難加以確立，但居住正義至少應該合乎居住公平與公共住宅新模式二個原則（曾意辰，2015）。

（1）實踐居住公平

公義或公平正義是指社會內的物質與人民的適當安排之概念，居住公平可由兩方面實踐（謝明瑞，2013）：

> 一是應報正義主要著重對惡行的適當回應。然而，由於公平正義的涵蓋範圍甚廣，且有關公平正義的認定，因人、事、地、時等的不同而異，是一種相對觀念的認知，並無絕對正確的說法。
>
> 二是分配正義著重在人群間適當分配好的事項如財富、權力、報酬、尊敬等，又如對財富的適當分配方式是平等分配。

（2）創造公共住宅新模式

政府「現代住宅」的規畫，希望讓買不起房子的無殼蝸牛，也可以在相對較低的房價政策下，可以擁有自己的房地產，透過大眾運輸路網延伸，運用大臺北都會區整體資源解決人口過度集中，租屋資源缺乏議題（李子瑋、李長晏，2013）。

藉由高品質、控制成本的規劃興建策略，興辦智慧化之公共住宅社區，並透過有效率的管理維護機制，彈性的財務運作手段，創造政府公共建設新模式。建立多元融合創造都會居住模式的新典範，使公共住宅成為未來居住模式的新理想典範。房屋市場依據其區位、價格及品質等狀況，可區隔不同市場及需求族群（蕭琇華，2015）。

近年來公共住宅新模式包含公共住宅、公營出租宅、合宜住宅、社會住宅等，有關公共住宅四種模式及其內容概要，見表1。

表1　公共住宅四種模式

名稱	公共住宅	公營出租宅	合宜住宅	社會住宅
規劃單位	臺北市政府	臺北市政府	內政部	內政部
土地使用	只租不賣	只租不賣	土地及建物所有權	只租不賣
規劃地點	龍山寺、港墘、臺北橋、小碧潭	大龍峒、敦煌、行天宮、萬隆、景文、永平	板橋浮洲、林口機場捷運A7站	林口、板橋、松山、萬華、中和、三重
規劃方向	接近捷運站具有現代化機能，不得轉租，且對象有年收限制，	只租不賣，政府興建，強調交通便捷與租金優惠，主要提供給青年新婚家庭。	低於周邊房價出售，一定年數內不得轉售，保留10%出租提供中低收入族群。	只租不賣，混居方式提供學生、初入社會者、特定若是群居住，偏向社會福利。

資料來源：本研究整理

2 住宅政策

政策利害關係觀點是公共政策理念的基礎，任何一項公共政策的制定，都必然涉及或多或少的利害關係（stakes），有些人得到政策上的利益，有些人則失去利益，更有些人自認為該項政策對其毫無任何實質影響（丘昌泰，2013）。

（1）住宅政策形成

就民主國家的住宅政策形成而言，好的住宅政策方案必然是讓多數人獲益，降低受損害人數，且能讓受損得到適當的補償或精神與道德上的慰藉，否則該項住宅政策就很難被國會接受（張世賢，2009）。公共住宅政策過程先建立公共住宅基礎概念，政策形成後制定住宅決策，再將住宅政策輸出。公共住宅政策過程如圖1：

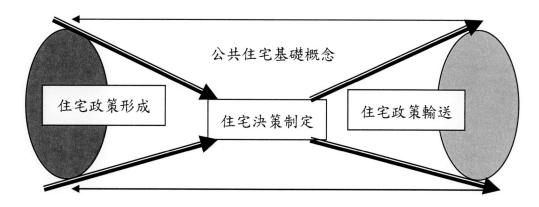

圖1 公共住宅政策過程

資料來源：丘昌泰，2013

　　從住宅政策制定者的立場來看，制定者必須公平認真考慮所有住宅政策利害關係人的立場或態度，才能制定符和公平正義之住宅政策，否則社會必然興起不平之鳴，政策之推行乃有窒礙難行之處。

（2）住宅政策利害關係

　　公共住宅政策可能難以認定誰是政策受益者或政策犧牲者，只能以利害關係人的統稱來加以認定，政策利害關係人觀點（policy stakeholders perspective）為是公共住宅政策分析的理念基礎。福利經濟途徑必須找出一種能夠衡量人際效用（interpersonal utility）比較的標準。此外，功利主義者的命題無疑是假定「只要讓社會福利的總和最大，即使讓少數人受害亦無所謂，重點是社會中最大多數人已經得到最大的福利（張世賢，2009）。

　　有關公共住宅政策利害關係人結構如圖2：

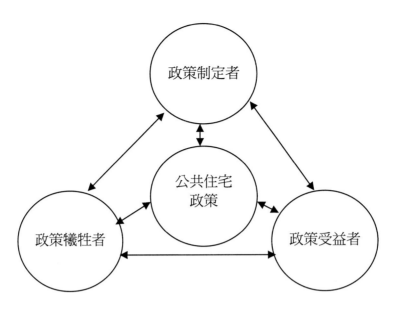

圖 2 公共住宅政策利害關係人結構圖形

資料來源：丘昌泰，2013

公共住宅政策利害關係人結構說明如下（丘昌泰，2013）：

（1）政策制定者

這是指產生、運用與執行公共住宅政策的個人或團體。

（2）政策受益者（policy beneficiary）

公共住宅政策制定過程中直接或間接受到利益的個人或團體，直接受益者通常是標的團體，間接受益者是基於與直接受益者的關係而得到利益；如獨居老人為公共住宅福利政策的直接受益者，老人的兒女則為間接的受益者。

（3）政策犧牲者（policy victims）

公共住宅政策制定過程中喪失其應得利益的個人或團體，喪失的原因可能是政策設計失當，未將他們列為利害關係人；或者公共住宅政策本身引起副作用，對該團體產生負面影響；或者該團體欠缺顯著的政治地位與立場；或者為機會成本之下的必然犧牲品。

（3）住宅政策制定原則

按照憲法保障國民居住權之精神，在健全的住宅市場、合宜的居住品質、公平效率的住宅補貼與社會住宅的規劃下，結合政府與民間資源，讓人民擁有適合的居住環境。住宅政策制定之原則分別說明如下（內政部，2014；李永然，2016；國家發展委員會，2019）：

（1）尊重市場機能

依照自由經濟市場，不過度干預住宅市場供需，透過法令及政策制定，建立住宅租售市場供需雙方公平交易機制，建置與發布充份住宅市場相關資訊，強化住宅市場的供需引導與總量規劃，促成住宅租售市場的適當供需，完善住宅金融機制，確保供給者及消費者雙方的權益。

（2）保障居住權利

由居住品質面及市場面保障國民承租或承購住宅的機會及多元性，增加人性化無障礙住宅之供應，創造適合老人、身心障礙者、婦幼等均可無礙生活的居住環境，傳達社會融合及建立尊重人權的住宅政策。

（3）鼓勵民間參與

鼓勵民間及非營利部門共同參與住宅政策，引入民間的資源，由個別住宅到社區及城鄉環境，透過評鑑獎勵及補助制度，吸引民間參與建構優良之居住與生活環境。

（4）維護社會公義

整合政府組織及資源，調整現行住宅補貼制度，強化輔助住宅租賃措施，透過行政協助或實質補貼，讓弱勢者及中低所得國民得以居住於適宜之住宅。

3 住宅法

住宅法全文共計65條，分8章內容有總則、住宅補貼、社會住宅、居住品質、住宅市場、居住權利平等、罰則及附則。住宅法強調居住為基本人權，其內涵應參照經濟社會文化權利國際公約、公民與政治權利國際公約，及經濟社會文化權利委員會與人權事務委員會所作之相關意見與解釋（立法院法制局，2019）。

住宅法制定目的是為保障國民居住權益，健全住宅市場，提升居住品質，使全體國民居住於適宜之住宅且享有尊嚴之居住環境，並規定為提升居住品質，中央主管機關應按照社會經濟發展狀況、公共安全及衛生、居住需求等，訂定基本居住水準，作為住宅政策規劃及住宅補貼之依據（蕭琇華，2015）。

2017年修法的重點強調以具體協助地方政府解決社會住宅的土地取得、經費來源及人力組織等問題，期能落實居住正義，照顧弱勢及青年族群的居住需求。

住宅法中有關社會住宅有4項重點，分別說明如下（內政部營建署，2019）：

（1）土地取得

地方政府所規劃需求的社會住宅用地，如為應有償撥用的公有非公用土地，得辦理長期租用，以降低地方政府取得興建土地的成本。

（2）財源與經費

　　增訂中央及地方住宅基金來源，成立社會住宅融資服務之平台，協助地方政府興建社會住宅的長期低利資金，解決地方政府解決住宅興建財源問題。

（3）稅賦優惠減免

　　社會住宅興辦期間的地價稅及房屋稅得予適當減免，並免徵營業稅，減輕地方政府或民間興辦社會住宅之稅捐，為鼓勵房東將房屋出租給符合租金補貼資格者，綜合所得稅及地價稅新增相關租稅優惠規定。

（4）人力組織

　　主管機關得設立、指定或委託專責法人或機構辦理社會住宅事宜，以因應社會住宅興建營運的專業性及人力之需求。

（二）公共住宅政策之沿革

　　公共住宅政策之沿革分別就臺灣公共住宅政策起源、臺灣住宅政策變遷，分別探究如下：

1　臺灣公共住宅政策起源

　　臺灣公共住宅政策起步較晚，1955年成立「行政院國民住宅興建委員會」，1957年訂頒《興建國民住宅貸款條例》，1975年訂頒《國民住宅條例》，廢除《興建國民住宅貸款條例》，1990年代國宅大量滯銷，最後於1999年決定停止興辦國民住宅（溫揚彥，2012）。

　　早年住宅政策不明確，但也有國民住宅建設，例如於1964年11月完成1264戶「南機場國民住宅」，擁有最新設計及最前衛的住宅設備，如今卻淪落為破舊違章建築的經典代表，現在是老人多、中低收入多、新住民多。它曾是許多國家參訪學習的對象為何會如此下場，全是因為建築經營管理不善，再加上政府對違建不願處理，造成今日臺北市住宅之瘤。眾所皆知施工品質不良及居住管理不善，會折損「建築物的生命週期」（包哲，1998）。

　　近幾年政府著手制訂並推動相關住宅政策之進行，在2005年核定整體住宅政策，也為了落實此一政策目標，同時滿足民眾購屋基本居住需求，確保房屋市場機能正常運作，以及調節住宅用地供給及維持社會公平正義，基於上述政策目的，行政院經濟建設委員會於2009年制定了〈健全房屋市場方案〉，期待能透過此方案來滿足全民的基本住

屋需求，於2011年制訂住宅法。2013年為配合《住宅法》之施行，於2015年廢除《國民住宅條例》（朱慶倫、張渝欣、陳冠儒，2018）。

有關住宅政策重要沿革見表2：

表2　住宅政策重要沿革

年度	政策
1955	成立「行政院國民住宅興建委員會」
1957	訂頒《興建國民住宅貸款條例》，
1964	11月完成1264戶「南機場國民住宅」，
1975	訂頒《國民住宅條例》，廢除《興建國民住宅貸款條例》
1976-1981	國宅六年興建計畫
1982-1989	國宅興建建與預售計畫
1990-1999	行政院通過「改善當前住宅問題措施」為新社區發展計畫
1999	停止興辦國民住宅
1999	行政院發布「振興建築投資業措施」及「整體住宅政策」
2000	停止獎勵民間投資興建國民住宅，標售未蓋國宅之土地，提供青年優惠購屋專案。
2005	核定整體住宅政策
2009	行政院推動「青年安心成家專案」「健全房屋市場方案」
2010	新北市挑選合宜住宅開發基地，興建只租不賣的社會住宅
2011	制訂住宅法，發布居住正義與社區營造方案
2014	合宜住宅爆發弊案及施工品質問題停止興建
2015	重新核定整體住宅政策，廢除《國民住宅條例》
2016	房稅合一稅制，對住宅政策產生影響
2017	核定社會住宅興辦計畫
2018	修訂整合住宅補貼資源實施方案
2019	提出社會住宅規劃設計興建及營運管理作業參考手冊

資料來源：本研究整理

2 臺灣住宅政策變遷

臺灣住宅政策變遷大致開始於1954年，期間到1975年為貸款興建住宅階段，依「興建國民住宅貸款條例」至1975年止，共興建12萬餘戶。1972年房價開始上漲，至民國

1973年達到高峰，都市土地變地昂貴，1976-1981年為國宅六年興建計畫，此時期的國民住宅興建由政府直接興建、委辦興辦單位興建、眷村改建以及貸款人民自建等四種方式（包哲，1998）。1982-1989年為國宅興建與預售計畫，此四年政府直接興建的數量不多，只有2930戶，低價位住宅需求驟增，為增加可負擔住宅供給。1990-1999年為新社區發展計畫，行政院通過「改善當前住宅問題措施」；即以多途徑方式解決住宅問題，由政府補助購屋者部分貸款利息，將「中低收入戶住宅方案」併入「新社區發展計畫」（溫揚彥，2012）。

因應亞洲金融危機以來的建築業不景氣，1999年1行政院發布「振興建築投資業措施」，其中一項長期措施「整體住宅政策」，以2000年5月，民進黨執政，國宅政策轉向以消化大量餘屋為主，停止獎勵民間投資興建國民住宅，並標售未蓋國宅之土地，提供青年優惠購屋專案。直至2005年5月24日行政院始核定整體住宅政策（林萬億，2012）。

2009年行政院推動「青年安心成家專案」，20歲到39歲的青年一生可有兩次，前兩年新臺幣兩百萬元零利率房貸，行政院經濟建設委員會也制定「健全房屋市場方案」，並於隔年在新北市挑選合宜住宅開發基地（牛容容，2016）。

基於憲法保障國民基本人權的精神，結合政府與民間資源，在健全的住宅 市場、合宜的居住品質、公平效率的住宅補貼與社會住宅的規劃下，使不同所得水準、身心機能、性別、年齡、家戶組成、族群文化之國民，擁有適居且有尊嚴的居住環境，為具體落實政策之施行，2010年政府開始興建只租不賣的社會住宅（呂庭吟，2014）。

林萬億（2012）認為臺灣的國民住宅政策變遷過程依照各個時期的政治經濟環境背景及政策方案內容的差異分為六個時期，有關臺灣住宅政策變遷過程請見表3：

表3　政府住宅政策階段過程

階段時期	時間	內容
貸款興建住宅階段	1954-1975	天災或軍眷撤退來臺須暫時安置問題，依「興建國民住宅貸款條例」至1975年止，共興建125,534戶。
國宅六年興建計畫	1976-1981	這時期的國民住宅興建方式主要有：政府直接興建、委辦興辦單位興建、眷村改建以及貸款人民自建等四種方式。
國民住宅興建與預售	1982-1989	低價位住宅需求驟增，為增加可負擔住宅供給，協助中低收入戶解決住宅問題，行政院於1988年通過「興建中低收入戶住宅方案」，並建立等候名冊制度。
新社區發展計畫	1990-1999	1990年行政院通過「改善當前住宅問題措施」；即以多途徑方式解決住宅問題，而國建六年乃規畫將「中低收入戶住宅方案」併入「新社區發展計畫」。

階段時期	時間	內容
整體住宅政策	2000-2008	1999年1月4日，行政院發布「振興建築投資業措施」，其中一項長期措施「整體住宅政策」，以因應亞洲金融危機以來的建築業不景氣。2000年5月，國宅政策轉向以消化大量餘屋為主，停止獎勵民間投資興建國民住宅，並標售未蓋國宅之土地，提供青年優惠購屋專案。
興建合宜住宅	2008-2010	2009年推動「青年安心成家專案」，20歲到39歲的青年一生可有兩次，前兩年新臺幣兩百萬元零利率房貸。行政院經濟建設委員會於2009年制定「健全房屋市場方案」並於隔年，於新北市勘選合宜住宅開發基地。
社會住宅推動聯盟	2010-今	基於憲法保障國民基本人權的精神，結合政府與民間資源，在健全的住宅 市場、合宜的居住品質、公平效率的住宅補貼與社會住宅的規劃下，使不同所得水準、身心機能、性別、年齡、家戶組成、族群文化之國民，擁有適居且有尊嚴的居住環境

資料來源：林萬億，2012；牛容容，2016

三 合宜住宅之探究

行政院於2010年核定健全房屋市場方案，並於同年會同內政部營建署及地方政府來勘選合宜住宅開發基地，合宜住宅之探究分別就合宜住宅之定義、發展及合宜住宅之檢視說明如下。

（一）合宜住宅之定義

合宜住宅（Affordable Housing）是為了改善以往國宅建築品質不佳的問題，由政府提供土地，用較低價格賣給民間廠商，民間廠商提供資金技術興建，提供無自有住宅的中低收入家庭以合宜價位購買，但承購需符合限定資格，促進都會區住宅供給與需求之均衡，舒緩房價上漲情形之政策目標（張宏章、吳世欽，2016）。

（二）合宜住宅發展

2005年5月行政院核定「整體住宅政策」，揭示四大原則尊重市場機能、維護社會公義、鼓勵民間參與及保障居住權利，以便達「健全住宅市場」、「建立公平效率之住宅補

貼制度」及「提升居住環境品質」住宅政策三大目標。結合政府與民間資源,在合宜的居住品質、健全的住宅市場、公平效率的住宅補貼與社會住宅的規劃下,使不同年齡、所得水準、性別、身心機能、家戶組成、族群文化之國民,擁有適居且有尊嚴的居住環境,自此開啟合宜住宅之政策(丁育群,2013)。

為實踐「居住者有其屋」之使命,2010年行政院核定「健全房屋市場方案」,以政府與民間合作方式推動合宜住宅,規劃低於周邊市場價格之住宅,促進臺北都會區住宅供給與需求之均衡,舒緩日益上漲的房價,內政部於同年4月按照此方案,辦理的出售式公共住宅(內政部,2019)。

2011年通過「住宅法」,人民居住權利正式獲得政府重視,政府透過區段徵收,將土地所有權賣斷給建商,並交由建商興建、銷售,銷售時明訂房價與購買者資格,並嚴格要求建築規劃品質並詳細規定建材等級,確保合宜住宅的居住品質。內政部在林口機場捷運 A7 站、板橋浮洲等地,陸續規劃優先協助中低收入之無自有住宅民眾或家庭購屋的合宜住宅。但2014年合宜住宅弊案爆發後,內政部表示將不再續推此政策(張宏章、吳世欽,2016)。

(三)合宜住宅之檢視

合宜住宅政策,2010年時係屬創新之住宅政策,雖然政策與過去國民住宅政策有些類似,但政策執行方式及政策工具,卻有很多不同之處,面對照顧弱勢者居住的需求,對國內住宅照顧對象及協助方式,應該檢討及整合。

合宜住宅政策的推行,是政府希望能透過較低價格住宅的供給以及保留部分作為出租社會住宅使用等多元化的措施,來解決都會區因房價飆漲,中低收入受薪階級與弱勢族群無法購屋而引發之住宅問題。合宜住宅政策長期以來以輔助人民購置住宅為主要施政方向,惟對於整體住宅發展的掌握及展望尚有不足。探討合宜住宅政策執行的成效與影響因素(顏嘉琪,2015;李永然,2016;內政部營建署,2019),本研究分別檢視如下:

1 頭期款門檻太高承購戶負擔重

政府在推出合宜住宅政策時,就是像一般的住宅房屋建案一樣,想購買浮洲合宜住宅的民眾,其房屋貸款模式就像一般建案,要準備3成左右自備款,而不管購買何種房型,要先繳納40萬元簽約金,民眾即便購買的是最便宜的房型,至少需準備180餘萬元,因繳納價金太高,致使登記承購浮洲合宜住宅抽中的承購戶每3戶中就有1戶退掉。

2 轉售規定更嚴謹

合宜住宅規定承購人必須持有10年以上才可以轉賣，因此承購戶的資金會比較容易卡在購買住宅上，如果房貸的貸款金額太高，可能導致較重房貸負擔，萬一家庭又發生變故，像是失業、破產、急需用錢等狀況，在無法賣房變現的狀況下，會導致房屋法拍。

合宜住宅雖限制10年內不得移轉，但沒有嚴謹的轉售規定，使得合宜住宅轉售年限期滿即回到市場價格機制，應考慮轉賣僅能回售政府，或轉售年限期滿後承購者之資格加以限制。

3 出租式合宜住宅欠缺社會住宅意義

在浮洲合宜住宅中保留10%戶數作為出租型社會住宅使用，但只提供出租10年，建商以社會住宅出租10年之後即可出售，或6個月內未能出租時，建商有權無條件轉賣，讓原本要照顧中低收入之無自有住宅者的合宜住宅瞬間轉為一般市場住宅，這些定有些失去社會住宅意義，也可能成為建商精華保留戶，等轉售年限到即可以市場價格出售，政府應編列預算將10%出租戶購回作為社會住宅。

4 合宜住宅建築結構品質問題

政府為了顧及合宜住宅建築品質而對外招商，借重營造業的建築專業，但浮洲合宜住宅從施工期間屢傳工安意外，在 A2 區交屋後又爆發建材品質、建築結構、地下室淹水等問題，各種負面消息都使得外界質疑合宜住宅是否有偷工減料，對於權益受損的合宜住宅承購戶，政府與建商皆無法卸其責。

5 因為弊案合宜住宅政策暫停

2014年6月爆發桃園縣副縣長葉世文收受建商行賄弊案的衝擊，使得合宜住宅的政策觀感不佳，因政府讓建商以較低價格購入土地興建合宜住宅，建商本身能獲取一定的利潤，另外合宜住宅還牽涉到都市更新的問題，但中央以都市更新方式辦理合宜住宅，恐有炒作地皮之嫌，之後合宜住宅政策便暫停。

四 社會住宅之探究

（一）社會住宅之定義

社會住宅（social housing），住宅法第3條：「社會住宅為由政府興辦或獎勵民間興

辦，專供出租之用，並應提供至少百分之三十以上比例出租予具出租予經濟或社會弱勢者之住宅。」，臺灣社會住宅廣義概念傾向於那些因受某種政府補貼的租賃住宅，以低於市場租金的方式供社會經濟弱勢民眾租用者（立法院法制局，2019）。

社會住宅在歐洲亦稱之為「社會出租住宅」（Social Rented Housing），是指政府直接興建、補助興建或民間擁有之適合居住房屋，採取只租不賣模式，以低於市場租金或免費出租給所得較低的家戶或特殊的弱勢對象的住宅。各國所使用之名稱不盡相同，美國稱之為 affordable housing、日本稱公營住宅、香港稱公屋、新加坡與馬來西亞稱組合房屋等，臺灣又因為年代法源和地方政府政策施行而有不同名稱之社會住宅，例如平價住宅、出租國宅、公營住宅、青年住宅、勞工住宅等（竹中伸五著、陳建中譯，2014；彭揚凱，2015）。

（二）社會住宅現況

住宅法施行迄今將近8年，惟國內高房價、高空屋率及社會住宅短缺等等問題仍然存在，致使青年及弱勢家戶的基本居住需求難以獲得滿足。為解決上述問題，中央政府推動社會住宅短期實施方案，選定臺北市與新北市5處試辦基地興建，目標預定在2023年前興建15,100 戶（內政部營建署，2019）。

根據內政部2011年公布之社會住宅中長期推動方案與民間社會住宅推動聯盟統計資料，臺灣目前廣義「只租不賣」之社會住宅比例僅佔全國住宅總量之0.08%。2014年核定之「社會住宅中長期推動方案」，為照顧國人居住需求，政府規劃在8年內推動20萬戶只租不售的社會住宅政策（內政部（2014），行政院於2017年3月核定「社會住宅興辦計畫」，內政部營建署將規劃興建12萬戶、加上包租代管民間私有房屋8萬戶及容積獎勵方案來增加社會住宅供給，以便達成住宅法社會住宅目標（花敬群、江尚書、徐旻穗，2017）。

（三）社會住宅之檢視

臺灣社會住宅廣義概念傾向於那些因受某種政府補貼（土地、利息、稅賦等）的租賃住宅，對居住議題的文化與社會氛圍能漸漸有所變化。政策不能永遠只是在應急，不能一直見樹不見林。社會住宅之檢視分別說明如下（游千慧，2012；花敬群，2017；朱慶倫、張渝欣、陳冠儒，2018）：

1 社會住宅比例偏低

扶助弱勢是社會住宅的核心價值，住宅法原本設計希望推動社會住宅比例應達至少

30%，但於立法院三讀時卻遭刪減讓保障弱勢比例只剩10%，使得住宅法發揮社會福利政策目的略減。

2 社會住宅規劃與管理缺欠

社會住宅不只是鼓勵民間興建硬體，而應重視弱勢族群遷入後，如何規劃與管理社區的問題，依據住宅法第27條，地方政府興辦社會住宅，得自行或委託經營管理，但是由哪個單位管理或者委託哪個民間單位經營管理，住宅法並未完整規範，且未來經營管理費用的來源何也未規定。

3 隱匿住宅市場資訊欠缺罰則規範

為促進住宅市場資訊透明化，住宅法第47條至第52條雖有規定，對於業者隱匿、不提供乃至於提供不正確市場資訊，欠缺規範罰則，因此能否發揮實質效果，亦有待改善。

4 落實反居住歧視」政策

針對人民的居住權利，現行常發生的居住歧視行為，例如身體或精神障礙、老年養護中心等，最容易遭受房東拒絕出租，甚或鄰居擔心房價下跌而群起驅出社區，甚或銀行擔心這些身心障礙之人無力支付利息而拒絕貸款，諸多歧視問題在住宅法中雖定居住為基本人權，任何人皆應享有公平之居住權利，不得有歧視待遇，但只針對無障礙空間、導盲犬等明文保障，因此是否能確實落實反居住歧視政策，有待努力。

5 增訂多元策略取得社會住宅

針對目前各地方政府推行社會住宅常面臨到土地取得、經費來源及人力組織等問題，應修住宅法讓各地方政府得辦理無償撥用或長期租用國有非公用地，並透過內政部建置的融資平台取得長期低利資金，協助地方政府解決土地與財源問題，並增訂多元策略取得社會住宅，以加速提升國內社會住宅之供給量。

五 公共住宅政策之評析

臺灣長期以來由於住宅供需失調、價格起伏波動及住宅市場資訊匱乏等問題，民眾對於提升居住環境品質及各項居住需求有殷切期望，住宅政策議題一直是焦點。有關公共住宅政策之評析分別探討如下：

（一）住宅政策目標

按照整體住宅政策之政策目標：「基於憲法保障國民基本人權的精神，結合政府與民間資源，在健全的住宅市場、合宜的居住品質、公平效率的住宅補貼與社會住宅的規劃下，使不同所得水準、身心機能、性別、年齡、家戶組成、族群文化之國民，擁有適居且有尊嚴的居住環境」，住宅法第1條揭示：「為保障國民居住權益，健全住宅市場，提升居住品質，使全體國民居住於適宜之住宅且享有尊嚴之居住環境。」。

住宅為國民生計根本，人民最重要財富資產，也是銀行之金融債權主要標的，發達的住宅市場更是國家經濟成長動能的重要來源，健全房屋市場發展影響社會安定、國民生活品質及經濟成長，針對當前房屋市場現象，由經濟、社會、福利、環境及金融因素綜合考量，提出下列公共住宅政策目標（朱慶倫，2017；內政部營建署，2019）：

（一）安定社會民心及穩定住宅市場。
（二）優先照顧弱勢及相對弱勢者之居住。
（三）確保中低收入及受薪階級的照顧與滿足居住需求。

（二）住宅政策基本原則

有關住宅政策基本原則包含採溫和有效措施、符合社會公平原則、健全穩定房市發展、因地因人制宜、市場資訊透明等分別探討如下（溫揚彥，2012；彭揚凱、詹竣傑，2017；內政部，2019）：

1 採取溫和有效措施

採取溫和、有效且具體可行的住宅措施與政策，以降低房屋市場之不確定性與非理性預期所可能造成之市場衝擊，維持住宅市場秩序與社會民心安定。

2 符合社會公平原則

在符合社會公平正義原則下，提供經濟與社會弱勢必要的住宅支援及協助，以促進土地及房屋持有成本合理。

3 健全穩定房市發展

確保房屋市場的健全發展，以維持總體經濟與就業的穩定成長。

4 因人因地制宜

就特定地區、特定對象提出有效住宅對策加以解決，應該是因人因地制宜，而非全面性的市場降溫。

5 市場資訊透明

加強住宅市場資訊之透明與公開，以利於住宅市場價格機，能有效發揮調節供需之作用，以健全房屋市場整體發展。

住宅政策應該在尊重自由市場機制之前提下，就住宅市場失靈的部分，由住宅供需兩方面同步進行調整，避免因人為政策之干預，造成資源錯置與住宅市場價格波動。

（三）公共住宅未來策略

住宅與人民的生活息息相關，在完全競爭市場下，應透過市場機能的運作，資源達到最適效率，社會福利最大，理論上政府無介入的必要，但政府政策的推動若基於居住正義與合理房價之考量，則制度可做適度調整，以達成政府所積極推動居住正義的之目標。有關公共住宅未來策略分別說明如下（李永然，2016；朱慶倫，2017）：

1 建立完善住宅供需資料

營建署為推動不動產交易資訊透明化，已整合相關網站，建立內政部不動產資訊平台，期藉由資訊收集、彙整、分析並發布住宅統計相關資訊，提供更便捷的資訊呈現，讓民眾更加明瞭不動產相關訊息。

住宅法在社會住宅的承租規定須具經濟或社會弱勢身分者，各地方政府社政主管機關對上述身分之住宅需求情形，亦應進行調查建立基本資料，以配合社會住宅興建主管機關的政策執行。

2 逐步提升出租型社會住宅數量

政府提供一定所得及財產以下民眾，可申請自建住宅貸款利息、自購住宅貸款利息、承租住宅租金、修繕住宅貸款利息及簡易修繕住宅費用等補貼，根據2012年統計，社會住宅需求約18.4萬戶，那時只有不到6千戶，短缺比率高達95%38，至2018年社會住宅存量共計1.8戶，全國住宅總量850多萬戶計算，社會住宅存量比率僅為0.6%，並不足以提供現存的社會弱勢族群使用。

3 釋出社會住宅建築用地

興建社會住宅需要有足夠的土地，由於近年來少子化之現象，有許多閒置學校用地預定地或公有土地，可通盤檢討未來土地需用情形，與其土地閒置不如變更為社會住宅用地，或提供重劃區抵費地作為社會住宅興建用地，增加社會住宅用地供給面，也可抑制高漲的房價。

4 擴大住宅補貼數量及額度

住宅法明定由政府興辦或獎勵民間興辦之社會住宅，確認只租不售的基本原則，至少要提供30%比例給經濟或社會弱勢者，內政部營建署的統計資料顯示，政府已透過多元管道，提供住宅補貼措施，惟住宅貸款利息補貼、租金補貼及修繕住宅貸款利息補貼數量是否足夠，應進行檢討並調整因應，建議應審慎檢視。

5 激勵民間主動興辦社會住宅

住宅法第29條規定民間興辦之社會住宅之相關優惠或獎勵措施，公部門應有積極作為，依據住宅法的規定，獎勵民間興建社會住宅，甚至於減徵地價稅等措施。為增進公共服務品質，主管機關或民間興辦之社會住宅，應保留一定空間供作社會福利服務、長期照顧服務、身心障礙服務、托育服務、幼兒園、青年創業空間、社區活動等服務設施，符合社會救助或福利服務的目標。

6 合理的租金價格管制

房價市場政府難以介入控制，但社會住宅的租金管制，是政府可以介入訂定的，將出租型社會住宅的租金限定在市場交易價格之下，或者是以弱勢族群可負擔為原則來制定租金，希望能減低弱勢族群承租人的租房負擔。

六 結語

公共住宅政策目標安定社會民心及穩定住宅市場，優先照顧弱勢及相對弱勢者，確保中低收入及受薪階級的照顧與滿足居住需求。

有關合宜住宅應考量頭期款門檻太高承購戶負擔重，相關轉售規定應該更加嚴謹，出租式合宜住宅欠缺社會住宅意義宜改善，但2014年合宜住宅建築結構品質發生問題，加上弊案造成合宜住宅政策暫停實在可惜。

扶助弱勢是社會住宅的核心價值，但社會住宅興建比例偏低；社會住宅規劃與管理費用缺欠規範；隱匿住宅市場資訊欠缺罰則；落實「反居住歧視」政策，有待努力；增訂多元社會住宅策略以取得更多。

　　公共住宅未來策略包含推動不動產交易資訊透明化，建立完善住宅供需資料；逐步提升出租型社會住宅數量，提供現存的社會弱勢族群使用；釋出社會住宅建築用地，增加住宅用地供給面，當可抑制房價的飆漲；擴大住宅補貼數量及額度，確認「只租不售」的基本原則，至少要提供30%比例給經濟或社會弱勢者；希望公部門應有積極作為，依據住宅法的規定，激勵民間主動興辦社會住宅；政府訂定合理的社會住宅租金價格管制，希望能減低弱勢族群承租人的租房負擔；最後逐步修正居住正義五法，完善整體住宅政策。

參考書目

（一）中文部分

丁育群　〈臺北市公營住宅政策〉　《建築師雜誌》　第462期　2013年　頁76-78

牛容容　〈臺灣社會住宅政策執行之研究：以臺北市為例〉　臺北市　銘傳大學公共事務學系碩士論文　2016年

內政部　《社會住宅中長期推動方案暨第一期實施計畫》　臺北市　內政部　2014年

丘昌泰　《公共政策》　臺北市　巨流　2013年

包　哲　《公共住宅之社會歷史》　臺北市　田園城市文化　1998年

朱慶倫　〈社會住宅新作為〉　《國土及公共治理》　第5卷第3期　2017年　頁122-129

朱慶倫、張渝欣、陳冠儒　〈社會住宅業務推動情形〉　《主計月刊》第749期　2018年　頁60-65

竹中伸五著，陳建中譯　〈由民間企業進行提供的社會住宅〉　《建築師》第40卷第1期　2014年　頁70-77

呂庭吟（2014），《社會住宅與合宜住宅相互變遷之政策過程分析》，國立政治大學公共行政研究所碩士論文。

李子瑋、李長晏　〈社會住宅政策問題建構與對策提出　《中國地方自治》　第66卷第6期　2013年　頁20-60

李永然　〈從居住權的保障談《住宅法》的落實！〉　《都市前瞻》　第9期　2016年　頁17-21

李雅村　《我國推動「社會住宅」之相關問題探討及修法方向之研析》，臺北市　立法院法制局　2011年

林萬億　《臺灣的社會福利：歷史經驗與制度分析》　臺北市　五南圖書出版公司　2012年

花敬群　〈社會住宅推動過程中的迷思〉　《建築師》　第462期　2013年　頁84-87

花敬群　〈空屋這麼多，還要再蓋社宅嗎？〉　《土地問題研究季刊》　16卷第2期（總62）　2017年　頁55-57

花敬群、江尚書、徐旻穗　〈社會住宅質量並進的策略及挑戰〉　《社區發展季刊》第158期　2017年　頁6-14

胡勝正　〈從房價所得比看臺灣的社會不公〉　《臺灣經濟預測與政策》　第45卷第2期　2015年　頁23-43

張世賢　《公共政策分析》　臺北市　五南圖書出版公司　2009年

張宏章、吳世欽　〈浮洲合宜住宅探討〉　《建築師》　第42卷第5期（總497）　2016年　頁118-119

彭揚凱　《鼓勵民間興辦社會住宅執行策略之研究》　臺北市　國家發展委員會　2015年

彭揚凱、詹竣傑　〈從《住宅法》修法談社會住宅的突破與展望〉　《建築師》　第43卷第1期（總505）　2017年　頁95-99

曾意辰　《居住正義——臺灣社會住宅論述與政策之分析》　臺北市　國立政治大學國家發展研究所碩士論文　2015年

游千慧　《當前住宅政策之檢討與修法方向評析》　臺北市　立法院法制局　2012年

溫揚彥　《臺灣社會住宅之研究——歷史制度主義觀點》　國立臺北大學不動產與城鄉環境學系碩士論文　2012年

葉義生　《住宅法草案評估報告》　臺北市　立法院法制局　2011年

廖欽福　〈當走在鋼索的「居住正義」遇到海市蜃樓的「社會住宅」〉　《月旦法學教室》　第160期　2016年　頁47-63。

蕭琇華　《建構社會住宅關鍵成功因素之研究》　長榮大學企業管理學系碩士班碩士論文　2015年

謝明瑞　《居住權與適足住房權－兼論我國居住正義》　國家政策研究基金會　2013年

顏嘉琪　《臺灣國家自主性之研究：以住宅政策為例》　國立中山大學政治學研究所碩士論文　2015年

（二）網路部分

內政部（2019），https://www.moi.gov.tw/

內政部營建署（2019），https://www.cpami.gov.tw/

立法院法制局（2019），https://www.ly.gov.tw/Pages/List.aspx?nodeid=173

國家發展委員會（2019），https://www.ndc.gov.tw/

跨文化戲曲改編之劇本結構研究
——以新編歌仔戲《彼岸花》為例

黃慧玲*

摘要

　　新編歌仔戲《彼岸花》是河洛歌仔戲團新編的劇目，本劇在2001年首演就成功以跨文化戲曲改編的手法將莎士比亞著名的悲劇《羅密歐與茱麗葉》的內容進行移植與創新。演出後好評不斷，因此，本劇對於臺灣戲曲現代化的創新有著深遠的意義。劇中不論是劇本的章法結構及演出的藝術形式都兼具傳統與創新的跨域價值。本論文以新編歌仔戲《彼岸花》作為研究主題及構想，藉由劇本互文性之分析，將對於臺灣本土劇種的現代化與國際化提供多元發展的參考與方向。

　　本文研究方法及材料，主要釐清兩劇在情節及人物設定上頗多相似及相異處。研究主要以判別兩劇的章法結構關係，分析本劇在跨文化改編中運用的創新手法。本文章也透過中西文化的特色解析兩劇在情節中佈置的理念，判別歌仔戲《彼岸花》的「結構」與莎劇是純粹劇情結構的參考？其創新為何？刪編的部份內容差異為何？進行深入的分析與比對，探討其因果關係。

關鍵詞：戲曲、跨域、互文性、劇本、歌仔戲。

---

* 臺北海洋科技大學表演藝術系助理教授

一　前言

　　新編歌仔戲《彼岸花》是河洛歌仔戲團新編的劇目，本劇在2001年首演就成功以跨文化戲曲改編的手法將莎士比亞著名的悲劇《羅密歐與茱麗葉》的劇情進行移植與創新，演出後好評不斷，因此，本劇不僅對於臺灣戲曲現代化的創新有著深遠的意義，劇中不論是劇本的章法結構及演出的藝術形式都兼具傳統與創新的跨域價值，本論文以新編歌仔戲《彼岸花》作為研究主題及構想，將對於臺灣本土劇種的現代化與國際化提供多元發展的參考與方向。

　　本文研究方法及材料，主要釐清兩劇在情節及人物設定上頗多相似及相異處，研究主要以判別兩劇的章法結構關係，分析本劇在跨文化改編中運用的創新手法，也透過中西文化的特色解析兩劇在情節中佈置的理念，判別歌仔戲《彼岸花》的「結構」與莎劇是純粹劇情結構的參考？其創新為何？刪編的部份內容差異為何？進行深入的分析與比對，探討其因果關係。再則，兩劇在章法結構與表演形式上，又如何將西方的戲劇移植到本土以「歌仔」呈現的模式？

　　歌仔戲是臺灣珍貴的文化資產。臺灣的歌仔戲基本上是屬於「歌劇」型式，所謂「有聲皆歌，無動不舞」、「合歌舞以演故事」，說明傳統戲劇的特色在於音樂、唱腔和身段做表的藝術形式靈活的應用並融入其中，臺灣傳統戲曲中涵蓋文學、音樂、舞蹈、美術及工藝等多項元素，是結合多種藝術於一體的綜合表演藝術，也是臺灣先民們生活文化、藝術的結晶。

　　本劇以西方的文化素材為參考，再依據歌仔戲特有的表演形式風格加以創新轉化，成為西學中用的良好範例，其中的創新手法，必能成為活化傳統戲曲一個良好的借鏡，使戲曲更具時尚的風格。

　　本文應用西方結構主義理論分析本劇劇本的結構模式，以學者普羅普（Vladimir Propp）、蘇里奧（Étienne Souriau）、格雷瑪斯（A. J. Greimas）三位結構主義代表性之學者所提出之論述為論文主要依據，及美國文學批評家弗雷德里克・詹姆遜（Fredric R. Jameson）的敘事符號矩陣對於新編歌仔戲《彼岸花》之文本進行結構探討。

二　結構主義的基本立論與歷史發展

　　結構主義（Structuralism）於20世紀60年代從法國崛起，是上個世紀下半葉最常使用來分析語言、文化與社會的研究方法之一。結構主義認為人的存在和意義，是由語言—文化符號系統規定的，我們所說、所思考的一切，都受語言—文化符號深層結構的支配。結構主義者的任務在於找出事物內部的複雜關聯，這種深層結構不能被直觀，而必須憑藉思想來挖掘、建構。

　　運用結構主義研究方法的過程中，主要研究重點是現象間的「關係」，而不是現象本身的性質。結構主義把藝術作品也視為符號的一部分，認為一切的藝術表現，無論何時何地均具有普遍性的結構，如研究藝術作品中的每個部份都必須將其放在整體結構中予以比較，才能得知此部份之真意。

　　「結構」是一種關係組合，它具有整體性、自調性和轉換性。結構主義文論反對模仿說（模仿現實）、表現說（表現作者思想），認為一部作品就是一個自給自足、相互關聯的結構所組成的「能指系統」。

　　本文應用西方結構主義理論分析本劇劇本的結構模式，以學者普羅普（Vladimir Propp）、蘇里奧（Étienne Souriau）、格雷瑪斯（A. J. Greimas）三位結構主義代表性之學者所提出之論述為論文主要依據，及美國文學批評家弗雷德里克・詹姆遜（Fredric R. Jameson）的敘事符號矩陣對於新編歌仔戲《彼岸花》之文本進行分析，首先釐清將四位結構主義理論學者的論述，作為論文研究的方法。

（一）普羅普（Vladimir Propp, 1895-1970）

　　普羅普（Vladimir Propp, 1895-1970），俄國形式主義文論家，結構主義的先驅者。他在整理一百個俄國童話故事之後，作出結論：「雖然一個故事中的人物可以變動，但他們在故事中所發揮的功能卻是永恆和有限的。」[1]

　　普羅普並歸納出童話故事的七種人物角色，即七個「行動範圍」：[2]

1. 惡棍：和英雄競爭
2. 援助者：提供英雄魔法援助
3. 幫手：協助、解救英雄、解決問題、協助英雄變形
4. 公主：一個被追尋的人（有時伴隨著父親），公主是一個目標，並且常常認出英雄、嫁給他，且懲罰惡人
5. 派遣人：送走英雄的人
6. 英雄：因為某種搜尋而出發，對支援採取回應，並在最後結婚
7. 假英雄：聲稱自己是英雄，常像真英雄般搜尋或行動。

　　以上「行動範圍」中，一個人物可以扮演一個以上的角色（如：惡棍也可以是假英雄，援助者也可以是派遣人），一個角色也可由幾個人物扮演（例如多個假英雄）。[3]

1　羅伯特・休斯著，劉豫譯，《文學結構主義》，臺北：桂冠，1994年，頁71。
2　羅伯特・休斯著，劉豫譯，《文學結構主義》，臺北：桂冠，1994年，頁74。
3　羅伯特・休斯著，劉豫譯，《文學結構主義》，臺北：桂冠，1994年，頁74。

七種人物角色發揮的「功能」，頂多只有31種，這31種功能未必都會出現，但如果出現 一定是按照順序的。[4]有人將31種功能生搬硬套，用來分析好萊塢電影等等，顯得非常牽強附會。

普羅普的研究，重要的不是他的結論，而是他的方法。這是一種可以廣泛運用的方法，用它來分析成千上萬的故事，也許可以得出上百條公式。

（二）蘇里奧（Étienne Souriau）

巴黎大學教授蘇里奧（Étienne Souriau）於1950年出版了一本討論戲劇文學的前結構主義著作：《二十萬個戲劇情景》（*Les deux cent mille situations dramatiques*），[5]書中蘇里奧歸納出戲劇情景中的六種功能，可分配為十種角色（五種功能，加上「幫手」功能，可幫助其他五種），以占星學符號代表：[6]

1. ♌→獅子，即意志，渴望得到某種東西的那個人
2. ♂→戰神馬爾斯，與獅子相對立
3. ☉→太陽，被追求的對象
4. ♀→地球，最終受益人
5. ♎→天秤，仲裁者、獎賞者
6. ☾→月亮，可能是前五者中任何一個的幫手或盟友

當我們將以上六種功能交予人物去扮演，這些人物之間的關係建立起來後，一個戲劇情景就成立了。[7]然而不是所有功能都要交予人物去扮演，也不見得每一種功能都要出現在舞台上。

例如莎劇《奧賽羅》的核心情景可以如此表示：

♌（奧賽羅）+♂ （♌）（伊阿高，同時是對手與偽裝的幫手）+☉（苔斯德夢娜）

4 羅伯特・休斯著，劉豫譯，《文學結構主義》，臺北：桂冠，1994年，頁72。
5 羅伯特・休斯著，劉豫譯，《文學結構主義》，臺北：桂冠，1994年，頁58。
6 羅伯特・休斯著，劉豫譯，《文學結構主義》，臺北：桂冠，1994年，頁60-61。
7 羅伯特・休斯著，劉豫譯，《文學結構主義》，臺北：桂冠，1994年，頁61。

（三）格雷瑪斯（A. J. Greimas, 1917- ）

格雷瑪斯（A. J. Greimas, 1917- ）則試圖將普羅普和蘇里奧建議的可能性規範化和系統化。他將行動者分成三組相對立的成分，一個故事的所有角色都可以從這三組相對應的「行動元範疇」中引申出來：[8]

主體／客體
賦予者／接受者
幫手／敵手

格雷瑪斯在《論意義》（1970）中，提出完全形式化、符號化的矩陣，可以表現一切意義的基本結構，實現了結構語義研究由自然語言向邏輯符號語言的轉換，圖示如下：[9]

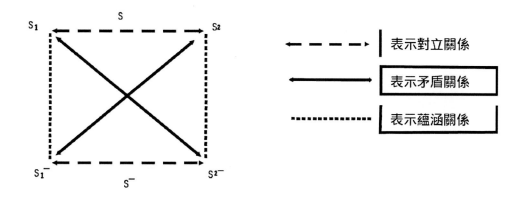

（四）詹姆遜（Frederic Jameson）的敘事符號矩陣

美國文學批評家弗雷德里克・詹姆遜（Frederic Jameson）進一步將格雷瑪斯的「行動元」和語義符號矩陣揉合起來，得到一個簡化又實用的敘事符號矩陣：[10]

8　李廣倉，《結構主義文學批評方法研究》，長沙：湖南大學，2006年，頁199。
9　李廣倉，《結構主義文學批評方法研究》，長沙：湖南大學，2006年，頁203-204。
10　李廣倉，《結構主義文學批評方法研究》，長沙：湖南大學，2006年，頁208。

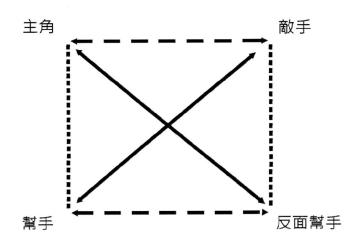

此矩陣可表現索取、爭鬥、幫助、背叛等一系列錯縱複雜的敘事遊戲，幾乎對所有的敘事性文本都有效。[11]

三　歌仔戲《彼岸花》與莎劇《羅密歐與茱麗葉》的比較

歌仔戲《彼岸花》改編自莎劇《羅密歐與茱麗葉》，《羅密歐與茱麗葉》的場景落在義大利的維洛納，《彼岸花》的舞台則設定在十九世紀中葉臺灣港埠艋舺。《羅》劇以蒙太古與卡普萊兩戶大族的世代仇恨為悲劇發生的背景，《彼》劇則以漳泉兩大移民族群的分類械鬥為悲劇發生的背景。[12]兩劇之間的跨文化改編，除了人物、情節的轉換，是否有著「結構」上的差異？以下我們藉由蘇里奧與格雷瑪斯的理論，探究其改編過程中，是否產生了「結構」上的更動。

（一）劇情的比較

1　《羅密歐與茱麗葉》劇情

《羅密歐與茱麗葉》劇情描述在一個名叫維洛納的義大利小城裡，有兩個門戶相當的大家族——蒙太古家和凱普萊特家，兩個家族世代的恩怨導致了兩家人之間紛爭不斷，兩家族的人一碰面就會發生械鬥。

然而，在這樣充滿深仇大恨的兩個家族之間，卻產生了一段感人至深的戀情。蒙太古家的兒子羅密歐與凱普萊特家的女兒茱麗葉在一次宴會中一見鍾情，他們很為這段禁

---

11 李廣倉，《結構主義文學批評方法研究》，長沙：湖南大學，2006年，頁230。

12 見《彼岸花》節目冊（臺北：河洛歌仔戲團，2001年），頁4。

忌的愛情擔心，羅密歐請求勞倫斯神父為他們舉行秘密婚禮，好心的神父很樂意成全他們這段美好的戀情，並希望他們的結合可以使兩家盡釋前嫌。

但在此時，不幸的事情發生了：羅密歐的好朋友茂丘西奧因為幫羅密歐出頭被茱麗葉的表哥提伯爾特一劍刺死，為了替朋友報仇，羅密歐不得不拔劍殺死了提伯爾特，因而被維洛納親王判決放逐。同時茱麗葉也受父親凱普萊特的逼迫，要她快快嫁給帕里斯伯爵，茱麗葉焦急萬分，請求勞倫斯神父幫助，神父急中生智，一面讓茱麗葉在婚前的夜晚服下他的假死藥，一面派人送信給羅密歐，讓他適時趕來帶走茱麗葉。

茱麗葉依計行事，可是送信的人卻為瘟疫的蔓延而耽擱時程，沒有如期找到羅密歐。羅密歐聽到茱麗葉的死訊，悲痛欲絕，匆匆回到維洛納城，來到茱麗葉的墓地，服下毒藥殉情。當茱麗葉從假死狀態中醒來後，滿懷著同羅密歐相聚的希望，但是當她發現羅密歐已經死去後，不顧外面喧囂的人聲，也不顧神父的勸告，立即決定同羅密歐死在一起。她聽到守夜人的聲音後，果敢地拿起匕首，刺進了自己的心臟。羅密歐與茱麗葉的愛情雖然毀滅了，卻因此贏得了眾人的悔悟，換來了兩家人的世代和平。

2 歌仔戲《彼岸花》的劇情

清朝時期漳泉兩族鬥爭激烈，而漳州望族青年陳秋生竟愛上了泉州望族的千金秀蘭，無奈漳泉兩族世仇，男女不可能通婚，又秀蘭父親有意將女兒許配給親信金龍，為此秋生與秀蘭求慧空法師予以協助。慧空為了促成這段姻緣，利用特殊藥物「離魂夢」要秀蘭詐死，再派人將通知秋生會合，但因通報之人與秋生錯過了會面時間，又讓秋生得知了秀蘭已死的消息，造成秋生誤會，而在秀蘭的靈堂前服下鶴頂紅自盡，醒來後的秀蘭向金龍表達自己對秋生的真情，也服下毒藥為真愛殉情。

3 兩劇之互文性與分場大綱對照

兩劇除了時空設定的不同之外，仔細觀察，其劇情架構大同小異，大部分的場次都可以相互對應，其互文性之差異，其文本的意涵透過其他文本以不同的方式呈現，茲列出兩劇之互文性[13]與分場大綱如表1所示：

---

13 互文性（英文：intertextuality）是指文本的意義由其他的文本所構成。https://zh.wikipedia.org/wiki/%E4%BA%92%E6%96%87%E6%80%A7。

表 1 《羅密歐與茱麗葉》與《彼岸花》分場大綱與互文性對照

《羅密歐與茱麗葉》		《彼岸花》	
第一幕 第一場 廣場	1.蒙太古與凱普萊特家族的人械鬥 2.羅密歐因失戀而失意	第一場 〈邂逅〉 艋舺碼頭	1.李金龍和弟兄們喝酒慶祝即將新婚 2.漳州人和泉州人差點發生械鬥
第一幕 第二場 街道	1.帕里斯向凱普萊特提親 2.羅密歐計畫混入凱普萊特家族的宴會		
第一幕 第三場 凱普萊特家	凱普萊特夫人告訴茱麗葉帕里斯提親之事		
第一幕 第四場 街道	羅密歐和茂丘西奧等朋友混進宴會中		
第一幕 第五場 凱普萊特家中大廳	羅密歐與茱麗葉在宴會中一見鍾情	第一場 〈邂逅〉 艋舺碼頭	1.陳秋生與林秀蘭一見鍾情 2.李金龍因為漳州人的挑釁，計畫找漳州人理論 3.陳秋生與林秀蘭於金飾店偶遇，相約後天見面
第二幕 第一場 凱普萊特花園牆外的小巷	1.羅密歐翻牆跳入凱普萊特家花園 2.羅密歐的好友們嘲笑羅密歐的愛情		
第二幕 第二場 凱普萊特家花園	1.羅密歐與茱麗葉在月下互訴衷曲 2.茱麗葉提出結婚的要求，並相互約定	第三場 〈訴情〉 蓮香水榭	陳秋生與林秀蘭在月下互訴衷曲
第二幕 第三場 修道院	羅密歐請求勞倫斯神父為他與茱麗葉舉行婚禮		
第二幕 第四場 街道	羅密歐向奶媽交代婚禮時間，請她轉達茱麗葉		

《羅密歐與茱麗葉》		《彼岸花》	
第二幕 第五場 凱普萊特家花園	奶媽轉達羅密歐的邀約		
第二幕 第六場 修道院	神父見證下，羅密歐與茱麗葉結為夫妻	第五場 〈心願〉 佛堂	1.秋生和秀蘭不期而遇，法師為其證婚 2.秋生離去後，法師交給秀蘭「離魂夢」
第三幕 第一場 廣場	茱麗葉表哥提伯爾特殺死茂丘西奧，羅密歐憤而殺死提伯爾特		
第三幕 第二場 凱普萊特家花園	茱麗葉得知表哥死亡，以及羅密歐即將被放逐的消息		
第三幕 第三場 修道院	1.神父告知羅密歐放逐的判決 2.奶媽要羅密歐去和茱麗葉見面		
第三幕 第四場 凱普萊特家中大廳	凱普萊特答應帕里斯的提親，將於三日後舉行婚禮		
第三幕 第五場 茱麗葉的閨房	1.羅密歐從窗戶逃走 2.父母逼婚，茱麗葉決定找神父協助		
第四幕 第一場 修道院	神父將藥瓶交給茱麗葉，要她在婚禮前夕喝下		
第四幕 第二場 凱普萊特家中大廳	茱麗葉假意順從父母的安排，回房打扮		
第四幕 第三場 茱莉葉的閨房	茱麗葉支開奶媽，喝下神父給的藥	第六場 〈嫁殤〉 秀蘭的閨房	秀蘭喝下「離魂夢」

《羅密歐與茱麗葉》		《彼岸花》	
第四幕 第四場 凱普萊特家中大廳	全家為婚禮而忙碌		
第四幕 第五場 茱莉葉的閨房	眾人發現茱麗葉死亡	第六場 〈嫁殤〉 秀蘭的閨房	1.眾人發現秀蘭死亡 2.法師派人稱秀蘭感染瘟疫而死，金龍將秀蘭抱到蓮香水榭
第五幕 第一場 曼多瓦街道	羅密歐得知茱麗葉死亡，便向賣藥人購買毒藥	第七場 〈誤訊〉 郊道	1.小沙彌被泉州人逮捕，秋生因而等不到蓮花燈 2.秋生誤信秀蘭已死的消息
第五幕 第二場 修道院	神父得知羅密歐未收到信		
第五幕 第三場 凱普萊特家族墓穴	羅密歐與茱麗葉雙雙殉情而死，兩家仇恨得以化解	第八場 〈彼岸花〉 蓮香水榭	1.秋生無意間發現金龍準備的鶴頂紅，一飲而盡 2.秀蘭醒來，告訴金龍：兩人只有兄妹之情，金龍哀痛地接受 3.秀蘭也喝下鶴頂紅殉情

4 兩劇不能對應的場次，如表2所示：

表2 《彼岸花》與原著無法對應的場次

場次	大綱
第二場 〈祝壽〉 陳海旺家壽堂	眾人向陳海旺祝壽 李金龍前來挑釁，被抓 陳秋生放走李金龍
第四場 〈抗婚〉 林秀蘭的臥房	林秀蘭願嫁陳秋生，與父親林慶鴻發生衝突 秋生與金龍各自向秀蘭表明心跡，秀蘭猶豫不決 李金龍放走陳秋生

　　在情節設計上，莎士比亞使《羅》劇中除了羅、茱及勞倫斯神父之外，其他人都不知道他們的秘密婚姻，致使戲劇衝突的力道更加「迅速而猛烈」；而在《彼》劇之中，林慶鴻早已知道林秀蘭的內心所屬，那股衝撞的力量早已洩掉，再加上設計「離魂夢」和蓮花燈的荒謬情節，導致劇力由萬鈞瞬間剩下一髮，著實可惜。

（二）人物功能的比較

如以蘇里奧討論戲劇文學的理論分析《羅密歐與茱麗葉》，大略可以將其人物功能簡化如下：

Ω（羅密歐）＋Ω（茱麗葉）＋（Ω）（茱麗葉奶媽）＋（Ω）（茂丘西奧）＋（Ω）（勞倫斯神父）＋（Ω）（約翰神父）＋♂（提伯爾特）＋♂（凱普萊特）＋♂（帕里斯）＋☉（愛情）＋（愛斯卡勒斯親王）

而《彼岸花》則可以占星學符號表示如下：

Ω（陳秋生）＋（Ω）（林秀蘭）＋（Ω）（慧空法師）＋（Ω）（蔡月女）＋（Ω）（小沙彌）＋♂（李金龍）＋（♂）（林慶鴻）＋☉（愛情）

《羅》劇中羅密歐與茱麗葉都是行動積極的人物，故同樣列為「英雄」；茱麗葉的奶媽開頭為茱麗葉送信給羅密歐，後來在凱普萊特逼嫁的淫威下，反而勸茱麗葉乖乖聽話，從此失去了幫手的功能；茂丘西奧不知羅密歐已經與茱麗葉祕密結婚，為了替羅密歐出一口氣，反而白白賠上性命，也幫了個大倒忙；勞倫斯神父先是幫羅密歐與茱麗葉二人證婚，後又實行讓茱麗葉假死的計謀，可惜他派去送信給羅密歐的約翰神父運氣不佳，信未送達，茱麗葉的假死反而造成羅密歐的誤會，等於也是幫了個倒忙；提伯爾特、凱普萊特及帕里斯都站在羅、茱愛情的對立面。

提伯爾特殺死羅密歐的好友茂丘西奧，逼使羅密歐為友復仇，劇情因而產生大逆轉，羅、茱愛情更加不可能成功；凱普萊特在提伯爾特死亡之後，更急著要把茱麗葉嫁給帕里斯，也促使悲劇加速發生；帕里斯也和提伯爾特及凱普萊特一樣，完全不知羅、茱兩人秘密結婚的事，為此在墓穴一場戲中，白白喪命在羅密歐劍下；愛斯卡勒斯親王在劇中出場時間不多，卻是擔負著仲裁者的重任。

再將《彼》劇對照分析，劇中只有陳秋生算是行動積極的「英雄」，林秀蘭的感情在陳秋生和李金龍之間游移不定，雖然最終定情陳秋生，然而行動的能量不足，故歸類為英雄的幫手；慧空法師和蔡月女也是陳、林愛情的幫手，但慧空法師的功能相當可疑，身為和尚卻幫助秋生和秀蘭追求自由戀愛、自主婚姻，道出一番莫測高深的「到彼岸才會開花」的開示，又莫名其妙地對秋生隱瞞「離魂夢」的假死計畫，讓人懷疑他根本是釀成悲劇的最大助力；小沙彌脫胎自《羅》劇中的約翰神父，其送信給陳秋生的一場武打戲既缺乏可信度，和尚送信竟然難如登天，也教人難以想像；李金龍無疑是陳秋生的強勁對手，再加上林慶鴻的幫助，迫使林秀蘭必須嫁給他；值得注意的是，《彼》

劇中沒有類似愛斯卡勒斯親王這種仲裁者的人物，是故陳、林兩家是否會為此殉情事件而握手言和，值得懷疑。

　　而由表3對於《羅》劇和《彼》劇的人物對照可知，幾乎各個主要人物皆有對應，唯獨茂丘西奧（羅密歐的朋友）、提伯爾特（茱麗葉的表哥）以及愛斯卡勒斯親王在《彼》劇中失去了對應，因此，《羅》劇從第三幕第一場到第四幕第二場，《彼》劇是對應不上的，其中少掉的情節就是「羅密歐為朋友茂丘西奧報仇，殺死茱麗葉的表哥提伯爾特，因而被放逐」。《彼》劇少了與茂丘西奧和提伯爾特相對照的人物，因此秋生沒有被放逐，因此使得慧空法師刻意對秋生隱瞞「離魂夢」的計畫、小沙彌護送蓮花燈的行動顯得荒謬，而「瘟疫」其實是從《羅密歐與茱麗葉》中借來的，──原劇中送信的約翰神父受到疫情影響，沒將勞倫斯神父信送到羅密歐手中。

表3　劇中人物對照

《羅密歐與茱麗葉》		《彼岸花》	
人物	簡介	人物	簡介
羅密歐（Romeo）	蒙太古之子	陳秋生	陳海旺之子
茱麗葉（Juliet）	凱普萊特之女	林秀蘭	林慶鴻之女
帕里斯（Paris）	年輕的伯爵	李金龍	林慶鴻的養子
勞倫斯神父（FRIAR LAURENCE）	聖方濟會修道士	慧空法師	陳秋生之友
茱麗葉的奶媽（Nurse）		蔡月女	林秀蘭的阿姨
蒙太古（Montague）	蒙太古家族家長	陳海旺	漳州人首領
凱普萊特（Capulet）	凱普萊特家族家長	林慶鴻	泉州人首領
茂丘西奧（Mercutio）	羅密歐的朋友		
提伯爾特（Tybalt）	茱麗葉的表哥		
約翰神父（FRIAR JOHN）	與勞倫斯同門的神父	小沙彌	慧空法師的徒弟
愛斯卡勒斯（Escalus）	維洛納的親王		

（三）以敘事符號矩陣分析比較

　　《羅密歐與茱麗葉》可藉由雷德里克‧詹姆遜改良的敘事符號矩陣演示為下圖：

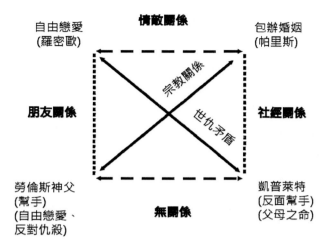

敘事行動元「主體—對象」間的尖銳對立，在語義上可理解為「自由戀愛—包辦婚姻」的二元對立，羅密歐與帕里斯並無族群對立關係，而只是情敵關係。凱普雷特之所以要將茱麗葉嫁給帕里斯，大約是兩家政經地位的考慮。而凱普雷特與勞倫斯神父之間並無關係，與帕里斯之間也沒有親屬關係。勞倫斯神父雖然幫羅、茱兩人證婚，但其宗教力量無法化解兩家族的世仇，於是只能訴諸欺騙的手段，利用假死藥水騙過眾人，然而良藥同時也是毒藥，因時程的延遲，羅密歐趕回來了，茱麗葉卻沒有及時醒來，神父這個幫手反而起了製造悲劇的作用。

由此看來，若非命運捉弄以及劇中人物性格急躁加乘的結果，[14] 若非羅密歐殺了茱麗葉的表哥而被迫流放，羅、茱的愛情悲劇或許不會發生。

《彼岸花》則可演示為下圖：

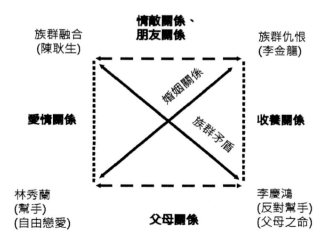

---

14 參見朱立民，〈重訪維洛那〉，《愛情‧仇恨‧政治：漢姆雷特專論及其他》，臺北：三民，1993年。

敘事行動元「主體─對象」間的尖銳對立，在語義上可理解為「族群融合─族群仇恨」的二元對立，可見《彼》劇較《羅》劇更為強調族群關係，──就第四場〈抗婚〉來看，林秀蘭若非屬意漳州族群的陳秋生，其父林慶鴻是有可能考慮答應她另嫁他人的。

由矩陣可看出：林慶鴻與李金龍有收養關係，與林秀蘭有父女關係，皆為親屬關係，且屬泉州族群。林慶鴻的實力足以拉住矩陣兩角的李金龍及林秀蘭，體現家族與族群的凝聚力與排外力量。

反之，陳秋生既得不到家族的奧援，其幫手（同時是戀愛對象）林秀蘭又軟弱無力，其自由戀愛、族群融合的主張註定成為鏡花水月。

四　劇本跨域改編的互文性

河洛歌仔戲團的製作人劉鐘元接受柯孟潔訪問時，他指出：外界雖都將《彼岸花》看成是《羅密歐與茱麗葉》的改編，但歌仔戲所要呈現的是漳泉械鬥問題，與莎翁作品無關。[15]接著柯孟潔以《羅密歐與茱麗葉》的各場次情節內容與《彼岸花》作對照，舉出許多差異處，認為《彼岸花》是根據臺灣史改編，而非由《羅密歐與茱麗葉》的故事改編而成，並列舉幾處差異處如：

莎劇《羅密歐與茱麗葉》與歌仔戲《彼岸花》之差異性比較[16]	
《羅密歐與茱麗葉》	《彼岸花》
雙方父母對兒女心儀的對象並不知情	女主角林秀蘭的父親知道女兒喜歡死對頭的兒子陳秋生
男女主角是約定到教堂舉行婚禮	男女主角是不期而遇，並未約定到佛堂相見
結局讓兩家人和好	結局讓兩族人反省，但難以達到和好局面

跨域改編，其最大的困難，就在於不同文化背景之間的跨越。《羅密歐與茱麗葉》劇中，以西方基督教為宗教背景，勞倫斯神父的存在是正常的，而且起了關鍵性的作用。基督教的教義教人愛與寬恕，因此神父寄望羅密歐與茱麗葉的結合能化解兩家族的恩恩怨怨，才會用盡辦法成全這一對戀人。歌仔戲《彼岸花》以十九世紀中葉的臺灣艋舺為背景，臺灣的宗教信仰是以道教、佛教為主，因此編劇將勞倫斯神父變身成為慧空法師，矛盾之處立即可見：佛教講「緣起性空」，而不是「緣起不滅」，要從貪嗔癡之中

---

15 柯孟潔，《河洛歌仔戲舞台演出本之研究──以《臺灣，我的母親》、《彼岸花》、《東寧王國》為例》，（國立臺北大學民俗藝術研究所，2006年），頁96。

解脫，而不是幫助世間男女陷入苦海。因此當他幫助男女主角完成婚禮，並設計「離魂夢」的騙局時，就顯得說服力不足。而且他同時開示：「佛說，枝上花蕊，一直要到謝了，才會離枝起飛，飛到彼岸皆空的淨土，無嗔無恨無愛，有緣才會開花。」[17]是否暗示這對戀人此生無法結合？假使如此，他為什麼又要舉行「佛教婚禮」並策畫私奔計畫？他是知其不可為而為之？還是僅僅順口說出他的「預言」？這樣的情節安排，當場令觀眾丈二金剛摸不著頭腦。

就《彼岸花》的劇情差異，也成為「創造性」，由於文化差異造成了誤讀，此誤讀才發揮了創造性的作用，也即《彼岸花》的「中國化、戲曲化」。

筆者推測，戲劇與戲曲創作方式不同，兩者考慮戲劇佈局與演出的效果，卻也可從此處看出兩種不同戲劇形態各自側重的方面。改編時須修正了原作不合理的劇情乃至人物性格，劇情的鋪陳都是關鍵。

五　結語

本文以西方結構理論分析歌仔戲《彼岸花》與莎劇《羅密歐與茱麗葉》的「內部結構」。研究發現兩劇相比較，《彼》劇少了對應於《羅》劇中的茂丘西奧（英雄的幫手）、提伯爾特（敵手之一）以及愛斯卡勒斯親王（仲裁者）等人物的功能——陳秋生沒有被放逐，致使法師給藥與小沙彌送蓮花燈的情節顯得突兀，如此的劇情乖訛，實為跨域改編時，刪減劇中人物，必須考慮人物的功能性；而缺少仲裁者的功能，也使劇末兩族群的修好，缺乏說服力。

再則，藉由格雷瑪斯敘事符號矩陣的分析，《羅》劇為「自由戀愛—包辦婚姻」的二元對立，《彼》劇則是「族群融合—族群仇恨」的二元對立，可見《彼》劇較《羅》劇更為強調族群關係。接著觀察兩個矩陣的主角、敵手、幫手、反面幫手之關係，可以發現《彼》劇的人物關係更為緊密、環環相扣，因此《彼》劇的編劇若不依賴《羅》劇的劇情架構，劇情將會更為流暢，不必生搬硬湊一些巧合，創新的特色與價值將更顯特色。本文嘗試以西方文論作為研究方法，分析東西劇本如何跨劇種改編的手法，希望對於劇本的創新提供淺見，敬請指證。

---

17 《彼岸花》DVD，臺北：河洛歌仔戲團，2001年。

參考書目（依年代排列）

莎士比亞著，朱生豪譯　《羅密歐與朱麗葉》　臺北　國家　1992年。

朱立民　〈重訪維洛那〉　《愛情・仇恨・政治：漢姆雷特專論及其他》　臺北　三民　1993年。

羅伯特・休斯著，劉豫譯　《文學結構主義》　臺北　桂冠　1994年。

特倫斯・霍克斯著，瞿鐵鵬譯　《結構主義和符號學》　上海　上海譯文　1997年。

《彼岸花》，節目冊　臺北　河洛歌仔戲團　2001年。

《彼岸花》DVD　臺北　河洛歌仔戲團　2001年。

邱運華主編　《文學批評與案例》　北京　北京大學　2005年。

李廣倉　《結構主義文學批評方法研究》　長沙　湖南大學　2006年。

柯孟潔　《河洛歌仔戲舞台演出本之研究——以《臺灣，我的母親》、《彼岸花》、《東寧王國》為例》　國立臺北大學民俗藝術研究所　2006年。

陳玟惠　《臺灣「現代劇場歌仔戲」創作劇本研究——西元2001至2005年》　國立高雄師範大學國文學系博士論文　2007年。

劉捷、邱美英、王逢振編著　《二十世紀西方文論》　北京　外語教學與研究　2009年。

朱立元主編　《當代西方文藝理論（第2版，增補版）》　上海　華東師範大學　2010年1月。

（二）網路參考資料

互文性（英文：intertextuality）是指文本的意義由其他的文本所構成。https://zh.wikipedia.org/wiki/%E4%BA%92%E6%96%87%E6%80%A7。

立法院預算審查賽局競合之研究

侯世傑*、邱志誠**、曹書豪***

摘要

在多數民主國家中，國會透過審查行政部門預算來監督政府，在我國立法院之預算審查也是如此，立法院會以擱置預算審議、刪除預算、凍結預算或附帶決議等手段，進行預算審查，為解決預算案審查時產生的爭議，立法院透過朝野協商之機制，進行協商與競合，使預算審查順利完成。

賽局理論被認為是20世紀談判與協調很重要的理論，在賽局理論中考量競爭個體的預測行為和實際行為，並分析其策略，是研究具有爭鬥或競爭性質現象的數學理論和方法，目前在政治學及社會學研究中，已將賽局理論運用在協商談判（bargaining）及集體選擇（collective choice）的問題上。

立法院預算審查常出現賽局的對抗或競合，按照賽局中理性的參賽者理論，一方的得益就等於另一方的損失，各政黨為了達到自預算的目標和利益，各方必須考慮對手的各種可能的審查行動方案，並力圖選取對自己最為有利或最為合理的方案，立法院預算審查中的各種協商與談判之狀況與結果，也經常會與賽局理論之運用相互為印證。

本研究探討立法院預算審查賽局競合，先建立預算概念，說明政府預算流程：編列、審查、執行、決算；其後分析立法院預算審查作為模式包含刪減、擱置、結凍、附帶決議、協商，探討預算審查時受到政黨、選區、派系、利益團體及各種外力之賽局因素影響，並有強烈的賽局與競合在其中，預算審查過程中對立、妥協、合作、競爭、協商相當精采值得深入探討。

關鍵詞：預算審查、預算審查競合、賽局理論、立法院

---

* 侯世傑：國立戲曲學院通識中心助理教授。
** 邱志誠：任職立法院委員助理；國立臺灣師範大學政治學研究所碩士。
*** 曹書豪：任職立法院委員助理；中國文化大學政治研究所碩士。

一　前言

　　我國憲法第59條規定：「行政院於會計年度開始三個月前，應將下年度預算案提出於立法院。」因此每年九月份行政機關會將下年度預算送至立法院審議，總預算案送立法院後，應由行政院院長率領主計長及財政部部長等列席立法院會，分別報告施政計畫及歲入、歲出預算編製之經過，而立法委員對於各首長之報告，得就施政計畫及預算上相關事項提出質詢（立法院預算中心，2019）。

　　預算法第1條：「中華民國中央政府預算之籌劃、編造、審議、成立及執行，依本法之規定。預算以提供政府於一定期間完成作業所需經費為目的。」現代國家之預算編列、審議與執行都有相當完整的法律規範，例如我國的預算法、中央政府總預算案審查程序等。完成院會程序後，由財政委員會研擬年度總預算案審查日程，並依前項規定研擬年度總預算案審查分配表提報院會後，交付財政委員會依分配表及日程將預算書分送各委員會審查（行政院主計總處，2019）。

　　委員會審查預算案時，得邀請部首長列席報告、備詢及提供資料，並進行詢答、處理，完成委員會審查後，應將審查報告函送財政委員，會年度總預算案審查總報告提報院會時，由各委員會各推召集委員一人出席說明。立法院常以擱置預算審議、刪除預算或凍結預算來進行之，審議如遇到重大爭議常由主席裁決進行朝野協商，協商結果交委員會處理或院會報告，此方式已逐漸形成立法院預算審議之慣例，預算在三讀通過後，由總統公布稱之為法定預算（羅傳賢，2016）。

　　賽局理論（game theory）被認為是20世紀談判與協調重要理論，在賽局理論中首先研究的是零和賽局，在國際關係、政治學、軍事戰略和其他很多學科都有廣泛的應用，也是研究具有爭鬥或競爭性質現象的理論和方法（江和華，2015）。

　　賽局理論考慮競爭中的個體的預測行為和實際行為，並研究它們的優化策略。表面上不同的相互作用可能表現出相似的激勵結構（incentive structure），所以它們是同一個競合的特例，具有競爭或對抗性質的博弈行為（張振華，2015）。在這類行為中，立法院朝野透過決議方式與行政院進行賽局，參加競爭的兩方各自具有不同的目標或利益，為了達到各自的目標和利益，必須考慮對手的各種可能的行動方案，並力圖選取對自己最為有利或最為合理的方案。

二　預算審查

　　有關預算審查分別就政府預算定義、預算之種類、政府預算流程、預算審查作為模式說明與探討下：

（一）政府預算定義

預算（Budget）此一名詞之由來，可源於十五世紀之英國，當時內閣財政大臣出席議會報告財政收支情形時，會將年度財政收支計畫資料放置於手提皮包（budget）內，攜帶至議會報告與說明財政相關法案，後世將「budget」一詞賦予其「預算」之義（蔡茂寅，2008）。

今日所謂預算是指在特定的時間段作出的財務計劃，包含政府、團體、企業、家庭或個人等，在各種財務收支上之規劃與安排（徐仁輝，2014）。有關政府預算有以下見解：

Wildavsky（1988）預算是為達到特定政策目標之人類行為和財務資源的結合，是以預算乃政府施政目標之表現。

Rubin（1992）預算在對稀少資源做分配，以便對潛在目標做選擇；預算亦隱含著平衡性，是以必須有著必要的決策過程。

李金桐（1995）預算是指一個國家的政府，在一定時間內，觀察四週環境，根據既定方針，以國家資源與國民負擔能力為估計基礎，而預定的收支經費計算書，為政府施政計畫的表徵。其編製是否妥當，影響一國各行各業之盛衰與財富之分配，故預算其積極之意義，乃在執政當局得藉以繁榮經濟，提高國民生活水準，具備財政政策機能；而消極面是國民藉以監督政府施政之工具與樞紐，故預算同時具備法律與財務統治的機能。

黃世鑫等（2001）政府預算係指一國政府在一定期間內，為達成其政治、經濟和社會目的，根據國家施政方針，以國家整體資源與國民負擔能力為估計基礎，所預定的財政收支計畫，亦即經由政治程序，所為之國家資源的分配。

綜合以上見解，定義政府預算：是一種政府收支計劃，為政府重要政策工具，是針對一定時間內所需的收入和支出做出規劃，這個時程多半是以一年為期。政府預算根據國家施政方針，為達成執政者之民生、建設、經濟、政治、社會等施政上之目的，經由行政機關編列、議會審查通過、行政主管批准，以政府整體資源與國民負擔能力為估計基礎，所預定之財政收支計畫書，作為政府資源之分配與政府各機關政策、財務收支執行之準據。

按照預算法第2條：「預算以提供政府於一定期間完成作業所需經費為目的。預算之編製及執行應以財務管理為基礎，並遵守總體經濟均衡之原則」。所謂預算周期：為完成預算程序所需之期間，從預算籌編、審議、執行到決算，構成預算循環之周期。我國政府會計年度於每年1月1日開始，至同年12月31日終了，中央政府預算之籌劃、編造、審議、成立及執行，應按照預算法之規定（行政院主計總處，2019）。

（二）預算之種類

預算之可分歲入，謂一個會計年度之一切收入；歲出，謂一個會計年度之一切支出。而歲入、歲出預算，按其收支性質分為經常門、資本門（行政院主計處，2017）。預算之種類分別說明如下：

1 按預算編製層級分類

按預算編製層級分類可區分為總預算、單位預算、單位預算之分預算、附屬單位預算、附屬單位預算之分預算等五類，說明如下（許義忠，2016）：

1. 總預算：政府每一會計年度，各就其歲入與歲出、債務之舉借與以前年度歲計賸餘之移用及債務之償還全部所編之預算為總預算。如中央政府總預算。
2. 單位預算：在公務機關，有法定預算之機關單位之預算。如內政部部移民署預算。
3. 單位預算之分預算：單位預算內，依機關別或基金別所編之各預算。如財政部國有財產署各分署。
4. 附屬單位預算：特種基金，應以歲入、歲出之一部編入總預算者。如臺灣電力股份有限公司。
5. 附屬單位預算之分預算：附屬單位預算內，依機關別或基金別所編之各預算。如臺灣金融控股股份有限公司轉投資之臺灣銀行股份有限公司。

2 按預算編審執行階段之不同分類

按預算編審執行階段之不同分類可區分為概算、預算案、法定預算、分配預算等五類，說明如下（行政院主計處，2018）：

1. 概算：各主管機關依其施政計畫初步估計之收支。
2. 預算案：預算之未經立法程序者。
3. 法定預算：預算案經過立法程序而公布施行者。
4. 分配預算：在法定預算範圍內，由各機關依法分配實施之計畫。

3 按預算提出時機之不同分類

除年度總預算外，另有為因應重大事故或符合法定條件而編製之追加預算及特別預算二種，說明如下（行政院主計處，2017）：

1. 追加預算：如100年度為軍公教人員待遇調整、十二年國教公私立高中學費補助等經費；
2. 特別預算：為加速重建莫拉克颱風災後工作，政府一次編列四個年度的莫拉克颱風災後重建特別預算。

（三）政府預算流程

政府預算流程分別就預算編列、議會報告、預算審查、預算執行、決算等，政府預算流程如圖4-1，流程分別說明如下：

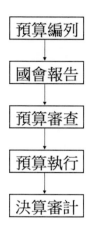

圖 1：政府預算流程圖

資料來源：本研究自繪

1 預算編列

中央政府預算之籌劃、編造按照預算法之規定辦理，預算之編列及執行應以財務管理為基礎，並遵守總體經濟均衡之原則。政府機關依其施政計畫初步估計之收支，稱概算；政府每一會計年度，各就其歲入與歲出、債務之舉借與以前年度歲計賸餘之移用及債務之償還全部所編之預算，為總預算；而預算送至立法院未經審查通過程序者，稱預算案（主計月報社，2012）。預算編審期程見表1：

表 1　預算編審期程

階　段	時　程	重　要　作　為
預算之籌劃及收支政策之擬訂	當年1月至4月	1.行政院核定下年度施政方針。 2.行政院核定下年度預算籌編原則。 3.行政院核定下年度總預算編製辦法。
概算之擬編	當年4月至5月	1.各機關依照施政方針、預算籌編原則、預算編製辦法之規定，在行政院核定。 2.下年度中程歲出概算額度範圍內，擬編下年度施政計畫及概算，並送行政院審議。

階　段	時　程	重　要　作　為
概算之核定	當年5月至8月	1. 向行政院院長簡報最新財經情勢，並確立下年度概算審核原則。 2. 行政院年度計畫及預算審核會議據以審查各機關擬編之下年度概算。 3. 各機關依據前述審議結果編製下年度預算案。
彙編總預算案	當年7月至8月	1. 向總統簡報下年度總預算案核列情形並確立數額。 2. 彙編下年度總預算案。 3. 行政院會議通過下年度總預算案並函送立法院審議。
預算之審議	當年9月至12月	1. 行政院院長、主計長及財政部部長赴立法院報告下年度總預算案之編製經過。 2. 立法院審議及議決下年度總預算案。 3. 總統公布下年度總預算。

資料來源：本研究整理

2 國會報告

　　總預算案函送立法院後，由行政院院長、主計長及財政部部長列席立法院會，分別報告次年度施政計畫及歲入、歲出預算編製之經過。

　　總預算案提報院會前，由財政委員會擬定年度總預算案審查日程，並依前項規定擬年度總預算案審查分配表連同總預算案提報院會後，交付財政委員會依分配表及日程將預算書分送各委員會審查（立法院，2019）。

3 預算審查

　　各委員會審查總預算案時，得邀請有關機關首長列席報告、備詢及提供有關資料，並進行詢答、處理，各委員會審查總預算案完竣後，應將審查報告函送財政委員會。

　　財政委員會應於院會決定之時限內，依各委員會審查報告彙總整理提出年度總預算案審查總報告提報院會；如發現各委員會審查意見相互牴觸時，應將相互牴觸部分併列總報告中，該年度總預算案審查報告提報院會時，由各委員會各推召集委員一人出席說明（羅傳賢，2014）。

　　各委員會審查完相關部會的預算以後，則交送財政委員會彙總，有爭議部分的預算提案會送交黨團協商，送交黨團協商的預算案可分為兩種：一是委員會無法達成共識的預算；二是牽涉跨部會之預算，或者有連動性的預算。黨團協商時，各黨團也可再提相關刪減案，此階段之預算刪多少、或是否刪除的最重要階段。

　　外根據我國憲法第70條之規定，立法院對於行政院所提預算案，不得為「增加支

出」之提議。預算在三讀通過以後，由總統公布，公布後稱之為法定預算。其經立法程序而公布者，稱法定預算；在法定預算範圍內，由各機關依法分配實施之計畫，稱分配預算（行政院主計處，2017）。立法院預算審查流程見圖2：

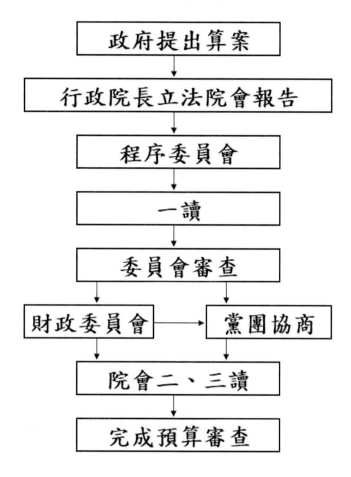

圖 2：立法院預算審查流程圖

資料來源：本研究自繪

4 預算執行

　　預算之審議、成立與執行等均關係行政機關整體年度之收支運作，故依憲法與預算法之規定，皆須在一定期間內即完成立法程序與支用程序，如須於一個會計年度內執行完畢為原則（行政院主計處，2018）。

　　各行政機關應依立法院通過之歲入、歲出分配預算及計畫進度執行，為使各行政機關單位預算能有效執行，各機關業務、研考、人事、主計等權責單位應依本要點規定辦理有關計畫進度之規劃與預算分、執行及績效評核等相關業務。

各機關在年度進行中，對歲出分配預算及計畫進度之配合與執行，應定期或不定期檢討，適時提出改進意見，行政機關也應適時辦理計畫及預算執行績效評核作業，作為預算執行與施政成效考核，及核列以後年度預算之參據，以嚴密預算之執行（姚秋旺，2015）。

預算案有窒礙難行時行政院如無法接受，按照憲法增修條文第3條：「行政院對於立法院決議之…預算案…，如認為有窒礙難行時，得經總統之核可，於該決議案送達行政院十日內，移請立法院覆議。立法院對於行政院移請覆議案，應於送達十五日內作成決議。覆議時，如經全體立法委員二分之一以上決議維持原案，行政院院長應即接受該決議。」

萬一立法院未能於時程內通過行政部門所提之預算，其補救辦法有三種（莊振輝，2018）：

1、延用上一年度預算。

2、編製臨時預算：

先按上年度預算十二分之一為本年度一個月之經費，例如法國採行此法，或按實際需要編製臨時預算，送請國會議決，例如美國採行此方式。

3、假預算：

會計年度開始，預算尚未全部議定，可將已議定部分與無須議定部分先交行政機關作為執行之依據。

5 決算審計

行政院於會計年度結束後四個月內，應提出決算於監察院。審計長應於行政院提出決算後三個月內，依法完成其審核，並提出審核報告於立法院。

（四）預算審查作為模式

按憲法規定，立法院須透過合議之方式來審查及議決憲法所規範預算案之事項，大法官會議第 419 號解釋認為，立法院之預算決議，如逾越憲法規定其職權範圍，不具有憲法上之拘束力，但立法院若依據憲法上職權所出之預算決議，就具備有憲法上的拘束力（簡玉聰，2010）。

立法院預算審查作為模式包含刪減、擱置、結凍、附帶決議、黨團協商等分別說明如下（劉其昌，2016；立法院法制局，2019）：

1 刪減

立法委員及黨團都可提出預算刪減案，刪除政府不當編列之預算，預算案刪減之審

議流程與法律案相同，都必須通過院會二讀與三讀的過程。一般而言朝野黨團會先尋求對通案刪減共識，通常黨團主張總預算通案刪減的比例，根據過去立法院審查中央政府總預算案時，105年度通案刪減1.12%、106年度通案刪減1.2%、107年度通案刪減1.25%，107年度中央政府總預算案，由於行政院已因軍公教調薪3%而自行刪減預算規模，暫定通案刪減147億元（立法院預算中心，2019）。

107年度的總預算歲出為1兆9918億元，比106年度1兆9740億元，增178億；包含調整軍公教待遇180億元，若再計入補助健保、國保增加145億元、教育支出增加60億元，歲出規模其實減少200億元。最後在朝野協商後，107年度的總預算暫定各用途別項目的通案刪減率，分為委辦費2%、赴中旅費20%、出國旅費2%、設備及投資6%、對國內團體與政府機關間補助3%、對地方政府補助2%，軍事設備、房屋建築、辦公器具及機械養護費未刪；經主計總處統計，依此刪減率的總預算刪減數約為147億元，刪減率為0.8%（行政院主計總處，2019）。

2 擱置

1998年預算法修正後立法院常決議行政機關之預算須向該院委員會報告後始准動支，勢造成行政事務中斷、無法正常運作，包含如採購經費無法核給、延續性之研究計畫等項經費在專案報告前將法無法支付的窘境。政府機關編列的預算，送立法院議會審議被在野立法委員認為是浮濫編列，要求刪除，最後黨團協商破裂全數的預算都被擱置，只能臨時會再討論，造成有心作事的文官，就算認真編預算，卻因為預算擱置沒被通過，最後能照舊行事（游憲廷，2008）。

3 結凍

審查時若立法委員認為行政機關績效不彰，或未提供足夠的施政計畫，委員可提出預算之凍結案，一旦凍結案通過，行政機關必須在改進行政績效或提供更完整計畫後至立法院報告，始得解凍預算。

而立法院審議預算之與行政機關執行均有其時限性，如立法院院會或委員會作成「須俟報告或同意後始得動支預算」，而凍結特定科目預算之決議，將造成法定預算公布後，無法執行或延後執行之窘態，造成預算之審議期限延後（羅傳賢，2016）。

4 決議

立法院在審查政府預算時，可對預算案做成決議或附帶決議，針對特定事項或機關，所做之限制或附加條件，來限定預算執行的內容或期限，目前立法院委員會的提案門檻為3人，且主決議與附帶決議提案與通過門檻一致，但兩者效力不同（黃世鑫，2010）。

根據預算法第52條第1項規定：「法定預算附加條件或期限者，從其所定。但該條件或期限為法律所不許者，不在此限。」因此立法院在預算審查時，可針對行政機關預算執行或施政計畫，作出主決議，限定相關預算的執行「條件」或「期限」，行政機關必須依主決議辦理（游憲廷，2012）。

三　賽局理論

探討賽局理論相關的理論基礎，分別就賽局理論之定義、賽局理論發展與應用及賽局系統要素與分類深入探究，分別說明如下：

（一）賽局理論之定義

賽局理論（Game Theory）又稱博奕理論，是一門研究多人決策（militiaperson decision making）之間問題的理論。有衝突即有賽局，人們遵循賽局中的規則進行活動，最終目的即是成為最大贏家。過程中除了思考自己的策略，也必須考慮他人的選擇，進而從中尋求得取最大利益的方法，因此也有部分學者認為，其稱為互動決策理論（Interactive ecision Theory）將更加準確，賽局以數理邏輯學做為基礎，發展為現今各方論述，尋求在利害衝突下的最佳因應策略為中心（Joel Watson, 2002）。

賽局理論也是數學的一個分支，它研究互賴型式的決策形成，它可應用於任何具有下列三個條件的社會情境，當然也包括立法院預算決議之策略與應用（Watson,2002；徐渭文，2014）：

（一）有兩個或兩個以上的決策者，例如立法院的朝野黨團及行政院，稱為賽局者（player），每個決策者有兩個或兩個以上行動方案的選擇，稱為策略（strategy）。

（二）整個的結果（outcome），則要視所有參與賽局者，對立法院審查預算策略所作的選擇而定。

（三）對於各種可能的結果，每一個賽局者都會有明確的偏好順序（preference）因此，可以對立法院預算決議每一個結果的得益（pay-off）給定一個數字以表示這些偏好順序。

各種社會的、經濟的、政治的、和軍事的衝突，都具有此類特性，也因此原則上都可適用於賽局理論的分析，此理論的主要目標，是想僅藉形式化的推理，瞭解賽局者為了要理性地追求其利益，會採取何種決策，以及如果他們真的如此選擇會產生什麼結果（連山，2016）。

目前在政治學及社會學研究中，已將「賽局理論」（game theory）運用在協商談判

（bargaining）及集體選擇（collective choice）的問題上，而立法院預算審議的各種協商與談判之狀況與結果，也經常會與「賽局理論」之運用相互為印證（周治邦，2017）。

（二）賽局理論發展與應用

賽局理論研究互賴型式的決策形成，有關賽局理論之發展、應用分別說明探討如下。

1 賽局理論之發展

賽局性質的決策問題的研究可以追溯到18世紀甚至更早。然而一般認為，賽局的觀念雖然早已根深柢固於人們的日常經濟行為之中，賽局理論有系統的研究，開始於德國Neumann（1928），後來 Neumann 和 Oskar Morgenstern 於1947年將其系統化和形式化，並完成《賽局理論與經濟行為》（Theory of Games and Economic Behavior）探討零和賽局（zero-sum game）理論的大作，所謂「零和」是指一方的所得與另一方所失相等的經濟行為，提供了一套系統化分析方法，尋求利害衝突下的最適因應策略，標誌著系統化賽局理論的成形（周治邦，2017）。

隨後美國者 Nash（1951）利用不動點定理證明瞭均衡點的存在，為賽局理論的一般化奠定了堅實的基礎，並將賽局理論應用於經濟、政治理論的分析上，而這項誕生至今不到百年的理論很快受到各界學者的重視，更被視為二十世紀前半葉最重要的科學成就之一（連山，2016）。

2 賽局理論之應用

賽局的應用範圍極廣，不但被學者用以解釋生物、軍事、經濟、社會活動、政治決策，同時也深入大眾的文化及日常生活中，可說是無所不在，因而有如此一說「人生本身就是一場賽局，而人永遠是賽局中的局中人。」（呂及人，2016）

賽局理論首先最重要的即是理解賽局的「構造」，玩家是誰？賽局又是由何種規則所支配？這就是賽局理論的基本思考法，透過這些要素，就能看出賽局的整體樣貌及狀況。

在經濟學中假設人人皆為自私且理性的前提下，探求考慮他人已選策略下的最適反應為最終目的，定義某位參賽者的最適反應即是：固定其他參賽者已選或將選的決定，在這樣的情況下，何種策略能極大化這個參賽者的最大報酬。然而，最適反應並非賽局理論唯一定義理性的觀念，人們也不可能總是徹底理性的，探討非理性的其他相關可能也有相當的必要性（王有康，2015）。

目前在政治學及社會學研究中，已將賽局理論運用在協商談判（bargaining）及集體選擇（collective choice）的問題上，而立法院預算決議之談判中的各種協商與談判之狀況與結果，也經常會與「賽局理論」之運用相互為印證（石之瑜，2003）。

　　賽局理論考慮遊戲中的個體的預測行為和實際行為，並研究它們的優化策略。表面上不同的相互作用可能表現出相似的激勵結構（incentive structure），所以它們是同一個遊戲的特例。在這類行為中，參與立法院審查鬥爭或競爭的各方各自具有不同的目標或利益。為了達到各自的目標和利益，各方必須考慮對手的各種可能的行動方案，並力圖選取對自己最為有利或最為合理的方案。比如日常生活中的下棋，打牌等（石冀忻，2017）。

　　賽局理論就是研究賽局行為中鬥爭各方是否存在著最合理的行為方案，以及如何找到這個合理的行為方案的數學理論和方法（周治邦，2017）。

（三）賽局系統的基本要素

　　賽局理論的應用非常廣泛，除了大家所熟悉的產業競爭、物品拍賣、商業談判等經濟問題，或投票、限武、修憲等政治議題之外，在法律、管理、生物與心理等有關人際互動的問題方面，賽局理論也有明顯的影響（王智盛，2017）。

　　賽局理論的探討本研究主要目標，是想藉賽局形式化的推理，瞭解立法院預算審查朝野雙方賽局者為了要理性地追求其利益，會採取何種決策，以及如果朝野雙方真的如此選擇，會產生什麼結果。有關賽局要素說明如下（Watson,2002；周治邦，2017）：

1 局中人（players）

　　在立法院預算審查之競合或賽局中，有決策權的參與者成為一個局中人，只有兩個局中人的賽局現象稱為兩人賽局,而多於兩個局中人的賽局稱為多人賽局，立法院預算審查賽局之局中人包含朝野各黨團，立法、行政院為多人賽局。

2 策略（strategies）

　　立法院預算審查賽局中，每個局中人都有選擇實際可行的完整的行動方案，即方案不是某階段的行動方案，而是指導整個行動的一個方案，立法、行政院或朝野局中人的一個可行的自始至終全局籌劃的一個行動方案，稱為這個局中人的一個策略。如果在朝野預算審查賽局中局中人都總共有有限個策略，則稱為有限賽局，否則稱為無限賽局。

3 得失（payoffs）

　　立法院預算審查賽局結局時朝野的結果稱為得失，每個審查局中人在一局賽局結束時的得失，不僅與朝野雙方自身所選擇的策略有關，而且與全局中人所取定的一組策略有關，預算審查賽局結束時每個局中人的得失是朝野雙方所取定的一組策略的函數，通常稱為支付（payoff）函數。

4 次序（orders）

立法院預算審查朝野政黨各賽局方的決策有先後之分，且一個朝野預算審查賽局方要作不止一次的決策選擇，就出現了次序問題；預算審查要素相同次序不同，朝野雙方賽局就不同。

5 賽局涉及到均衡

均衡是平衡的意思，均衡意即相關量處於穩定值，在競合關係中，例如朝野預算審查雙方如果協商下，在野黨想由預算審查中獲取利益，透過協商執政黨願意妥協接受，此時該協商的競合便達到了均衡，是一穩定的賽局結果。

（四）賽局分類

賽局理論的賽局分類，可按彼此之瞭解程度、參賽者的先後順序、參賽者之間是否合作分為三類，說明如下（劉綠萍，2015；周治邦，2017）：

1 彼此之瞭解程度

按照參賽者對其他參與者的瞭解程度進行分類。從這個角度，賽局可以劃分為完全資訊賽局和不完全資訊賽局（姚名鴻、顏志祥，2018）。

（1）完全資訊賽局

完全資訊賽局又稱訊息完整賽局，是指在賽局過程中，每一位參賽者對其他參賽者的特徵、策略空間及相關作為有準確的資訊，立法院預算審查之朝野多半屬於這類賽局。

（2）不完全資訊賽局

不完全資訊賽局又稱訊息不完整賽局，如果參賽者對其他參賽者的特徵、謀略空間及相關作為資訊瞭解得不夠準確，或者不是對所有參與者的特徵、策略空間及相關作為都有準確資訊，此情況下進行的賽局就是不完全資訊賽局。

2 參賽者的先後順序

按參賽者的出招先後順序進行分類，由此分類，賽局可區分為靜態賽局和動態賽局，分別說明如下（江秀燕，2010；張振華，2015）。

（1）靜態賽局

靜態賽局（static game）又稱單回合賽局（one-shot game），是指在賽局中，參賽者同時出招（simultaneous game），互動一次即終止賽局，例如立院預算審查表決，一次就定勝負之賽局。

（2）動態賽局

動態賽局（dynamic game）又稱多回合或重複賽局（repeated game）是指在賽局中，參賽者的行動有先後順序，且後行動者能觀察到先行動者所選擇的行動。

換句話說，在動態競爭下，立院預算審查參與黨團出招有先後之別，往往在觀察到對手的動作之後，才決定自己的動作，黨團者之間形成動態的互動現象。事實上，預算審查參與的黨團都是一種不合作賽局，也就是只要對手的謀略確定，各黨就可以有利己的最適反應。

3 參賽者之間是否合作

按照參加賽局者彼此之間是否合作進行來分類，可將賽局區分為合作賽局和非合作賽局。

合作賽局是指參賽者之間存有一個對各方具有約束力的協定，參賽者在協定範圍內進行之賽局，例如立法院預算審查之朝野協商，是有約束力的協定；反之，沒有對各方具有約束力的協定，就是非合作賽局（牛明山，2013；劉綠萍，2015）。

四　立法院預算審查賽局

按憲法規定立法院為合議制之機關，透過合議的方式議決法律案、預算案等。本研究以立法院預算審查之賽局分析為主題，民進黨2016年執政後，在第九屆立法院取得過半之優勢，因此立法院預算審查賽局完全改變（劉其昌，2016）。

有關立法院預算審查賽局分別就立法院朝野預算審查賽局模式、預算賽局系統分析、預算零合賽局分別說明如下：

（一）立法院朝野預算審查賽局模式

在立法院常出現不合作賽局的對抗或競爭，最有利的策略組合就是雙方找到納許均衡點，以達到立法院朝野關係，立法院預算審查之決議在賽局中理性的參賽者在納許均衡的結果，一方的得益就等於另一方的損失。

目前在政治學及社會學研究中，已將賽局理論運用在協商談判（bargaining）及集體選擇（collective choice）的問題上，而立法院預算審查中的各種協商與談判之狀況與結果，也經常會與賽局理論之運用相互為印證。

朝野黨團審查預算各方是採取預算對抗、或協商，形成兩敗俱傷、角力與妥協、妥協與角力及朝野和諧狀態，成為預算審查之賽局（Watson, 2002；許孝慈、陳中寧、黃秀端，2017）。有關立法院朝野預算審查賽局分析見表3。

表 3　立法院朝野預算審查賽局分析表

		在野黨	
		預算對抗	預算協商
執政黨	預算對抗	兩敗俱傷	妥協與角力
	預算協商	角力與妥協	朝野和諧

資料來源：本研究整理

（二）預算賽局系統分析

2016年關係隨臺灣政黨輪替後，讓原有立法院朝野關係也跟著轉變，透過分析第九屆立法院朝野關係與現況，了解審查決議為立法院審查預算賽局關鍵影響因素，常見委員以主決議或刪除預算對行政院進行協商賽局，透過立法院預算決議之賽局，展現立法院「審查決議」之利益與衝突關係結構，有助於未來立法院審查預算正向發展，追求國家預算之最適效益（羅傳賢，2016）。

各種社會的、經濟的、政治的、和軍事的衝突，都具有此類特性，也因此原則上都可適用於賽局理論的分析，當然也包括立法院朝野預算審查的協商與談判（吳正光，2013；王冠涵，2017）：

（一）有兩個或兩個以上的決策者，例如立法院預算審查朝野黨團、行政院，稱為賽局者（player），每個決策者有兩個或兩個以上行動方案的選擇，稱為策略（strategy）。

（二）立法院預算審查整個的結果（outcome），則要視所有參與賽局者，對其策略所作的選擇而定。

（三）對於各種可能的結果，每一個賽局者都會有明確的偏好順序（preference）因此，立法院預算審查朝野黨團、行政院可以對每一個結果的得益（pay-off）給定一個數字以表示這些偏好順序。

有關立法院預算賽局系統，請見圖3。

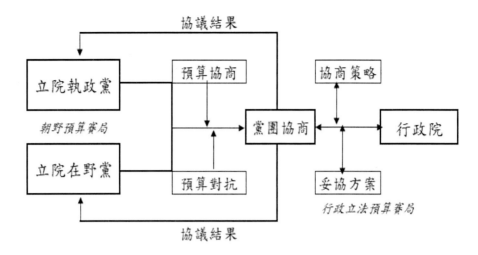

圖3　立法院預算賽局系統

資料來源：本研究自繪

　　實際上立法院預算審查，主要由委員會預算審查及朝野黨團協商來論斷，而區域立委往往較清楚選區之需求、建設、景氣、政策補助等資訊，但行政部門更具有此資訊優勢，各方運用賽局理論，探討預算審查制度下朝野政黨，立法與行政院編製預算時的決策互動，以預算賽局系統模式描述朝野黨團、行政院如何進行預算審查，及各種因應之均衡變化（王保鍵，2014；劉淑華，2018）。

（三）預算零合賽局

　　以賽局理論而言，立法院預算審查，資源重分配是一個零合賽局（Zero-sum game），審查中預算被掠奪者失分，分享預算資源者得分，加起來是零分。非零合賽局中有關分配政策與重分配政策說如下

1　分配政策

　　政府將權利或義務分配給標的團體的政策。如統籌分配款。

2　重分配政策

　　政府將富人資源透過租稅手段再移轉給窮人的政策。如累進稅率。

　　參加預算審查賽局的每黨團都先假設對手將採取某種行動，對手行動可能對自己不利，在此推想下擬定自己因應策略，如果各黨團皆採如此行動，結局是眾皆蒙受其害。

該理論的典型例子是囚犯困境，兩個被隔開的囚犯面臨人性挑戰，每人都不相信對方，怕被對方出賣，遂供出對方犯罪實情，結果兩人都罪證確鑿，受到重罰（徐渭文，2014）。

預算審查利害關係觀點是公共政策理念的基礎，任何一項預算案的審查，都必然涉及或多或少的利害關係（stakes），有些人得到預算上的利益，有些人則失去利益，更有些人自認為該項預算對其毫無任何實質影響；就民主國家的預算審查而言，一項好的預算案必然是讓多數人獲益，極少數人受害且能得到適當的物質上的補償或精神上與道德上的慰藉，否則該預算案就連國會之門也踏不出去（丘昌泰，2015）。

五　結語

本研究探討立法院預算審查，並以賽局理論來進行分析探討，在2016年民進黨政府執政後立法院，在第九屆立法院取得過半之優勢，因此立法院預算審查完全改變民進黨之預算審查策略，與在野黨進行抗爭與溝通，懂得賽局理論，不保證可以獲勝，參賽者必須正確掌握賽局中每一位出手的策略，正確為自己判定適切因應方向，才能在賽局中求得勝算。立法委員透過預算審查之爭取各自選區的建設和利益，審查過程產生的各種可能的競合，對行政院進行施政的作為或不作為之要求，找出政府預算競合協商與策略。

透過賽局理論的模型來看立法院黨團間審查預算審查競合之策略與應用，發現使用賽局理論，將會更有效率地了解立法院預算審查，容易找到賽局中的納許均衡點，因此如何運用賽局理論的策略達成雙贏效果，將會更有效率地了解預算審查談判之策略，成為主政者非常重要地一課，值得執政團隊深思。

參考文獻

（一）中文部分

牛明山　國防支出與經濟成長均衡配置與效率之研究——賽局結合資料包絡分析模型架構之研究　桃園市　元智大學管理學院博士班博士論文　2013年

王永成　我國公立大學預算分配機制與執行成效之研究　臺北市　國立臺北教育大學教育經營與管理學系博士論文　2010年

王有康　納稅人與政府的賽局理論　稅務旬刊　第2306期　2015年　頁7-10

王保鍵　圖解立法學：立法程序與技術　臺北市　五南圖書出版公司　2014年。

王智盛　臺灣2016年政黨輪替後兩岸互動雙層賽局分析　發展與前瞻學報　第16期　2017年　頁1-14

丘昌泰　公共政策　高雄市　巨流圖書公司　2015年

主計月報社　預算法研析與實務　臺北市　行政院主計處　2012年

石之瑜　政治科學中形式理論的運用與瓶頸從賽局理論談起　東吳政治學報　第17期　2003年　頁1-19

石冀忻　雙邊雙層賽局在政府談判之運用與限制　臺北市　國立臺北大學公共行政暨政策學系博士論文　2017年

江秀燕　工資談判、政策賽局與時序不一致　臺北市　國立臺北大學經濟學系博士論文　2010年

江和華　質化賽局與兩岸關係研究　人文社會科學研究　第9卷第4期　2015年　頁53-69

行政院主計處　107年度中央政府總預算編製作業手冊　臺北市　行政院主計處　2017年

行政院主計處　107年度中央政府各機關單位預算執行作業手冊　臺北市　行政院主計處　2018年

呂及人　線上決策與賽局理論　數學傳播　第40卷第4期（總160）　2016年　頁44-46

李金桐　財政學　臺北市　五南圖書出版公司　1995年

周治邦　賽局理論　臺北市　華泰文化　2017年

姚名鴻、顏志祥　檢舉逃漏稅制度之賽局理論分析　財稅研究　第47卷第1期2018年　頁90-102

姚秋旺　最新政府會計　臺北市　華泰文化　2015年

徐仁輝　公共財務管理　公共預算與財務行政　臺北市　智勝文化事業有限公司　2014年

徐渭文　策略的藝術：培養贏家邏輯，從賽局思考開始！　臺北市　哈林文化出版社　2014年

張振華　賽局好好玩　臺北市　五南圖書出版公司　2015年

莊振輝　政府各種補救措施預算之研究　主計月刊　第753期　2018年　頁44-48

許孝慈、陳中寧、黃秀端　認識立法院　臺北市　五南圖書出版公司　2017年

許義忠　財政學　臺北市　新陸書局　2016年

連　山　圖解賽局理論　臺北市　華威國際　2016年

游憲廷　立法院預算審議之研究：2001-2008　臺北市　國立臺灣師範大學政治學研究所
　　　　博士論文　2008年

游憲廷　我國特別預算制度之研究　蘭陽學報　第11期　2012年　頁128-144

黃世鑫　由轉型正義論立法院「以凍代刪」預算之爭議兼論主決議和附帶決議之法律效
　　　　力　政策研究學報　第10期　2010年　頁19-38

黃世鑫等　政府預算　臺北市　國立空中大學　2001年

劉其昌　立法院審查年度預算之模式　主計月刊　第721期　2016年　頁62-66

劉淑華　從審議式民主檢視地方決策過程：以臺中市參與式預算為例　臺中　東海大學
　　　　政治學系博士論文　2018年

劉綠萍　從賽局理論看地方政府與廠商標案利益分配　東亞論壇　第490期　2015年
　　　　頁47-56

蔡茂寅　預算法之原理　臺北市　元照出版公司　2008年

簡玉聰　論國會預算審查權之法律界限　世新法學　第3卷第2期　2010年　頁50-86

羅傳賢　立法程序與技術　臺北市　五南圖書出版公司　2014年

羅傳賢　財政法制的新視野　臺北市　翰蘆圖書出版公司　2016年

（二）英文部分

Nash, J. ,1951, Non-cooperative games, Annals of mathematics, 286-295.

Neumann, von J., 1928, Zur Theorie der Gesellschaftsspiele, Math. Ann, vol.100, 295-320.

Rubin, I. S., 1992, Budget Reform and Political Reform, Conclusions from Six Cities, Public
　　　　Administration Review, 52(5), 454-466.

Watson, J., 2002, Strategy: An introduction to game theory, New York: Norton.

Wildavsky, A., 1988, The New Politics of the Budgetary Process, Boston: Scott, Foresman.

（三）網路部分

立法院，2019。https://www.ly.gov.tw/

立法院法制局，2019。https://www.ly.gov.tw/Pages/List.aspx?nodeid=173

立法院預算中心，2019。https://www.ly.gov.tw/Pages/List.aspx?nodeid=174

行政院主計總處，2019。https://www.dgbas.gov.tw/

國立臺灣戲曲學院通識教育學報第七期

主　　編　黃一峰

審查委員　王光中、侯世傑、孫劍秋
　　　　　黃一峰、黃偉揚

執行編輯　趙立茜

發 行 人　張瑞濱

出 版 者　國立臺灣戲曲學院

地　　址　臺北市木柵路三段 66 巷 8 之 1 號

電　　話　（02）29367231（木柵校區）

傳　　真　（02）29375561

編 輯 所　萬卷樓圖書股份有限公司

印　　刷　倚樂企業有限公司

封面設計　百通科技股份有限公司

發　　行　萬卷樓圖書股份有限公司
　　　　　地址　臺北市羅斯福路二段 41 號 6
　　　　　樓之 3
　　　　　電話 (02)23216565
　　　　　傳真 (02)23218698
　　　　　電郵 SERVICE@WANJUAN.COM.TW

香港經銷　香港聯合書刊物流有限公司
　　　　　電話 (852)21502100
　　　　　傳真 (852)23560735

ISBN 978-986-05-9879-7

2019 年 6 月初版

定價：新臺幣 300 元

如何購買本書：

1. 劃撥購書，請透過以下郵政劃撥帳號：
   帳號：15624015
   戶名：萬卷樓圖書股份有限公司

2. 轉帳購書，請透過以下帳戶
   合作金庫銀行 古亭分行
   戶名：萬卷樓圖書股份有限公司
   帳號：0877717092596

3. 網路購書，請透過萬卷樓網站
   網址 WWW.WANJUAN.COM.TW

大量購書，請直接聯繫我們，將有專人為
您服務。客服：(02)23216565 分機 610

如有缺頁、破損或裝訂錯誤，請寄回更換

國家圖書館出版品預行編目資料

國立臺灣戲曲學院通識教育學報. 第七期 /
黃一峰主編. -- 初版. -- 臺北市：臺灣戲曲學
院出版：萬卷樓發行, 2019.06
　面；　公分
年刊
ISBN 978-986-05-9879-7(平裝)
1.通識教育 2.高等教育 3.期刊

525.3305　　　　　　　　　　　108013537